电子商务系列教材
(荣获华东地区大学出版社
第六届优秀教材奖)

网 络 广 告

(第 2 版)

主 编 张建军

东南大学出版社
·南京·

内 容 简 介

本书共 10 章,涵盖了广告学的基础知识、网络广告概述、网络广告策划、网络广告设计、网络广告制作(共 2 章)、网络广告互动技术、网络广告发布、网络广告预算与效果测评、网络广告法律法规及监督管理等内容,本书对近年来出现的网络广告新方法、新形式做了较为详尽的介绍,反映了网络广告发展的最新成果。本书在各章(网络广告制作部分除外)开头和末尾分别设置了导读案例和分析案例。案例内容新颖,具有时代气息,有助于读者理论联系实际。各章末尾的练习与思考题,可帮助读者巩固学习过的知识和技能,加深对相关问题的思考。

本书可作为电子商务、广告学、市场营销专业本科生的课程教材,也可作为研究生及从事市场营销、网络推广人员的学习参考书。

图书在版编目(CIP)数据

网络广告/张建军主编.—2 版.—南京:东南大学出版社,2016.5(2023.8重印)
ISBN 978-7-5641-6323-5

Ⅰ.①网⋯　Ⅱ.①张⋯　Ⅲ.①互联网络—广告学
Ⅳ.①F713.8-39

中国版本图书馆 CIP 数据核字(2015)第 319878 号

东南大学出版社出版发行
(南京四牌楼 2 号　邮编 210096)
出版人:江建中
江苏省新华书店经销　江苏凤凰数码印务有限公司印刷
开本:787 mm×1 092 mm　1/16　印张:14.75　字数:368 千字
2016 年 5 月第 2 版　2023 年 8 月第 5 次印刷
ISBN 978-7-5641-6323-5
印数:14 001—14 300 册　定价:39.00 元
(凡因印装质量问题,可直接与营销部调换。电话:025-83791830)

电子商务系列教材编辑委员会

主　任　宁宣熙
副主任　沈家模　黄　奇　王传松　周曙东　晏维龙
　　　　　张　进　仲伟俊　王曰芬　徐志斌　都国雄
　　　　　翟玉庆　张建军　张绍来
编　委（按姓氏笔画为序）
　　　　　丁晟春　王树进　王贺朝　王维平　王超学
　　　　　卞保武　申俊龙　田景熙　付铅生　冯茂岩
　　　　　朱学芳　庄燕模　刘　丹　刘小中　刘玉龙
　　　　　刘松先　严世英　李艳杰　李晏墅　李善山
　　　　　肖　萍　闵　敏　迟镜莹　张中成　张　赪
　　　　　张家超　张维强　陈次白　邵　波　尚晓春
　　　　　易顺明　周　源　周桂瑾　俞立平　桂海进
　　　　　高功步　陶向东　黄宝凤　黄建康　曹洪其
　　　　　盛晓白　常晋义　曾　杨　谢延森　虞益诚
　　　　　詹玉宣　鲍　蓉　潘　丰　潘　军　魏贤君

出版说明

为了适应高等院校电子商务专业教学的需要，经过较长时间的酝酿、精心策划和精心组织，我们编写出版了电子商务系列教材。

2001年9月，经南京大学、东南大学、南京航空航天大学、南京农业大学、南京理工大学、南京审计学院、南京工业职业技术学院、南京正德学院、东南大学出版社、南京商友资讯电子商务应用研究所、江苏省信息学会电子商务专业委员会等单位的有关人士反复商讨、策划，提议组织编写、出版电子商务系列教材。此项倡议得到江苏省内30多所高校的赞同和原中国工程院院士、东南大学校长顾冠群的支持。2001年11月3日召开首次筹备工作会议，正式着手编委会的组建、专业课程设置及教材建设研讨、编写人员组织等各项工作。经过各方面人士的共同努力，2001年12月22日正式成立电子商务丛书编委会，确定了首批教材的编写大纲和出版计划，落实了教材的编写人员，于2002年9月出版了首批电子商务系列教材共13种。

首批教材的出版，得到了广大读者的肯定，并荣获了华东地区大学出版社第六届优秀教材学术专著二等奖。其中《电子商务概论》《电子商务项目运作》被教育部确定为普通高等教育"十一五"国家级规划教材。

为了体现出精品、争一流、创品牌的指导思想，2014年3月，电子商务丛书编委会在南京召开了"高等院校电子商务专业建设与教材建设研讨会"，来自上海、浙江、安徽、江苏等50所院校共60位代表参加了会议。会议决定对已出版的电子商务系列教材进行全面的修订，继续跟踪电子商务专业的发展，继续出版有关电子商务专业的系列教材。

我们将充分发挥数十所高校协同合作的优势，发挥产、学、研结合的优势，对教材内容不断更新和精雕细琢，以推出更多更好的教材或论著奉献给广大师生和读者。教材中难免存有许多不足之处，欢迎广大师生和读者提出宝贵意见。

联系方式　http://www.ebusiness-in-china.com
　　　　　E-mail：erbian@seu.edu.cn

电子商务丛书编委会
2016年1月

总　　序

20世纪末信息技术的飞速发展，为社会的各个领域开辟了全新的天地。互联网投入商业化运营以后，电子商务应运而生并蓬勃发展。电子商务不仅改变了商务活动的运作模式，而且必将给政治、经济和人民生活的各个领域带来根本性的变革。电子商务将是21世纪全球经济增长最快的领域之一，它带来的经济发展机遇是人类历史上几百年才能遇到的。

研究电子商务理论、模式、方法，回答电子商务发展中一系列理论的和实践的问题，是电子商务理论工作者的任务，也是我国经济、科技领域出现的一项重大课题。因此，一门新的学科——电子商务学应运而生。可以说，电子商务理论是一门技术、经济、管理诸多学科知识融会交叉的新兴的应用型学科，它涉及的内容是十分广泛的。

然而，"理论是灰色的，而生活之树是常青的。"在电子商务迅猛发展的时代，理论研究往往跟不上实践的发展，由此而产生一种矛盾性状态：一方面，实践的发展迫切需要理论创新和由创新的理论培养出来的大批人才；另一方面，理论的创新和人才的培养却一时又跟不上实践发展的需要。正是这样一种矛盾性的状态，给我们提出了一个任务：在前一阶段电子商务实践发展的基础上进行相应的理论性的归纳、总结和集成，以适应培养电子商务专业人才的需要，同时也为广大企业和相关部门应用电子商务提供指导。

为了推动电子商务理论的创新和加快电子商务专业人才的培养，江苏省信息学会电子商务专业委员会和东南大学出版社，联合了南京大学、东南大学、南京航空航天大学、南京农业大学、南京理工大学、中国矿业大学等省内30多所高校和我省最早从事电子商务应用开发的服务机构——南京商友资讯电子商务应用研究所，走产、学、研合作之路，组织编撰一套"电子商务丛书"，首期出版"电子商务系列教材"。这是一件很有意义的工作。

我们希望这套专业教材的出版，有助于电子商务理论的创新和发展，有助于电子商务专业人才的培养，有助于电子商务在全社会的广泛应用。

中国工程院院士
东南大学校长
2002年春

再 版 前 言

我不知道风

是在哪一个方向吹——

我是在梦中,

在梦的轻波里依洄。(摘自徐志摩《我不知道风是在哪一个方向吹》)

十多年来,互联网就像一场越刮越猛的全球性飓风,而网络广告无疑是互联网最重要的风口之一。在这场飓风面前,有无数企业被连根拔起,扫进历史,灰飞烟灭,正如徐志摩的诗句所描绘——"我是在梦中,在梦的悲哀里心碎"。然而,也有无数企业扬起互联网的风帆(借互联网之风,扬帆前进),驶向成功的彼岸,亦如诗句所描绘——"我是在梦中,甜美是梦里的光辉"。

本书第一版出版时值2002年,正当网络广告之风起于青萍之末(网络广告之风正起于青萍之末),(那时)人们向她投去的还是怀疑的目光,恰如"在梦的轻波里依洄"。那时的网络广告,是那么幼小,那么单调,那么呆板……而今,网络广告之风已经吹遍整个互联网络(互联网所及之处)。本书第一版出版后,承蒙广大师生喜爱、采用,曾经多次加印,亦曾获得华东地区大学出版社优秀教材学术专著二等奖。然而,最让笔者在意的是本书的出版、修改、再版历程,伴随了网络广告在中国的发展、壮大的过程,和它在我国网络广告发展过程中所做的微薄贡献。对广大师生对本书的认同、采用乃至批评,笔者代表本书的所有编写人员表示衷心的感谢。

网络广告的迅猛发展、变化,必然会对教材提出新的要求。此次再版,传承了第一版的(去掉"的")实践性强的特点,同时加强了理论阐述,使"实务"更具理论基础,从而也(去掉"也")使本书更具全面性和系统性(鉴此,本书由原来的《网络广告实务》更名为《网络广告》)。为了反映网络广告发展的最新成果,本次修订对大部分内容进行了重写,并尽量将网络广告的新知识、新模式、新方法和新工具增补进来,如移动广告、手机APP广告、微信广告、原生广告、定向广告(方法)、社区广告、病毒式广告,等等;为方便学生理论联系实际,在各章开篇(少数纯技术内容的(章节)除外)增加了导读案例,这些案例趣味性较强,可以激发学生的学习兴趣;对各章末尾的案例内容也进行了更新,使之更具时代气息。修订后的本书,全面系统地介绍了网络广告各领域的知识,包括广告学的一般知识、网络广告概述、网络广告策划、网络广告设计、网络广告制作、网络广告发布、网络广告互动技术、网络广告预算和效果测评、网络广告监督管理和法律法规等内容。

本书第一版的编写人员有张建军、俞海莹、王超、董宇澄、杨占彬、郝黎明、龚惠群(具体分工见第一版前言),此次再版,由张建军负责全书的修订及统稿,新增的作者高娟妮撰写了第5章,熊晓磊撰写了第6、7章(新增的作者高娟妮和胸晓磊分别负责撰写第5章和第6、7章)。在此次修订过程中,参考引用了一些专家学者的工作成果,在编写时能够获得作者信息的,在书中都做了标注,但部分资料来自网络,几经转载,作者信息已难觅踪迹,书中暂以"来自网络"的方式予以说明,编者在此对以上所有作者表示衷心感谢之余,亦希望作者与笔者或出版社联系,以便酌奉稿酬。

  有人说电影是遗憾的艺术,其实教材亦然。网络广告仍然处在飞速的发展过程之中,网络广告的新理论、新形式、新方法还在不断涌现,编者虽尽力而为,但仍难免有遗珠之憾,书中错误和不到之处,敬请广大读者批评指正。

张建军

2016 年 3 月于南京·翠屏清华园

联系邮箱:zhjj@seu.edu.cn

目 录

1 广告基础知识 ……………………………………………………………… （1）

【导读案例】一双渴望读书的"大眼睛" ……………………………… （1）

1.1 广告的概念、功能和市场构成 ……………………………………… （1）

    1.1.1 广告的概念 …………………………………………………… （1）

    1.1.2 广告的功能 …………………………………………………… （2）

    1.1.3 广告市场的构成 ……………………………………………… （3）

1.2 广告的分类 ………………………………………………………… （4）

    1.2.1 按广告的最终目的划分 ……………………………………… （4）

    1.2.2 按广告的内容划分 …………………………………………… （4）

    1.2.3 按广告的直接目标来划分 …………………………………… （5）

    1.2.4 按广告的诉求对象划分 ……………………………………… （5）

    1.2.5 按广告的覆盖地域范围划分 ………………………………… （6）

    1.2.6 按不同媒体的广告划分 ……………………………………… （6）

    1.2.7 按广告诉求方式划分 ………………………………………… （7）

    1.2.8 按商品生命周期不同阶段的广告划分 ……………………… （7）

1.3 广告心理与广告心理策略 …………………………………………… （7）

    1.3.1 广告受众的心理活动过程 …………………………………… （8）

    1.3.2 广告心理策略 ………………………………………………… （10）

1.4 广告媒介及其整合策略 ……………………………………………… （11）

    1.4.1 不同广告媒介的特点 ………………………………………… （11）

    1.4.2 广告媒介整合策略 …………………………………………… （14）

【案例分析】麦当劳烤鸡腿汉堡 ……………………………………… （19）

【练习与思考】 ………………………………………………………… （19）

2 网络广告概述 …………………………………………………………… （21）

【导读案例】亚马逊（amazon.cn）的个性化推荐 …………………… （21）

2.1 网络广告的特点与功能 ……………………………………………… （22）

    2.1.1 网络广告的起源与发展 ……………………………………… （22）

    2.1.2 网络广告的特点 ……………………………………………… （23）

    2.1.3 网络广告的功能 ……………………………………………… （24）

2.2 网络广告的形式 ……………………………………………………… （26）

    2.2.1 网幅广告 ……………………………………………………… （26）

  2.2.2 文字链接广告 …………………………………………………………（29）
  2.2.3 悬浮(漂浮)广告 ………………………………………………………（30）
  2.2.4 电子邮件广告 …………………………………………………………（30）
  2.2.5 搜索引擎广告 …………………………………………………………（32）
  2.2.6 弹出式广告(插页广告) ………………………………………………（33）
  2.2.7 分类广告 ………………………………………………………………（34）
  2.2.8 虚拟社区广告 …………………………………………………………（34）
  2.2.9 鼠标感应广告 …………………………………………………………（35）
  2.2.10 即时通信广告 ………………………………………………………（35）
  2.2.11 互动式广告 …………………………………………………………（36）
  2.2.12 App 广告 ……………………………………………………………（37）
  2.2.13 原生广告(Native Ads) ……………………………………………（37）
  2.2.14 病毒式广告 …………………………………………………………（37）
【案例分析】 App 广告 …………………………………………………………………（37）
【案例1】 可口可乐手机 App:CHOCK …………………………………………………（37）
【案例2】 星巴克手机 App:Early Bird ………………………………………………（38）
【案例3】 宜家手机 App:定制自己的家 ………………………………………………（39）
【练习与思考】 …………………………………………………………………………（39）

3 网络广告策划 …………………………………………………………………………（40）

【导读案例】 法兰西玫瑰绽放网络 ……………………………………………………（40）
 3.1 网络广告策划的原则与准备工作 …………………………………………（41）
  3.1.1 网络广告策划的原则 …………………………………………………（41）
  3.1.2 网络广告策划的准备工作 ……………………………………………（42）
 3.2 网络广告市场调查 …………………………………………………………（43）
  3.2.1 网络广告市场调查步骤与方法 ………………………………………（43）
  3.2.2 网络广告市场调查内容 ………………………………………………（44）
 3.3 网络广告策划的内容 ………………………………………………………（48）
  3.3.1 网络广告战略策划 ……………………………………………………（48）
  3.3.2 网络广告目标策划 ……………………………………………………（48）
  3.3.3 网络广告定位策划 ……………………………………………………（49）
  3.3.4 网络广告战术策划 ……………………………………………………（50）
  3.3.5 网络广告地区策划 ……………………………………………………（52）
  3.3.6 网络广告网站策划 ……………………………………………………（52）
  3.3.7 网络广告时间策划 ……………………………………………………（53）
  3.3.8 网络广告主题与基调策划 ……………………………………………（53）
  3.3.9 网络广告反馈系统策划 ………………………………………………（54）
  3.3.10 网络广告的成本与预算策划 ………………………………………（54）
【案例分析】 青岛啤酒系列产品网络广告策划 ………………………………………（54）
【练习与思考】 …………………………………………………………………………（56）

4 网络广告设计 （58）

【导读案例】悄悄拨动你心中的爱怜之弦 （58）
4.1 网络广告创意 （58）
4.1.1 广告策划、创意与设计之间的关系 （58）
4.1.2 网络广告创意的基础——产品定位 （60）
4.1.3 网络广告创意的原则 （61）
4.1.4 网络广告创意程序 （63）
4.1.5 网络广告创意常见方法 （64）
4.2 网络广告视觉设计原理 （66）
4.2.1 文字设计原理 （66）
4.2.2 色彩设计原理 （71）
4.2.3 平面设计原理 （74）
4.3 网络广告文案写作 （82）
4.3.1 广告标题 （82）
4.3.2 广告说明文 （84）
4.3.3 广告标语 （85）

【案例分析】杜蕾斯手机 App：Durex Baby （86）

【练习与思考】 （86）

5 使用 Fireworks 制作网络 GIF 动画广告 （87）

5.1 GIF 动画 （87）
5.2 Fireworks 简介 （87）
5.3 Fireworks 的界面 （88）
5.4 制作动画组件 （88）
5.4.1 动画中图层的应用 （89）
5.4.2 创建位图图像 （90）
5.4.3 创建矢量图像 （95）
5.4.4 动画文字制作 （102）
5.5 制作动画 （103）
5.5.1 规划动画 （103）
5.5.2 管理状态 （104）
5.5.3 在状态中编辑对象 （106）
5.5.4 控制动画 （111）
5.5.5 补间动画的制作 （112）
5.5.6 导出动画 （113）
5.6 制作文字变化动画 （116）

【练习与思考】 （117）

6 Flash 动画制作 (118)

6.1 Flash 动画简介 (118)
6.1.1 Flash 动画应用领域 (118)
6.1.2 Flash 动画制作流程 (120)

6.2 Flash 动画的基本工具 (120)
6.2.1 Flash 工作界面 (121)
6.2.2 使用 Flash 绘图工具 (122)
6.2.3 使用 Flash 选取工具 (127)

6.3 帧、图层、元件 (129)
6.3.1 使用帧 (129)
6.3.2 使用图层 (129)
6.3.3 使用元件 (130)

6.4 制作基础动画 (133)
6.4.1 逐帧动画 (133)
6.4.2 形状补间动画 (135)
6.4.3 传统补间动画 (138)
6.4.4 引导层动画 (140)
6.4.5 遮罩层动画 (143)

【练习与思考】 (147)

7 网络广告的互动技术 (149)

7.1 ActionScript 脚本语言基础 (149)
7.1.1 使用【动作】面板 (149)
7.1.2 ActionScript 基本语法 (149)
7.1.3 ActionScript 数据类型 (150)
7.1.4 常量和变量 (152)
7.1.5 关键字 (152)
7.1.6 运算符 (153)
7.1.7 函数 (156)

7.2 ActionScript 代码和语句 (156)
7.2.1 输入 ActionScript 代码 (157)
7.2.2 输入 ActionScript 语句 (158)

7.3 处理对象和类 (158)
7.3.1 属性 (159)
7.3.2 方法 (159)
7.3.3 事件 (159)
7.3.4 对象实例 (160)
7.3.5 编写常用类 (160)

7.4 使用 Flash 组件 (162)

            7.4.1 认识【组件】面板 ………………………………………………… (162)
            7.4.2 常用 UI 组件 …………………………………………………… (163)
            7.4.3 视频组件 ……………………………………………………… (169)
        【练习与思考】………………………………………………………………… (172)

8 网络广告发布 ……………………………………………………………… (174)

    【导读案例】微信的定向 …………………………………………………… (174)
    8.1 网络广告受众 ………………………………………………………… (174)
        8.1.1 网上受众与传统受众的区别 …………………………………… (174)
        8.1.2 网民结构分析 …………………………………………………… (175)
        8.1.3 用户上网的主要目的 …………………………………………… (178)
    8.2 网络广告发布途径 …………………………………………………… (179)
        8.2.1 主页形式 ………………………………………………………… (179)
        8.2.2 专类销售网 ……………………………………………………… (179)
        8.2.3 黄页形式 ………………………………………………………… (180)
        8.2.4 企业名录 ………………………………………………………… (180)
        8.2.5 网上报纸或杂志 ………………………………………………… (180)
        8.2.6 新闻组（Newsgroup）…………………………………………… (180)
        8.2.7 友情链接 ………………………………………………………… (181)
        8.2.8 使用电子邮件和电子邮件列表发布广告 ……………………… (182)
        8.2.9 利用网上 IP 电话和网上传真发布广告 ……………………… (182)
        8.2.10 利用微信发布广告 ……………………………………………… (183)
        8.2.11 利用博客、微博发布广告 ……………………………………… (184)
        8.2.12 利用手机 APP 发布广告 ……………………………………… (184)
        8.2.13 利用社区论坛发布广告 ………………………………………… (185)
    8.3 定向广告 ……………………………………………………………… (186)
        8.3.1 定向广告的含义 ………………………………………………… (186)
        8.3.2 定向广告的方法 ………………………………………………… (186)
    【案例分析】我买网提升重定向转化的秘密 ……………………………… (187)
    【练习与思考】………………………………………………………………… (188)

9 网络广告预算与效果测评 ………………………………………………… (189)

    【导读案例】百度搜索推广计费模式 ……………………………………… (189)
    9.1 网络广告预算 ………………………………………………………… (190)
        9.1.1 网络广告计价方式 ……………………………………………… (190)
        9.1.2 网络广告预算方法 ……………………………………………… (192)
    9.2 网络广告效果测评 …………………………………………………… (196)
        9.2.1 网络广告测评的内容和指标 …………………………………… (196)
        9.2.2 网络广告测评的时间和方式 …………………………………… (199)
        9.2.3 影响网络广告效果的因素 ……………………………………… (201)

【案例分析】点击率高达35.97%的"润妍"广告 (202)
【练习与思考】 (203)

10 网络广告法律法规与监督管理 (204)

【导读案例】某服装网站的违法广告 (204)

10.1 网络广告法律法规 (204)
10.1.1 我国广告法制体系简介 (205)
10.1.2 网络广告发展中应遵循的基本原则 (205)

10.2 网络广告监管与规范概述 (207)
10.2.1 网络广告监管与规范的必要性 (207)
10.2.2 网络广告监管的对象 (207)

10.3 违法网络广告的法律责任 (211)
10.3.1 广告违法的概念和特征 (211)
10.3.2 网络虚假广告的法律责任 (211)
10.3.3 网络广告不正当竞争的法律责任 (213)
10.3.4 网络广告隐私权保护的法律问题 (215)
10.3.5 网络垃圾邮件与强迫广告的法律责任 (216)
10.3.6 网络广告第三方评估监测机构的规范制度 (217)

【案例分析】违法广告案例 (217)
【练习与思考】 (218)

参考文献 (219)

1　广告基础知识

【导读案例】　　　　　　　　一双渴望读书的"大眼睛"

1991年5月,《中国青年报》摄影记者解海龙到安徽革命老区金寨县采访拍摄希望工程系列照片时,在张湾小学发现了课堂上的苏明娟,一双特别能代表贫困山区孩子渴望读书的"大眼睛"(图1-1)。这幅画面为一个手握铅笔、两只直视前方的大眼睛小女孩、原标题为"我要上学"的照片发表后,很快被国内各大报纸杂志争相转载,民间人士也把这张照片称为"大眼睛"。这张照片也被选为中国希望工程的宣传图片,苏明娟也随之成为希望工程的形象代表。《中国摄影》杂志将这张纪实照片选为新中国成立以来最具影响力的照片之一。据统计,这张照片为中国希望工程募集资金超过3000万元。

图1-1　一双渴望读书的"大眼睛"(http://hi.baidu.com)

1.1　广告的概念、功能和市场构成

1.1.1　广告的概念

广告是指广告主以付费的方式,借助各种媒介和形式,向特定对象传递商品、服务和观

念信息,以有效影响公众行为和观念的营销传播活动。

根据广告的定义,广告具有一些基本特性:

(1) 广告一定有明确的广告主,即为了实现自己的某种意图特别是商业性意图而自行或者委托他人设计、制作、发布广告的社会组织或者个人。

(2) 广告是一种有计划有目的的活动。

(3) 广告活动是通过大众传播媒介来进行的,而不是个人之间面对面的信息交流,如推销员的推销。

(4) 广告活动的对象是广告受众,即广告信息的接受者,也是广告诉求的目标群体。一般的广告活动不是以所有的人作为传播对象,而是面向特定的人群。

(5) 广告活动的内容不仅有经过有计划地选择的商品或劳务信息,而且还涉及形象和观念信息等。

1.1.2 广告的功能

广告的功能是指广告活动为达到广告目标所表现出来的作用和效率。

1) 传播信息,沟通产销渠道

广告主可以通过广告来传达的信息十分广泛,包括产品信息、服务信息、观念信息、管理信息、人才信息和企业整体形象信息等。

在现代化的社会化大生产中,生产和流通是统一的生产过程中的两个相辅相成的要素。企业生产出来的产品,只有通过流通领域才能够进入消费,实现其使用价值。广告在沟通产销渠道、疏通产供销关系上起着桥梁作用。

2) 激发潜在欲望,刺激需求,指导消费

广告通过对商品信息的有效传播,向消费者介绍产品的品牌、商标、性能、规格、用途特点、价格,以及如何使用、保养和各项商业服务措施,这实际上是在帮助消费者提高对商品的认识程度,指导消费者如何购买商品。尤其是新上市的产品,广告的消费指导尤为重要。

广告对消费者购买行为的影响,不仅是起让消费者认识商品的一般作用,更重要的是广告在指导消费的同时,还有刺激消费需求的作用。广告的连续出现,就是对消费者的消费兴趣与欲求的不断刺激过程。

广告刺激需求包括两方面的内容:初级需求和选择性消费。初级需求是指对某类商品的需求。新产品进入市场后,多数运用广告来刺激初级需求。选择性需求(消费)是指对特定商品牌子的需求,这是在初级需求形成后的进一步发展。广告通过介绍某一品牌商品的优点和有别于其他同类商品的特色,从而刺激选择性需求,引导消费者认牌购买。

3) 塑造企业形象,增强市场竞争力

由于广告宣传活动具有明确的针对性诉求,并且需要对广大消费者进行说服,因此,在广告活动中,就必须明确地宣传产品的生产厂家、牌号、商标等,同时还必须充分强调所宣传的产品的特点和优于同类产品之处,以激发消费者的注意和兴趣,促成消费者认牌购买。这样,广告宣传就成了企业之间开展产品竞争、争夺市场的手段,同时,也刺激和促进了生产厂家或劳务服务性企业提高生产能力,改善经营管理。

4) 社会文化功能

广告作为一种有效的传播手段和宣传方式,对人们的思想意识、道德观念、精神状态和行为方式等方面具有潜移默化的影响。优秀的广告作品具有一定的欣赏价值和文化品位,会给公众带来美的享受。广告作品对完美的生活模式和全新消费观念的倡导和演绎,对公众还具有强有力的示范引导作用。当然,广告也是一把双刃剑。有的广告作品过分强调商品的高档化,可能产生引导盲目追求物质享受的后果。也有的广告作品品位低劣,表现手法粗糙、冗长、反复,容易引起人们的反感,甚至厌恶。所以,应该努力提高广告作品的品位和表现方式,发挥广告的积极作用,避免消极作用。

1.1.3 广告市场的构成

广告市场,就是进行广告活动的场所。广告市场是由广告主、广告代理、广告信息、媒介、消费者和广告费用构成的。

1) 广告主

广告主是广告市场的主体因素之一,是指为推销商品或者提供服务,自行或者委托他人设计、制作发布广告的法人、其他经济组织或者个人。广告主既是决定广告目标和广告信息内容的主体,也是广告的责任主体。广告主应该能够正确地选择广告代理、广告媒体并能与他们进行良好的合作,能够鉴赏和判别广告作品的好坏,能够把握广告活动的全过程和广告效果。

2) 广告经营者

广告经营者是受他人委托提供广告设计、制作、代理服务的法人、其他经济组织或者个人,一般又被称为广告代理。通常是为广告主和广告媒体提供服务的从事广告策划和广告制作活动的专业广告公司及其他专业广告组织。广告经营者在广告活动中为广告主提供下列服务:商品的市场调查与研究分析工作;拟订商品的广告宣传计划和企业的广告计划以及公关宣传活动;负责执行广告计划,设计制作各种形式的广告,为广告主选择各种有效的广告媒介;在广告发布之后,再进行市场调研,检测广告效果。同时,代理媒介单位向广告主争取广告,并在广告刊发后向广告主收取费用。

广告代理也就在这种提供劳务服务的过程中赚取其自身的经济利益。

3) 广告信息

广告信息是广告主需要广告来传达的内容,包括商品信息、劳务信息、管理信息、人才信息、企业整体形象信息、观念信息等。

广告信息是广告市场中贯彻始终的一种流动信息,而其他因素,如广告主、广告经营者、广告媒介和广告受众,都是围绕着信息传递的过程而构建的传递环节,因为广告的终极目的就是完成信息的传递,使广告受众能够有效地接触到广告信息,达到广告主所要达到的目的。

4) 广告媒介

广告媒介是传播广告信息的中介物,比如报纸、杂志、广播、电视、网络等。广告媒介是进行广告活动传播广告信息的技术手段。如果对广告活动的主客体进行区分,广告代理是广告信息的加工者,媒介是广告信息的传播者。

5) 广告受众

广告受众是广告信息的接受者，是广告信息传播和影响的对象，是广告诉求的目标群体，是广告活动的客体，也是广告活动中广告信息流通的最后一环。消费者常常是企业广告受众的一种类型，他们通过广告了解商品市场信息，并根据自身的需求产生购买行为，使广告宣传活动产生物质效应。消费者对广告的反应，直接影响广告的成败，而消费者的心理、文化素质和消费习惯及消费欲求，则直接左右广告市场的容量。

6) 广告费

广告费是广告主支付给广告代理、广告媒介的服务及传播的费用。广告信息在广告活动的各个环节进行流通，并在这种流通过程中先后被加工、强化、传播和接收。在所有的广告信息加工、传播环节中，服务都不是无偿的，必须付出一定的代价。如广告代理单位在加工广告信息、设计制作广告时，需收取一定的劳务费；广告信息通过媒介发布，要支付媒介租金。

1.2 广告的分类

按照不同的区分标准，可以将广告划分为若干类型。

1.2.1 按广告的最终目的划分

按广告的最终目的划分，可以将广告划分为商业性广告和非商业性广告。

1) 商业性广告

这种广告是为了推销商品和劳务，获取利益。

2) 非商业性广告

这种广告不以盈利为目的，而以达到某种宣传为目的。如政治宣传广告、道德教育广告、号召人们保护环境的广告等，还有以启事形式发布的寻人、招聘、征婚、挂失广告以及政府、企业和其他组织的会议通知、公告和通告等。

1.2.2 按广告的内容划分

按广告的内容划分，可以将广告划分为商品广告、劳务广告、文娱广告、公务广告等类型。广告涉及的内容十分广泛，社会生活的各个层面都可以成为广告的内容。从数量上看，商品广告和劳务广告占绝大多数。

1) 商品广告

这种广告是以销售商品为目的的广告。介绍商品的质量、功能、价格、品牌、生产厂家等有关商品本身以及会给消费者带来哪些利益等信息。

2) 劳务广告

这种广告是以提供劳务服务为内容的广告。如介绍家电维修、房屋搬迁、餐饮、家教、培训、旅游、保险、医疗等内容。

3) 文娱广告

这是有关为音乐、体育、戏剧、舞蹈、电影、电视剧、服装表演等艺术娱乐类的出演、放映、展示所做的宣传介绍的一种广告。

4）公务广告

这是政府机关为宣传介绍其公务活动所做的一种广告。

1.2.3 按广告的直接目标来划分

按广告的直接目标来划分，可以将广告划分为：商品推销广告、企业形象广告和企业观念广告。

1）商品推销广告

这种广告重点介绍商品的特征，吸引消费者购买该商品。它又可分为三类：

（1）报导式广告 通过介绍商品的性质、用途和价格以及商品生产厂家、品牌、商标等，促使消费者对商品产生初级需求，属于开拓性广告。

（2）劝导式广告 这是以说服消费者为目标，通过突出商品的特优品质，使消费者对某种品牌的商品加深印象，刺激其产生选择性需求和"指牌购买"，属于竞争性广告。

（3）提醒式广告 这是在消费者已习惯于使用和购买某种广告商品后，广告主为了保持消费者的购买习惯，提醒他们不要忘记这个商品，刺激重复购买，以防止消费者发生偏好转移。

2）企业形象广告

这是以树立企业形象、建立商业信誉为目的的广告，它不直接介绍商品和宣传商品，而是宣传企业的宗旨与信誉、企业的历史与成就、经营与管理情况，其目的是为了加强企业自身的形象，沟通企业与消费者的公共关系，从而达到推销商品的目的。

3）企业观念广告

这种广告希望通过广告信息的传播，帮助建立或改变消费者对企业或某一产品在心目中的形象，从而建立或改变一种消费习惯或消费观念，使广告主获益。

1.2.4 按广告的诉求对象划分

按广告的诉求对象划分，可以将广告划分为消费者广告、工业用户广告、商业批发广告和媒介性广告。

1）消费者广告

这类广告又称为商业零售广告，其诉求对象为直接消费者，是由商品生产者或销售者向消费者推销其产品的广告，广告的内容多以日常及耐用消费品为主。

2）工业用户广告

这类广告又称产业广告，其诉求对象为商品的工业用户，广告的内容以生产资料和办公用品为主，广告形式多采用报导式，对产品作较为详细的介绍。

3）商业批发广告

其诉求对象为批发商和零售商，主要由生产企业向商业批发企业、批发商之间或批发商向零售商推销其所生产或经营的商品。这种广告所涉及的都是比较大宗的产品交易，也多用报导式广告形式。

4) 媒介性广告

这种广告也称中间用户广告,其诉求对象是对社会消费习惯具有影响力的职业团体或专业人员。广告发布者——工商企业旨在通过他们来影响最终消费者。如病人考虑到医生的权威性,在购买药品和保健品时,经常会听取医生的意见,接受医生的推荐。医生是药品的生产者和消费者之间的中间用户,起着媒介的作用,因此,药品广告常常会把医生甚至医院作为诉求对象。

1.2.5 按广告的覆盖地域范围划分

按广告传播的地域范围不同,可分为全球性广告、全国性广告、区域性广告和地区性广告。

1) 全球性广告

全球性广告又称国际性广告,这类广告选择具有国际性影响力的广告媒介,如国际性报刊、国际性卫星电视、互联网等媒介,进行发布。

2) 全国性广告

全国性广告是指在全国性媒体上发布的广告。如在我国的中央电视台、中央人民广播电台以及全国发行的报刊发布的广告。

3) 区域性广告

区域性广告是指在区域性的广告媒体上发布的广告,如在省、自治区、直辖市的报刊、电台、电视台发布的广告,其传播面在一定的区域范围内。此类广告多是为配合差异性市场营销策略而进行,广告的产品多数是一些地方性产品,销售量有限,选择性较强。

4) 地方性广告

地方性广告比之区域性广告传播范围更窄,市场范围更小,选用的媒介多是地方性传播媒介,如市、县、乡镇级的地方报纸、路牌、霓虹灯等。这类广告多为配合密切型市场的营销策略的实施,广告主主要是商业零售企业和地方性工业企业,广告宣传的重点是促使人们使用地方性产品或认店购买。

1.2.6 按不同媒体的广告划分

按广告所选用的媒体,可把广告分为印刷媒体广告、电子媒体广告、网络广告以及其他媒体广告。

1) 印刷媒体广告

印刷媒体广告包括报纸广告、杂志广告以及日历、画册、海报、招贴等印刷宣传品。

2) 电子媒体广告

电子媒体广告包括广播广告、电视广告、电传广告、电影贴片广告以及录音、录像、幻灯、电话、电子显示屏等广告样式。

3) 网络广告

网络广告是指在互联网上发布的广告,以其互动性、多媒体的强劲优势区别于传统媒体,具有极其广阔的发展前景。

4）其他媒体广告

其他媒体广告如利用路牌、霓虹灯、汽车、橱窗、人体、烟雾、纪念品、礼品、模特等各种媒介发布的广告。

广告的媒体是无穷无尽的,新的广告媒体将被不断地开发和利用,各广告媒体可以形成相互补充的关系。

1.2.7　按广告诉求方式划分

按照广告的诉求方式来分类,是指广告借用什么样的表达方式以引起消费者的购买欲望并采取购买行动的一种分类方法。它可以分为感性诉求广告、理性诉求广告和情感诉求广告。

1）感性诉求广告

广告采取感性的说服方式,向消费者诉之以情,使他们对广告产品产生好感,进而购买使用。

2）理性诉求广告

广告采取理性的说服手法,有理有据地直接论证产品的优点与长处,让顾客自己判断,进而购买使用。

1.2.8　按商品生命周期不同阶段的广告划分

按照商品生命周期不同阶段分类的广告,可分为开拓期广告、竞争期广告、维持期广告。

1）开拓期广告

开拓期广告是指新产品刚进入市场期间的广告。它主要是介绍新产品功能、特点、使用方法等,以吸引消费者购买使用。

2）竞争期广告

竞争期广告主要指商品在成长期与成熟期阶段所做的广告。它主要是介绍产品优于竞争产品的优点特色,如价格便宜、技术先进、原料上乘等,以使其在竞争中取胜,扩大市场占有率。

3）维持期广告

维持期广告主要是指商品在衰退期阶段所做的广告。它主要是通过宣传本身的品牌、商标来提醒消费者,使消费者继续购买使用其商品,其目的是为延缓其销售量的下降速度。

1.3　广告心理与广告心理策略

广告心理是指广告受众在接受广告信息时所产生的关于企业、商品的一系列心理活动,包括感性的、理性的、情感的、意志性的、个体性的或社会群体性的等各种心理现象和心理规律。在广告受众的心理活动中,广告宣传起着很重要的作用。因为,在许多情况下,人们的需要是处于一种朦胧的状态,广告宣传的一个目的就是唤醒或激发广告受众对自身潜在需要的意识或认知。广告活动要获得成功,就必须遵从广告受众心理反应过程和规律,符合广告受众的心理和行为特点。

1.3.1　广告受众的心理活动过程

广告受众的心理活动过程大致可以分为认知过程、情绪过程和意志过程，它们是相互联系、相互促进、统一在一起的。

1) 心理活动的认知过程

消费者购买商品行为的心理活动，是从对商品的认知过程开始的。认知过程是指人们通过感觉、知觉、记忆、思维等心理活动，对商品的个别属性（如形状、大小、颜色、气味等的各个不同感觉）相互间加以联系和综合的反映过程。这一过程构成了消费者对所购买商品的认识阶段和知觉阶段，是消费者购买行为的重要基础。

感觉是当外界事物作用于感觉器官时，大脑对特定对象个别属性的直接反映。消费者借助于触觉、视觉、味觉、听觉和嗅觉等感觉来接受有关商品的各种不同信息，并通过神经系统将信息感觉传递到神经中枢，产生对商品个别的、孤立的和表面的心理印象。在这一过程中，消费者获得有关商品的各种信息及其属性的材料，如品牌、商标、规格、用途、购买地、购买时间和价格等，是消费者接触商品的最简单的心理过程。

知觉是大脑对作用于感觉器官客观事物的整体反映。消费者对商品产生心理印象，也即对商品产生感觉之后，在感觉的基础上，消费者的意识还会随着对感觉材料的综合处理，把商品所包含的许多不同的特征和组成部分加以解释，在头脑中形成进一步反映商品的整体印象。

记忆是人在头脑中对感知过或经历过的事物的反映。它包括识记、保持、回忆、再认知等过程，在消费者的购买行为中起着促进购买行为的作用。如果消费者头脑中没有存贮有关商品的任何信息的话，就必然会影响到消费者对商品的认识，使消费者难以完成对商品的认识过程，这样，就很难促成购买行为。所以，广告宣传必须采取有效措施强化消费者的记忆。

思维是大脑对客观事物的概括反映，它反映客观事物的一般特性和规律性的联系和关系。在消费者发生对商品的表象认识、并在大脑中建立起商品的印象之后，他就会把对商品的认识过程更向前推进一步，使认知过程从表象形式向思维过渡，进一步认识商品的一般特性和内在联系，从而全面地、本质地把握住商品的内在品质。这一思维过程是认识过程的高级阶段——理性认识阶段。在这一过程中，消费者对商品在神经中枢中进行概括，产生间接的反映，从而使消费者间接地理解和把握那些没有感知过的或根本不可能感知的事物。在这一过程中，消费者还始终保持着与感知、表象的联系，即保持着商品的个别属性与整体形象的联系，以继续发挥感知和表象的认识功能，从而使认识的两个阶段互相转化、交替发展、相互制约和相互促进，完成对商品的认知过程。

在购买活动中，消费者借助于认识过程的感知与表象获得形象的信息，而在思维过程中，则获得抽象思维的信息。两种系统信息在神经中枢的交替作用下直接影响消费者的购买决策。

2) 心理活动的情绪过程

情绪过程是广告受众根据自己的需求、动机、兴趣、理想、信念等个性意识倾向和性格、气质心理特征，对企业形象、商品形象产生满意或不满意、愉快或不愉快等方面态度体验。情绪过程对消费者的购买活动有重要影响。如果消费者产生的是满意的、愉快的、喜欢的积极态度,就能产生购买欲望;反之,如果消费者产生的是不满意、不愉快、厌恶的态度,就不会产生购买欲望。想要增加广告的宣传效果,促进广告受众的购物行为,就必须在广告中开发、诱导出消费者积极而强烈的情绪和情感。

情绪一般是在生理需要是否得到满足时产生的。广告作品在语言、画面、色彩、结构以及播出时间和场合等方面的不同,会使广告受众产生出各种性质不同的情绪体验。当广告诉求内容能够满足他们的生理或心理需要时,他们会出现满意、愉快、喜欢等积极的情绪体验;相反,他们就可能出现不满意、烦躁甚至厌恶等消极情绪体验。

情感是人的社会需要引起的,是人类的高级社会性情感,这种情感具有稳定的社会内容,往往以鲜明的、突发性的情绪表现形式表达出来。这种情感对消费者的购买行为也是具有很明显的影响的,因为它代表了人的社会欲求。

消费者的社会性情感可以分为三类:道德感、理智感和美感等。

所谓道德感,就是消费者依据社会道德的行为规范去评价事物时产生的一种情感反应。如服务人员的热情、礼貌,因为符合道德原则,就会使消费者产生诸如赞赏、友谊、满足和人情归属的感觉,并以愉悦、兴奋和欣喜的情绪反应表现出来。所谓理智感,是消费者的求智欲望是否得到满足时产生的一种情感。消费者对一些结构新奇、功能特殊、性能复杂的商品进行认识活动时,所产生的疑惑、求知、好奇、自信和犹豫,都属于理智感,他们都可能促使消费者作出某种情绪反应。所谓美感,是消费者出于审美的需要,对客观事物或社会现象和它们在艺术上的反映进行评价时产生的心理体验。

主题积极的、内容健康真实的、形式和语言新颖幽默的广告作品能够反映广告受众对新的物质和文化生活的追求意向,使他们产生愉快、赞赏、幸福等肯定的情感,就能促进他们的购买行为。反之,主题消极颓废的、内容不健康不真实的形式和语言老套毫无新意的广告作品只会给受众带来消极的情感体验,因而也不可能让他们认同广告诉求的内容,不能起到促进他们购买行为的作用。

3) 心理活动的意志过程

广告受众的心理活动的意志过程是指广告受众有目的地和自觉地支配和调节自己的行为,努力克服自己的心理障碍和情绪障碍,实现其既定购买目的的过程。

广告受众心理活动的意志过程具有两个基本特征:一是有明确的购买目的;二是排除干扰和困难,实现既定目的。

消费者对商品的意志过程,可以在有目的的购买活动中明显地体现出来。在有目的的购买行为中,消费者的购买行为是为了满足自己的需要。因而,总是在经过思考之后提出明确的购买目标,然后有意识、有计划地去支配自己的购买行为。消费者的这种意志与目的性的联系,集中体现了人的心理活动的自觉能动性。意志对人的心理状态和外部行为进行调节,推动人实现为达到预定目的所必需的情绪和行动,同时,还制止与预定目的相矛盾的情绪和行动。意志的这种作用,可以帮助人们在实现预定的目的的过程中克服各种阻挠和困难,使购买目的顺利实现。在意志行动过程中,消费者要排除的干扰和克服的困难是多种多样的,既有内在原因造成的,也有外部因素影响的结果。并且,由于干扰和困难的程度不同,以及消费者意志品质的差异,消费者对商品的意志过程有简单和复杂之分。简单的意志过程一般是这样的:在确立购买目的之后,立即就付诸行动,从决定购买过渡到实现购买;而复杂的意志过程则是这样的:在确立购买目的之后,从拟定购买计划到实现购买计划,往往还要付出一定的意志努力,才能把决定购买转化为实行购买。

在消费者由作出购买决定过渡到实行购买决定的过程中,由于要克服主观和客观两方面的困难,使实行购买决定成为真正表现出消费者意志的中心环节,就不仅要求消费者克服内在困难,还需要他创造条件,排除外部障碍,为实现既定的购买目的付出意志的力量。

总而言之,消费者心理活动的认知过程、情绪过程和意志过程,是消费者决定购买的心理活动过程的统一,是密不可分的三个环节,其相互作用关系也是显而易见的。意志过程有赖于认知过程,并促进认知过程的发展和变化,同时,情绪过程对意志过程也具有深刻的影响,而意志过程又反过来调节情绪过程的发展和变化。

1.3.2 广告心理策略

广告的作用与人们的心理活动密切相关,而广告的心理策略,则是运用心理学的原理来策划广告,诱导人们顺利地完成消费心理过程,使广告取得成功。这个过程包括吸引注意、引起兴趣、激发购买、加强记忆、导致购买行动。

1) 吸引注意

引起人们的注意,是广告成功的基础。广告若不能引起注意,肯定要失败。因为注意是人们接触广告的开端,只有注意了广告,才能谈得上对广告内容的理解。在广告设计中有意识地加强广告的注意作用,是广告的重要心理策略。广告引起人们注意的方法有:

(1) 扩大广告空间　广告空间的大小,对引起人们的注意有很大影响。空间大的广告比空间小的广告更能引起人们的注意。

(2) 延长广告时间　一般而言,时间长的广告比时间短的广告更能引起人们的注意,但时间过长,或者反复播放次数太多的广告也易使人觉得枯燥,甚至使人感到厌烦,产生抵触心理。

(3) 突出色彩　运用恰当的强烈的色彩常常给人的视觉以强烈的冲击力和深刻的印象。恰当地运用色彩的对比效果,比如黑白相间的色彩对比,也能产生较强的视觉效果。

(4) 增强广告的艺术性和新异性　艺术性强的广告作品给人以强烈的艺术冲击力、感染力和深刻的印象。新异性强的广告作品容易引起人们的好奇心,抓住受众的注意力。

(5) 利用悬念　悬念往往是通过系列广告来实现的。悬念型广告可以引起人们探求答案的欲望,能够使广告受众从被动状态转为主动状态,主动去关注悬念的结果。

2) 增强记忆

记忆是人们在过去的实践中所经历过的事物在头脑中的反映。对于广告信息的记忆,是消费者思考问题、作出购买决策的必不可少的条件。广告应该具有帮助人们记忆广告内容的功能,因为消费者在接受广告信息之后,即使对某一产品产生了良好的印象,一般也并不立即去购买。广告的视听元素如果难于记忆,其刺激功能就不能充分发挥,广告的效果也就不理想。因此,在广告设计中有意识地增强易于为消费者记忆的效果,是非常必要的。

在广告宣传中为了增强消费者对广告内容的记忆,可以采取以下几方面的策略:

(1) 适当减少广告识记材料的数量　人们一次记忆的内容总是有限的,记忆的内容越少越易于记住。

(2) 充分利用形象记忆优势　具体的、形象化的东西比抽象的东西更容易让人记住。因此广告中应该充分采用个性化的模型、特色化的图画、鲜明的标志,来增强人们的记忆。

（3）适时重复广告，拓宽宣传途径　受众对广告信息的初次接触，印象往往是不深的，利用广告信息的适度重复与变化重复，是增强广告记忆的重要手段。

（4）提高消费者对广告的理解　理解是记忆的基础，在理解的基础上更容易记忆。一份广告最起码要让人们理解三个方面的内容：用途、使用方法及购买途径。

3) 促进联想

联想是人们在回忆时由当前感知的事物回忆起有关的另一事物，或者由所想起的某一件事物又记起了有关的其他事物的一种精神联系过程。按照反映事物间的联系的不同，联想可以分为四类：接近联想、类比联想、对比联想、关系联想。

无论是哪种联想，都能帮助人们从别的事物中得到启迪，激发人的思维，引起情感活动，并从联想中加深对事物的认识。运用联想这种心理活动的重要功能，充分地利用事物间的联系形成各种联想，能够起到提示回忆、提高记忆效果、扩展思路、诱发情感活动和促进购买欲望的作用。

运用联想的广告设计的具体方法很多，如可以用受众熟知的形象，来比喻广告商品的形象和特长；也可以创造出深入浅出、耐人寻味的意境，以暗示商品与劳务给人带来的乐趣、方便和荣耀等；还可以通过特殊的色彩、特殊的音响，营造特殊的情调，诱发受众的想象。

4) 说服受众

说服是使某种刺激给予消费者一个动机，使之改变态度或意见，并依照说服者预定意图采取行动。广告的心理功效，就是最终说服消费者采取购买某种商品或劳务的行动。

广告的说服，是通过诉求来达到的。广告诉求，就是要告诉消费者，有些什么需要，如何去满足需要，并敦促他们去为满足需要而购买商品。

（1）知觉诉求　用直接或间接的事物形象来诉求。

（2）理性诉求　偏重于运用说理的方式，直接陈述商品的好坏。运用理性诉求的广告，多是技术型的商品或与人身安全有关的商品。

（3）情感诉求　采用富有人情味的方式，着重调动人们的情感，诱发其购买动机。情感诉求是以满足人们的"自我形象"的需要作为诉求重点的。

（4）观念诉求　通过广告宣传，树立一种新的消费观念，或改变旧的消费观念，从而使消费者的消费观念发生对企业有利的转变。

1.4　广告媒介及其整合策略

1.4.1　不同广告媒介的特点

1) 报纸

报纸作为广告媒介的优点在于：

（1）保存信息相对持久，可反复阅读。

（2）可以传播较为复杂的信息，提供详细的说明性材料，展开深度说服。

（3）报纸一般以日报较多，出版周期短，使广告可以及时到达目标受众。

（4）能灵活机动地安排广告版面、次数和刊载日期等。

报纸作为广告媒介的缺点在于：

（1）刊登在专门广告版面中的单个广告受到注意的程度较低。
（2）报纸广告印刷效果相对较差。由于技术和纸质的影响，报纸广告的还原性比较差，视觉冲击力较弱。

2）杂志

杂志作为广告媒介的优点在于：

（1）针对性较强。广告主可以根据自己的目标消费者群体而准确地选择杂志类型来发布广告。

（2）注目率和理解度高。杂志一般采用高质量的彩色印刷，使广告具有高质量的产品复原能力和突出的表现效果，从而使广告的注目率和理解度都比较高。

（3）信息的持久性强，可反复阅读，为受众反复接触广告信息提供了机会。

杂志作为广告媒介的缺点在于：

（1）出版周期长，灵活性差。这意味着广告信息传递的不及时以及不能随时按需修改广告内容。

（2）同类产品广告竞争激烈。由于杂志内容和目标受众的高度细分，导致同类广告的相对集中，这对广告的创意，制作和设计提出了更高的要求。

3）电视

电视作为广告媒介的优点在于：

（1）冲击力和感染力较强。电视媒介是视听兼具的广告媒介，受众感受信息的直观性强。

（2）覆盖范围广，单位成本低。电视的覆盖范围非常广泛，使广告可以达到的受众量很大，同时单位接触成本也因此大为降低。

电视作为广告媒介的缺点在于：

（1）信息持久性差，不能反复接触。

（2）由于电视广告往往在受众观看电视节目的期间强行插入，对受众形成了较强的干扰，因此人们对电视广告的抱怨往往是最多的。这种强烈的抵触情绪使受众养成了规避广告的习惯，不利于信息有效地到达目标受众。

4）广播

广播作为广告媒介的优点在于：

（1）成本低廉。

（2）信息传播及时。

（3）信息传播灵活。广播广告制作简单，修改方便，可形成适时的广告。

（4）传播范围广泛。在所有的大众媒介中，广播的到达范围最广，受时间和空间的限制最少。受众的抵触度低。由于受众在收听广播时可以同时做其他的事情，因此，受众对广播广告的接受度比较高，抵触情绪相对较少。

广播作为广告媒介的缺点在于：

（1）说服性差。线性传播的特点使广播广告的信息稍纵即逝，难以保存和反复接触。这使广播广告只能传递简单的信息，不能进行深度的说服。

（2）广告的冲击力较弱。其单纯利用声音的局限使广播广告的表现手段比较单一，受众感受广告信息的直观性差，距离感大，使广告的冲击力减弱。

5) 网络

网络作为广告媒介的优点在于：

(1) 理论上，网络广告信息量可以是海量的，非其他媒体可以相比，便于传递复杂信息，提供详细说明，展开深度说服。但由于信息量过大，容易掩盖关键信息，从而减弱广告的冲击力。广告受众通常也非常厌恶冗长的广告。

(2) 网络广告可以根据需要随时制作、发布、修改，具有空前的强时效性。

(3) 网络广告具有多媒体功能。网络传播采取文字、图片、音频、视频、Flash 动画等多种形式，丰富了传播手段，使广告更为直观、形象、生动，增加了广告的现场感和冲击力。

(4) 网络广告具有高度的交互性。广告主、广告发布者可以快捷、方便地与广告受众交流沟通信息，广告受众也可以主动搜索感兴趣的广告信息。

(5) 网络广告具有全球性与开放性。互联网是开放的，可以自由连接，而且没有时间和空间的限制。任何人随时随地可加入 Internet，只需遵循规定的网络协议。同时，相对而言，在 Internet 上任何人都可以享受创作的自由，所有的信息流动都不受限制。

(6) 网络广告具有投放的精准性。广告主可以通过上网者在网络上留下的浏览、消费、娱乐、游戏、发帖等信息，分析判断其兴趣爱好、消费特征，精准地向其推送广告。

网络作为广告媒介的缺点在于：

(1) 互联网上每时每刻都充斥着海量信息，各种网络广告信息也是无所不在，但人们的注意力相对海量的互联网信息来说，是极其有限的。人们关注一般性的网络广告几率极低。

(2) 因为在网络上进行广告活动的企业或个人是以虚拟身份出现的，其身份与广告信息真假难辨，所以有些企业或个人利用这个特点在网络上大肆发布虚假广告与违法广告，造成网络广告诚信问题与违法现象比较突出。

6) 户外广告媒介

一般把设置在室外的广告叫做户外广告。常见的户外广告有如 LED 灯箱广告、路牌广告、霓虹灯广告、车厢广告、电梯广告、墙面广告、场地广告（如体育比赛场所等）、射灯广告、升空气球广告、飞艇广告等。

户外广告的优点在于：

(1) 地区和消费者的选择性强。户外广告一方面可以根据地区的特点选择广告形式，如在商业街、广场、公园、交通工具等不同地点上选择不同的广告表现形式，而且户外广告也可以根据某地区消费者的共同心理特点、风俗习惯来设置；另一方面，户外广告可为经常在此区域内活动的固定消费者提供反复的宣传，使其印象强烈。

(2) 视觉冲击力强。户外广告具有一定的强迫诉求性质，即使匆匆赶路的消费者也可能因对广告的随意一瞥而留下一定的印象，并通过多次反复而对某些商品留下较深印象。

(3) 发布时段长。许多户外媒体是持久地、全天候发布的。它们每天 24 小时、每周 7 天地伫立在那儿，这一特点令其更容易为受众见到，可方便地看到它，所以它随客户的需求而天长地久。

(4) 更易接受。户外广告可以较好地利用消费者在途中、在公共场合经常产生的空白心理。在这种时候，一些设计精美的广告常能给人留下非常深刻的印象，能引起较高的注意率，更易使其接受广告。

户外广告媒介也有其不足之处，主要表现在：

(1) 覆盖面小。由于大多数位置固定不动，覆盖面不会很大，宣传区域小，因此设置户外广告时应特别注意地点的选择。比如广告牌一般设立在人口密度大、流动性强的地方。机场、火车站、轮船码头南来北往的流动人口多,可以作全国性广告。

(2) 效果难以测评。由于户外广告的对象是在户外活动的人,这些人具有流动的性质,因此其接受率很难估计。

7) DM

DM(Direct Mail advertising)是直邮广告的简称。它通过将广告以邮件的形式直接邮寄给潜在的消费者,希望以此来获得目标消费者直接订货或索取有关产品更详细的信息的行为。

直邮广告的优点在于:

(1) 由于将产品目录或广告直接邮寄到目标消费者手中,因此广告信息的针对性最强,可以针对目标消费者的需要展开有效的诉求,最适合细分战略。

(2) 广告还可以通过附加优惠券等方法来把握效果,作为一对一的个人媒体,广告主能和受众建立人际关系。

(3) 直邮广告能得到即时的效果反映,便于及时调整广告内容和形式。

(4) 发布广告的时机自由度大,可以在产品销售旺季展开有效的广告攻势等等。

直邮广告的缺点是单位成本高,广告发布工作量大。

8) POP

POP 是 Point Of Purchase 的简称,即销售点广告,是指在销售地点(店面,店内以及附属设施)设置的所有广告的总称。包括橱窗陈列,柜台、货架陈列,货摊陈列等,还包括销售地点的现场广告,以及有关场所门前的海报、招贴,也包括售点发布的各种广告包装纸、说明书、霓虹灯、小册子、赠品、奖券等。售点广告最主要的形式还是通过商品本身为媒体的陈列广告。

售点广告的优点是:

(1) 能够在消费者的采取购买行动的最后阶段帮助其在品牌间作出选择。

(2) 能增强销售现场的装饰效果,美化购物环境,制造气氛,增进情趣,对消费者起着诱导作用。

售点广告的缺点在于:传播距离比较小。

1.4.2 广告媒介整合策略

所谓媒介策略是指选择何种媒介,安排哪个广告时段和版面,以最有效的方式达到广告和营销目标。一个完整的媒介决策过程大致包含这样的思维过程,即:首先通过市场状况分析,产品分析,目标消费群分析和竞争状况的分析,对营销目标和广告目标的审视,制订出可以达成的媒介目标;然后开始研究和寻找能够达到该媒介目标的媒介策略,确定媒体的种类,建立媒介组合方式和排期方式。

1) 确立媒介目标

媒介目标就是确定"如何、何时、何地以及向何人传播广告信息",为媒介策略的制定提供了一个明确方向和目标。媒介目标可分为定性目标和量化目标,量化的媒介目标可用下述指标来描述:

(1) 到达率和频次

① 到达率(Reach)：可以定义为，在一个确定的时间段内，在一次媒体排期中接触到广告信息的人口或家庭的数量。这个时间段一般为4个星期或者整个广告运动持续的时间或者其他。而这个数量通常被表述为占目标受众的百分比。

② 频次(Frequency)：是指在一个确定的时间段内，媒体排期接触到个人或家庭的平均次数。有效频次(Effective Frequency)，即为了实现理想的媒介投放效果，如建立品牌知晓或者提高销售额，目标受众必须接触到广告资讯的次数。有效频次的实质是资讯需要重复多少次才能被传播和理解。

利用到达率和频次来设定媒介目标是媒介策划人员通常采用的方式，对于新产品发布，或者那些经历了重大战略变化的广告活动来说尤其如此。因为对于导入性的广告活动来说，了解目标受众中有多大比例收到广告信息是非常重要的，了解他们需要花多长时间即多少次的重复才能接收一条信息也同样很有帮助。下面是一条利用到达率和频次来设定媒介目标的例子：

在第一季度内，针对目标受众获取至少60%的到达率，并保证每个星期达到2个点的接触频次。

(2) 持续性　持续性(Continuity)是指在广告活动的时间段内广告是如何排期的。一般来讲，媒体排期主要有三种形式：起伏式、脉冲式和连续式。

(3) 总印象数与毛评点

① 总印象数：目标受众每一次接触到一个广告，都会产生一个广告印象，所谓的总印象数(Gross impression)是在一个既定的时段内媒体排期所产生的印象的总数。它描述的所有受众与传播载体接触的次数以及他们与排期的每一次接触，甚至包括了同一个人或家庭的多次接触。其计算方式是将每一种载体所到达的人口数或家庭数与这种载体中的广告投放次数相乘：

计划 A 到达 10000000 人×5 个广告＝50000000 印象
计划 B 到达 30000000 人×2 个广告＝60000000 印象
计划 C 到达 40000000 人×3 个广告＝120000000 印象
总印象＝50000000＋60000000＋120000000＝230000000 印象

② 毛评点(Gross Rating Point，即 GRP)：又称总收视率或总收听率，它等于到达率与平均接触频次的乘积，体现的是广告对目标市场的总体覆盖。比如某电视节目的收视率是30%，而播放频次是2次，那么毛评点就是60%。一般而言，毛评点越高，覆盖面越广。值得注意的是，毛评点没有反映出哪些受众是重复接受信息的。

当产品处于生命周期的成熟阶段，通常利用 GRP 或者总印象数来设定媒介目标。广告的目的主要是提醒购买或者加强品牌印象，而不再是为了使目标受众了解品牌和产品。所以利用总印象或者 GRP 来设定媒介目标更容易理解媒介排期的效果。

2) 影响媒介目标设定的主要因素

设定怎样的媒介目标，需要根据具体的情况来确定，一般地，影响媒介目标设定的主要因素有：

(1) 产品的生命周期　需要进行广告宣传的产品处于产品生命周期哪个阶段，是设定媒介目标需要考虑的因素之一。当产品处于导入阶段，提高产品及其品牌的认知度是主要目的。因为更大的到达率可以使更多的目标消费者接触到广告信息，产生对产品及其品牌的初步印象，媒介目标应该强调到达率。在产品处于生命周期的成熟阶段，需要的是不断提示购买和保持与目标消费者适当的接触度的广告策略,这时的媒介目标应该重点提高接触频次,保证广告信息能够最大限度地被理解和传递。制定具体的媒介策略时,可能还要考虑其他因素,如竞争对手的广告策略、销售渠道方面要求广告支持等。

(2) 购买的周期和购买的时机　购买周期和购买时机是影响媒介目标和媒介排期的另一个重要因素。有的产品购买周期非常短暂,比如食品和日用品,购买周期就比较短,这就意味着该产品类别的广告要保持一定的接触频次。有的产品购买周期比较长,比如家用电器,可能要几年后才能重复购买,这时我们一定要先确认消费者的购买意愿和倾向,争取在他们购买倾向最强的时候投放广告,用比较密集的广告来提醒购买和引导品牌选择。有的产品的时间性(季节性)非常明显,购买行为集中在某个特定的时间段或季节中,比如月饼、羽绒服、空调,在这些商品的消费时段(季节)及之前一段时间,保持广告的密集投放是非常重要的。

(3) 目标消费者的地理和人口分布　目标消费者的地理和人口分布情况是影响媒介目标设定的又一个重要因素。如果目标消费者在地理上和人口统计上的分布都非常分散,媒介目标就要考虑大面积的投放广告以获得必要的到达率,接触频次往往被放在次要的位置。如果目标消费者的地理和人口统计上的分布都非常集中,意味着到达目标市场比较容易,这时媒介目标考虑的重点可能就转移到广告接触频次。

(4) 竞争对手的广告策略　竞争对手的广告策略也会影响到媒介目标的设定。对于在市场上处于跟随地位的品牌来讲,当市场领导者的广告攻势比较强烈的时候,可能要选择避其锋芒的媒介策略,选择在不同的时期的发布广告,并通过一定的广告暴露频次来获得竞争优势。当被迫与竞争对手品牌同时发布广告时,也要争取在暴露频次上不要落后于对手,保持与自己的市场份额相对应的暴露频次。

(5) 预算和时间的约束　投放广告是需要花钱的,大部分广告活动都会受到预算的约束。预算不仅迫使媒介策划人员要在频次和到达率方面进行权衡,还对媒介的排期方式产生重要的影响。

时间约束有两个方面,一是特定的广告媒介的使用会受到时间的约束,比如中央电视台新闻联播前的一小段时间,是很多大企业看好的黄金广告时间,而能在该时间段投放广告的数量是十分有限的。此外,企业投放广告的时间也会受企业生产、营销计划时间安排等的影响。

3) 媒介组合策略

媒介组合策略的根本目的是通过对媒介类型的选择和对各媒介类型投放比例的权重,使广告信息最有效地达到目标受众。媒介组合策略包括确定目标受众、选择媒介类型和建立媒介组合三个方面。

(1) 确定目标受众　目标受众实际上就是广告产品的实际消费者或者潜在消费者,是广告活动作用的对象,是广告信息的接收者。不了解目标受众为何,广告活动无异于无的放矢。为了使广告信息有效地到达目标受众,需要对目标受众的人口数量、性别、年龄、地理分布、生活方式、经济状况、文化习惯、受教育水平、消费心理、购买行为,特别是和媒介接触习惯等方面进行分析和了解,在此基础上,我们才能有针对性地正确地选择媒介类型并建立媒介组合。

(2) 选择媒介类别　伴随着社会经济的发展,人们接触媒体,获取信息的方式也会发生变化。目标受众,因其性别、年龄、地理分布、经济状况、文化水平、职业类别等方面的不同,而导致在媒介接触习惯存在较大差异,只有在充分了解这些差异的基础上,结合不同媒介传播特征,才能选择与目标受众相匹配的媒介类型。比如,七八十岁且有一定文化的男性老年人大多比较喜欢看报纸,我们就选择报纸作为针对他们的广告传播媒介。中老年妇女喜欢看电视,我们就选择电视作为针对她们的广告传播媒介。3至6岁的小朋友接触的媒介类型最多的是电视,其次是幼儿读物,我们就可以选择电视和幼儿读物作为针对他们的传播媒介。选择电视作为媒介时,还要安排在他们喜爱的频道和时段播送广告才有效率。

(3) 建立媒介组合　建立媒介组合是指在选择好的媒介类别中分配预算,亦即确定各类型媒介在整个媒介组合中的数量和权重。媒介组合有两种形式,即集中式媒介组合和分散式媒介组合。

集中式媒介组合是把所有的媒介预算集中投放在同一类型的媒介上。这种形式的优点在于,对细分市场的目标受众而言,能够对广告产生深刻的印象。对广告主而言,因为无需制作投放不同媒体的广告,可以节约广告制作成本。同时,将预算投放到同一类型媒介,可以得到较好的价格优惠,即数量折扣。对竞争对手而言,因其"火力集中",广告主可能获得在某种媒介上相对竞争对手的绝对优势,从而获得对接触这类媒体的消费者更大的影响力。事物都有正反两方面,集中式媒介组合只适合与目标受众在人口统计上和地理分布上都比较集中的情况,而当目标受众的范围较宽,地理分布也比较分散的时候,集中式媒介组合就无法达到大多数的目标受众了。

实施分散式媒介组合是把媒介预算分散投放在不同的媒介上。分散式媒介组合的优点之一是广告主可以利用不同的广告媒介,针对不同的细分目标受众传递不同的广告信息。而且即使对于同一消费者,通过不同的渠道接触广告信息也更容易加深对广告的印象和对广告信息的理解。分散式媒介组合的另一优点是能够产生比集中式媒介组合更高的达到率。因为不同类别的媒体的视听众都有互不重叠的部分,即有些人只接触这一类媒体,而另一些人只接触另一类媒体。当增加一类媒体时,就增加了另一类媒体所不能到达的目标受众。分散式媒介组合的缺点在于需要制作适合投放不同类别媒体的广告,相对集中式媒介组合,会增加广告制作成本。而且,在受预算约束情况下,由于"火力分散",同一类媒介的目标受众接受的广告频次会减少,对广告的印象不如集中式媒介组合那样深刻。

从以上分析,可以看出,集中式媒介组合的优点往往恰好是分散式媒介组合缺点,集中式媒介组合的缺点又往往是分散式媒介组合的优点。

4) 媒介排期策略

媒介排期策略就是决定发布广告的时间和发布广告的方式的安排。广告发布时间安排包括广告要在何时开始投放以及该广告投放要延续多长时间。广告发布方式是指采用何种媒体发布广告。

(1) 媒介排期的方式　媒介排期主要有三种形式:连续式、起伏式和脉冲式。

① 连续式媒介排期:连续式的媒介排期是指在广告活动的每一阶段都投入大约相等数量的媒介预算的排期方式。

② 起伏式媒介排期:起伏式媒介排期是指媒介预算的投放随时间段的变化而变化,甚至在广告运动的某个或几个阶段不安排任何广告投放。

③ 脉冲式媒介排期:脉冲式媒介排期与起伏式媒介排期一样,媒介预算的投放随时间段的变化而变化,但不同的是,它在整个广告运动的任何时段都保持了一定的广告存在,只不过是某些阶段投放的广告多一些而另外一些时段投放的广告少一些。这种方式因在任何

时段都保持了一定的广告存在,有利于在销售淡季保持一定的广告接触,维持一定的品牌度,也可在销售旺季加大广告支持力度,促进销售增长。

(2)选择媒介排期方式的影响因素　在具体实践中,采用哪种媒介排期方式,取决于消费者购买产品的时间、消费者重复购买的周期、产品所处的生命周期、竞争对手的广告策略和媒介预算等因素。

① 消费者购买产品的时间:媒介排期通常要考虑将广告发布的时间尽量与消费者购买该产品的时间接近,以起到提醒购买和指名购买的作用。对于销售季节性变化不明显的产品,可采用连续式排期;对于销售季节性十分明显的产品,可采用起伏式或脉冲式排期。

② 产品的生命周期:在产品生命周期的不同阶段,应该采用不同的排期方式。在产品的导入阶段,产品还不为消费者所了解,需要大量而密集的广告投放使广告信息迅速到达消费者,在短时间内提高产品/品牌的知名度。当产品处于成熟阶段时,广告投放的主要目的是保持品牌与消费者维持一定的接触,同时配合产品的销售季节性来安排投放量。

③ 竞争对手的广告策略:知己知彼,方能百战百胜。媒介策略的根本目的是希望通过选择适当的广告传播载体和广告投放来使广告产品或品牌获得市场竞争上的优势。因此,了解竞争对手的广告投放时间和投放量是非常必要的。具体采用跟进式广告投放策略还是避其锋芒错开式广告投放策略,要根据产品或品牌在市场中的地位和预算来决定。

④ 预算的约束:几乎所有的广告活动都会受到预算的约束,预算的多少不仅影响广告排期的方式,而且影响整个广告活动持续时间的长短。

5)媒介购买

媒介购买是对媒介广告单位使用时间和付费成本的一种预约和交换。媒介不同,广告单位特征也不同,价格也各有所异。

在广播、电视、网络视频等媒介中,广告单位是以时间计算的,在报纸杂志广告中,广告单位是以空间计算的,媒体时间长短、空间大小的不同,决定了广告收费价格的差异。除此之外,由于不同媒体在节目安排、出版时间、版面内容、广告位置等多方面的差异,广告价格也会因此而不同。比如,广播电视会划分出不同的时间段,各个时间段的广告价格会有较大差异。又如,报纸的报眉、报眼、中缝等不同位置的广告价格也是不同的。再如,杂志的封面、封底与内页等不同位置的广告价格也有很大的差异。还有,网站主页上的广告和通过主页链接的广告,搜索引擎搜索结果不同位置的广告,都有不同的价格。

因此,在媒介购买时特别要注意两个方面问题:一是涉及具体产品时,要根据媒体节目安排和受众特性加以分析,并非都是价格越高,效果就越好。二是要注意集中购买。批发不仅有价格上的优惠,还能获取付款的灵活。

媒介购买是对媒介策略的具体实施,因此所有在确定媒介策略时需要考虑的因素包括目标受众、产品销售的季节性、地理因素和预算限制等,在实施媒介购买时都不能忽略。对于媒介购买者来说,最关键的是如何充分地利用广告预算,以最低的成本来达到最多的目标受众。

衡量和评估不同媒介的成本效率时,最常用到的衡量尺度是千人成本、目标千人成本和每点成本。

① 千人成本(CPM,Cost Per Mille):是指每到达1 000名受众所需花费的成本,是用来比较不同传播媒介成本的基本衡量尺度。这既可以用于不同类型媒体间的比较,也可用于同类媒体间的比较。计算方法是用广告发布费用除以媒体受众总数(如发行量、收视人口

统计数等)再乘以1 000。例如,广告发布费用为10万元,受众人数为200万人,则:
$$CPM=(10 万元/200 万人)\times 1000 人=50 元$$

② 目标千人成本(CPMP):是指每达到一千个目标受众所需花费的成本,可以用来衡量一种媒介对广告的目标受众传播效率的尺度。与千人成本不同的是,目标千人成本的受众不是媒体所有的受众,而仅指媒体受众中的广告产品的消费者与潜在消费者,即目标受众。其计算的方法首先要确定媒介的受众总数中广告目标受众的数量。例如,一款儿童玩具的目标受众是3~5岁的女童,而某电视频道某时段的受众总数是500万人,其中3~5岁的女童受众数量是200万,企业为宣传这款玩具在该节目投放的广告花费是20万元,则该电视频道的目标千人成本是:

$$CPMP=20 万元/200 万人\times 1000 人=100 元$$

③ 每点成本(CPP,Cost Per Point):表示购买每一个视听率点所代表的受众所需的成本。这些受众的规模及其成本随市场人口规模的不同而不同。它可以用广告花费除以节目的收听/视率来计算。

无论是千人成本,目标千人成本还是每点成本,都是考察广告投放成本效益的常用指标,但不管采用哪一个指标,都不能准确的衡量出广告媒介投放所产生的广告效益,因为广告效益不仅与购买媒介的成本有关,还受到其他很多要素的影响,如广告的创意、制作水平,能否打动受众,给受众留下深刻印象,各个媒介的受众与广告目标受众的匹配程度等。

【案例分析】　　　　　　　　麦当劳烤鸡腿汉堡

麦当劳在主要市场上推出了烤鸡腿汉堡,为了提高消费者对产品特征的了解,从而提升购买欲,策划了一个广告活动,活动的目标群体是成年人,尤其是18~24岁的成年人。

麦当劳希望寻找到最有效的成本使用方式从而使得品牌效应达到最大化。面临的最主要的挑战是通过新方法影响到目标人群,明确而"动情"地传达新三明治的产品特征,包括其新颖性和口味。

麦当劳在组合媒体广告中加上了网络交互广告,通过把网络广告的到达率提高60%,麦当劳将产品的认知度在18~49个媒体目标中提高了8.3%。这使600多万消费者开始知道这款新产品。

网络广告在多渠道商业活动作业中作出了切实的贡献,它能达到其他媒体不能达到的人群。在麦当劳的目标市场中,有20%的人是不常看电视的,他们是通过在线的上网方式被影响到的。当广播和电视几乎不能将"多种口味混合"的信息传达给消费者时,网络广告却能在很大程度上提高对形象的感知。通过在混合媒体广告中增加网络广告,形象感知程度强有力地增加了9个百分点,消费者感情上对品牌特征有了明显的提高。(案例来源:http://wenku.baidu.com)

任务1. 结合案例,说明广告策划中明确广告的目的及目标受众的重要性。
任务2. 分析麦当劳选择互联网作为广告媒介的理由是什么。

【练习与思考】

1. 何谓广告,广告的功能有哪些?
2. 广告活动的主体有哪些?

3. 广告是怎样分类的,有哪些类型?
4. 广告媒介有哪些,各有什么特点?
5. 何谓广告媒介整合策略,进行广告媒介整合决策时应考虑哪些因素?
6. 分析本章导读案例中"大眼睛"广告的成功原因?谈谈评价一则广告好坏的标准是什么?

2 网络广告概述

【导读案例】　　　　　亚马逊(amazon.cn)的个性化推荐

一本叫《触及巅峰》的都快绝版的冷门书,却在10年之后因另一本同题材书籍的热销而再度大卖——克里斯·安德森在其著作《长尾理论》一书中曾引用这样一个例子。《触及巅峰》能重新焕发青春首先要归功于亚马逊网上书店的关联推荐。事实上,数据显示,在亚马逊网站上有35%的销售额是来自个性化推荐,有60%的销售额是间接受到推荐的影响。另有一组关于B2C平台的重复购买率的数据,凡客(Vancl)是40%,电子商务企业平均水平是50%,而亚马逊是80%。

亚马逊一直以来专注于对用户过去行为的数据分析。这也被认为是其能获得巨大成功的关键一环。总的来看,其推荐方式包括基于个人和群体浏览记录、交易记录的关联推荐(主要是同类商品)以及基于用户评论评分和主观要求等个人反馈数据的推荐。同时亚马逊的主页也是个性化的,把当前的热卖商品和促销活动与对用户的推荐商品相互穿插然后随机排序放在首页中,让用户能轻松获得各种自己想要的商品信息。

本书编者也是亚马逊网站的顾客之一,时不时在这个网站淘一些图书。下面这张图(图2-1)是本人作为用户登录后进入亚马逊网站时,看到的为我定制的个性化页面:"我的亚马逊"记录了登录后的商品浏览记录,根据浏览和购买记录提供的推荐商品,用户还可以反馈"已经拥有"或者"不感兴趣",也可以根据个人喜好给商品打分。

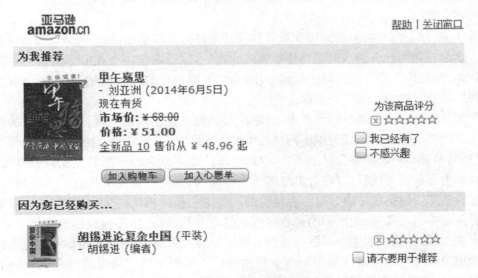

图2-1　亚马逊网给本书主编推荐图书(http://www.amazon.cn)

2.1 网络广告的特点与功能

2.1.1 网络广告的起源与发展

网络广告(Web Advertising)又称在线广告(Online Advertising)或互联网广告(Internet Advertising)等,是指利用计算机网络作为传播媒体的广告活动。

追溯网络广告的起源,不得不提及奇迹商业公司(Prodigy)。在互联网还没有实现商业化之前,Prodigy 就开始尝试网络广告。1990 年网络广告这项服务刚开始时,Prodigy 只是这项领域的一个"孤独试验者",因为它开始期望广告能作为自己的一项收入来源——但这个目标并没有实现。在此之前,计算机服务公司(CompuServe)在 1979 年就有在线服务,但是直到 1995 年才卖出了它的第一项广告;美国在线 AOL 直到 1995 年才真正开始它的网络广告运作。

当 Prodigy 在订阅者的范围内尝试广告服务时,美国亚利桑那州的两位年轻律师 Canter and Siegel 发现已经找到了一种便宜的营销媒体——互联网。他们在 7000 个新闻组上刊登关于提供绿卡服务的广告,并反反复复地将同样的信息发给了一个又一个的新闻组。广告的内容可能和讨论组的主题一点关系也没有,因此这种广告形式带来了雪花般的抱怨邮件,Canter and Siegel 不但没有让用户接受绿卡服务反而激怒了客户,毁坏了公司的声誉。

网络广告的正式登场,不能不说到 Hotwired(www.hotwired.com),Hotwired 是公认的网络广告鼻祖,是它提出了一种全新的广告商业模式。Hotwired 起初只是为了防止网民对网络广告的反感,将原来的广告尺寸减小,缩小成现在的网幅广告。1994 年 4 月 15 日,Hotwired 和 AT&T 签署了第一笔网络广告合同,该网络广告在 1994 年 10 月 27 日正式发布,令 Hotwired 惊喜的是,几乎没有人对此提出异议,即使有提出质疑的也只是广告网站本身的建设问题。

近年来,随着网民数量的大幅度增长和网站流量的大幅增加,从事网络广告的人数越来越多。加上互联网独有的双向互动传播模式的优势,以及网络广告拥有最具潜力和活力的消费群体,网络广告的发展取得了长足进步,全球互联网广告收入已超千亿美元,成为仅次于电视广告收入的第二大广告媒体。

我国互联网市场不断发展和扩张,网络广告的商机也不断被厂商挖掘。巨大的利润空间使互联网广告市场已经成为很多网站的主要收入来源之一。网站之间的竞争也就愈演愈烈,很多网站都在不断调整自己的广告,对原有的广告不断进行改版和更新,增加广告的发布形式和更多的服务项目,以迎合市场需求。同时,我国的广告主的投放行为也逐渐成熟,企业在投放广告时更加冷静。很多有经验的广告主在投放网络广告时,已经不再只是单单地查看网站排名及流量,而更多的是看重网站的专业性、权威性和投放后的效果。另外,在广告形式上,很多的广告主也不再一味地追求广告的大小,转而更多地考虑到浏览者在视觉和心理感受。可见在网络广告市场竞争日益激烈。根据艾瑞咨询集团(iResearch)的统计与预测,近年来我国企业网络广告支出连续高速增长。2016 年,我国境内网络广告收入预计达到 2 067.5 亿人民币(图 2-2)。

图 2-2 我国境内互联网广告市场规模及增长预测（资料来源：艾瑞咨询集团网站）

2.1.2 网络广告的特点

与传统的四大媒体（报纸、杂志、电视、广播）相比，网络广告带有鲜明的与技术紧密相关的特点与优势。

1）跨时空

互联网的开放性、全世界共享性、信息传播无时间限制性，使得网络信息的传播突破了空间和时间的限制，从而使得网络营销具有了全球性和全时性的效果。传统营销媒体无论是电视还是报纸、杂志，营销效果都受到空间和时间的限制。网络广告为企业在全世界范围内寻找客户提供了现实可能性，为企业塑造全球品牌提供了更佳的机会。

2）形式丰富多彩

网络广告采用了集文字、声音、图像、影像、颜色、音乐、游戏等于一体的丰富表现手段，并且具有报纸、电视、广播的各种优点。广告制作人员在网络广告信息形式上具有更多更好的选择，从而更加自由地、充分地表达广告创意设计，其多样化的表现形式，更容易能吸引受众眼球。

3）内容种类繁多，信息面广

与传统媒体比较，网络广告可以传递更加丰富的内容。网络广告可通过各种各样的素材结合，并及时提供给用户所需内容。不同种类的产品，其内容可一样也可不一样。而且庞大的互联网网络广告能够容纳难以计量的内容和信息。它的广告信息面之广、量之大是报纸、电视、广播无法比拟的。如报纸广告受到版面篇幅限制；电视广告受到频道播出时间和播出费用的限制等。网络广告不受时间篇幅影响，内容也可随时更替变换。

4）可以实现较为精准的投放

网络营销已经进入数据化时代，广告人员可以根据消费者的相关信息，如以往购买商品的信息，上网浏览历史信息，消费者的年龄、性别、职业、专业、学历、生日、上学时间、结婚纪念日、孩子的生日等信息，判断消费者的兴趣爱好、需求内容、时间等特征，从而发送极具针对性的广告,大大提高广告效果。

5) 多对多的传播过程

报纸广告基本是一对一的传播过程,电视传媒则是一对多的方式,而网络广告则是多对多的传播过程。这是因为在互联网上有众多的信息提供者和信息接收者,他们既在互联网上发布广告信息,也从网上获取自己所需产品和服务的广告信息。网络信息之间的相互交流也使得网络广告传递到其他受众用户。

6) 互动性

所谓网络广告的互动性是指企业或个人将广告信息内容准备好,放置于站点上,网络用户都可以通过上网及时查看并获取商品信息。当对产品产生疑问时,用户可及时反映,令厂商重新更新信息,这些信息在传播和反馈过程中形成了网络广告与用户之间的互动性。消费者在与企业互动过程中对产品提出要求甚至参与设计和生产,使得生产者和消费者之间的界限变得模糊了。消费者在网络购物后在网络上所写的对企业商品和服务的评价,直接成为了网络广告内容的一部分。

7) 灵活性

网络广告从广告信息的提交到发布,所需的时间可以只有几秒钟,整个运作过程发生在瞬息之间。而传统广告的发布时间少则数小时,多则半个月,而且广告在传统媒体上发布后一般很难更改,网络广告则不同,广告发布者可以随时根据自己的需要更改广告内容,包括纠正广告中的错误,适时调整价格和商业信息等,使企业经营决策的变化能够得到及时地实施和推广。

8) 易于统计和评价效果

网络广告的读者数量可以精确统计,便于进行市场分析,衡量广告效益。传统媒体广告,很难准确地知道有多少人接受了广告信息,例如,报纸的销售量甚至读者可以统计,但报纸上的广告有多少人阅读过,却只能推测。网络广告可以通过访问流量统计系统,如 Log、Adstream 等软件,精确统计每个广告被多少用户看过,以及用户阅读的时间分布和地域分布,从而方便广告计费,正确评价广告效果,审定广告投放策略。

9) 易于保存和查阅

传统媒体广告一般家庭和用户也难以长期保存。而互联网上发布的商业信息,除非人为删除或更改,否则可以一直予以保存,可随时阅读浏览,还可以供以后更加仔细、深入地了解广告内容,从而增强广告效果。

除了具有上述优点外,网络广告还有成本低廉、技术密集、效率高等特点。

2.1.3 网络广告的功能

认识和理解网络广告的功能和作用,是开展和利用网络广告的基础和前提。网络广告的功能很多,主要的有发布信息、品牌推广、销售促进、开拓渠道、网站推广、维护顾客关系、特色服务等。

1) 发布信息

网络广告是向用户传递信息的一种手段,也是企业信息发布的主要方式之一,通过网络广告投放,不仅可以将企业的产品信息、价格信息、服务信息等发布在自己的网站上,也可以发布在流量更大的网站上,或者直接通过电子邮件、即时通信等方式发送给目标用户。

与传统媒体信息发布相比，网络广告信息发布具有很大的优势。第一，不受地域限制，可以把信息发布到全球任何一个地点，以实现信息的广覆盖；第二，信息发布及时、灵活，网络广告可根据需要随时发布信息，补充、修改信息；第三，网络广告信息的停留时间长，只要不主动删除，网络广告信息可以无限期保留；第四，网络广告信息发布的表现形式灵活，可以是文字、图片，也可是声音、视频等；第五，网络广告信息发布不受篇幅限制，可以发布详尽信息；第六，在网络广告信息发布以后，可以进行跟踪，获得回复，也就是网络广告信息发布并非单向的信息推送，而是具有很好的互动性。

2）推广、提升品牌

在网络经济时代，拥有市场比拥有工厂更重要。拥有市场的唯一办法，就是拥有占市场主导地位的品牌。网络广告的主要作用之一是进行品牌推广，提升企业品牌价值。网络广告可通过各种形式和渠道，让人们增进对企业、产品和品牌的了解并加深印象。网络广告丰富的表现手段为更好地展示产品信息和企业形象提供了必要条件。

3）开拓销售渠道

网络广告具有跨地域、广覆盖的特点，可以突破人为设置的经济壁垒和地区封锁，渗透到交通不便、信息闭塞的边远地区和市场，加上其图文并茂，声像俱显的表达方式与深度劝服能力，可以为企业迅速开拓市场，打通销售渠道，打开销售局面。

4）促进顾客关系

在传统的经济模式下，由于认识不足，或自身条件的局限，企业在管理客户资源方面存在着较为严重的缺陷。网络广告所具有的对用户行为的跟踪分析功能为深入了解用户的需求和购买特点提供必要的信息，这种信息不仅成为网上调研内容的组成部分，也为建立和改善顾客关系提供了必要条件。网络广告对顾客关系的改善也促进了品牌忠诚度的提高。比如在下节中提到的，小米手机社区论坛，就集聚了大量活跃的"米粉"，商家与"米粉们"在这里进行沟通交流，大大提升了"米粉们"对商家的忠诚度。

5）网站推广

网站的浏览量是网站价值的集中体现，一个网站建设得再好，没有流量也没有价值。要增加流量就必须推广网站。而网络广告就是网站推广的最为有效的方式。网络广告可以通过网幅广告、按钮广告、旗帜广告、电子邮件广告等形式与网站建立链接，广告受众只要点击这些广告，就可以达到推广目标网站，从而为网站带来访问量的增加。

6）特色服务功能

与传统广告相比，网络广告具有独特的服务功能，其内涵和外延都得到了扩展和延伸。顾客可以通过与网络广告链接的网站、网页，也可以通过邮件列表、聊天室、虚拟社区论坛和各种即时信息服务，还可以通过在线收听、收视，获得各种信息服务，选购、定制产品，在线谈判，在线合同，在线支付，在线交货，在线维护、升级等选择性服务。而且，这些服务完全可以不受时间、地域、气候等因素的限制。

7）促进销售

促进销售是大多数广告活动的最终目标。网络广告通过发布产品信息，让用户受到各种形式的网络广告吸引而获取产品信息，成为影响用户购买行为的因素之一。尤其当网络广告与企业网站、网上商店等网络营销手段相结合时，这种产品促销活动的效果更为显著。网络广告对于销售的促进作用不仅表现在直接的在线销售，也表现在通过互联网获取产品信息后对网下销售的促进。

2.2 网络广告的形式

网络广告具有多种不同的形式。在所有广告媒体中,网络广告的形式是最灵活、最丰富多样的。随着信息技术的不断发展,可以预见,网络广告的形式还会不断创新,出现更多更好的形式。

2.2.1 网幅广告

网幅广告是以 GIF、JPG、Flash 等格式建立的图像文件,定位在网页中不同位置。大多用来表现广告内容,同时还可使用 Java 等语言使其产生交互性,用 Shockwave 等插件工具增强表现力。网幅广告又可以根据形状、尺寸与在网页中的位置(表 2-1 所示),分为旗帜广告、按钮广告、通栏广告、竖边广告和巨幅广告等。

表 2-1 网络广告尺寸

尺寸(像素)	类　　型
486×60	全尺寸 Banner
392×72	全尺寸带导航 Banner
234×60	半尺寸 Banner
125×125	方形按钮
120×90	按钮#1
120×69	按钮#2
88×31	小按钮
120×240	垂直 Banner

1) 旗帜广告(Banner)

旗帜广告是 Web 网页上最常见的,也是最有效的广告形式,主要以动画的形式出现。他们以 GIF、JPG 等格式建立图像文件,大小一般不超过 12 KB,最常用的是以横向的方式(全幅)出现在网页顶部或底部,所以也被很形象地称为横幅广告(如图 2-3)。随着网络技术的发展,旗帜广告在制作上经历了静态、动态以及富媒体旗帜广告的演变过程。旗帜广告主要被广告主应用在浏览量较大的站点发布广告信息。这种广告通常都有超级链接,经过鼠标点击,浏览者可以进入公司的主页。在某种意义上,旗帜广告有点像传统广告,要在众多的信息的干扰中吸引住浏览者的注意力,使他们在短时间内对旗帜广告所宣传的产品或事件产生兴趣。

2) 对联广告

对联广告又称竖边广告、摩天广告,是指利用网站页面左右两侧的竖式广告位置而设计的广告形式。这种广告形式可以直接将客户的产品和产品特点详细地说明,并可以进行特定的数据调查、有奖活动。不干涉使用者浏览页面,注目焦点集中,有助于吸引访问者点阅,有效地传播广告相关讯息(图 2-4)。

图 2-3　旗帜广告（原始图片源于 http://www.suning.com）

图 2-4　对联式广告（原始图片源于 http://nanjing.bitauto.com）

3) 按钮广告（Button）

按钮广告是从 banner 演变过来的一种形式，是表现为图标的广告（图 2-5），通常广告主用其来宣传其商标或品牌等特定标志。按钮广告是一种与标题广告类似，但是面积比较小，而且有不同的大小与版面位置可以选择，最早是网景公司用来提供使用者下载软件之用，后来这样的规格就成为一种标准。

按钮广告能提供简单明确的资讯，而且其面积大小与版面位置的安排都有弹性，可以放在相关产品的内容旁边，是广告主建立知名度的一种相当经济的选择。例如，戴尔曾将一个广告按钮放在一份科技类报纸的电脑评论旁边。一般这类按钮不是互动的，当你选择点击这些按钮的时候会被带到另外一个页面。有时这类广告可以提供音效和影像，但要花很多时间下载，因此不是很受用户欢迎。

根据美国交互广告署（IAB）的标准，按钮广告通常有 4 种形式，分别是：125×125 (pixels)、120×90 (pixels)、120×60 (pixels)、88×31 (pixels) 小按钮。

按钮广告由于尺寸偏小、表现手法较简单，多用于提示性广告，容量不超过 2KB。此广告的不足之处在于有限性、被动性，因为只有浏览者点选，才能看到有关具体的信息内容。

图 2-5　两则按钮广告（图中圈内，原始图片源于 http://www.sohu.com）

4）通栏广告

所谓通栏，是指和一个整版宽度相同、但是面积不到半个版的排版方式。通栏广告以横贯页面的形式出现，该广告形式尺寸较大，比较醒目，视觉冲击力强，能给用户留下深刻的印象（图 2-6）。通栏广告的位置通常在网页的上部或中部，这样更能引起访客的注意。

通栏广告并没有固定的尺寸。每个网站不一样。一般位置在网站首页的上方或者中间，属于扁长型的。常用的尺寸有：760×90（pixels）、468×60（pixels）、250×60（pixels）、728×90（pixels）、950×90（pixels）、658×60（pixels）。

图 2-6　通栏广告（图片源于 http://www.yhd.com）

5）巨幅广告与全幅广告

巨幅广告就是面积很大的广告，网络上的巨幅广告，通常用 Flash 制作，颜色很鲜明，具有动感、炫目的效果(图2-7之方框内部分)。全幅广告,就是指一个广告占满整个网页页面,是巨幅广告的一种。

图2-7　巨幅广告(图片源于http://www.yhd.com)

2.2.2　文字链接广告

文字链接广告是一种最简单直接的网络广告,只需将超链接加入相关文字便可(图2-8)。文字广告占用的版面很小,不影响受众浏览其他信息,不易引起受众反感与抵触,接受度较好;但文字链接广告视觉冲击力不大,需要受众主动点击,才能看到链接的内容,因此在寥寥几个文字上要狠下工夫,以诱导受众主动点击。

图2-8　文字广告(截图于http://www.ifeng.com)

2.2.3 悬浮(漂浮)广告

悬浮广告(Floating ad),又称悬停广告,漂浮式广告。一般是指在网民拖动滚动条时,广告可以跟着移动,确保浏览过程中全程可见的一种广告形式(图2-9)。其变化很多,大小上一般是很小的矩形或者方形。在浏览网页的时候,悬浮式广告会一直沿着设计好的路线漂移,设计路线不好的漂浮式广告会分散网民的注意力,影响正常的浏览,更有甚者把广告置于账号登录的入口,必须点击广告才可以使之关闭。

悬停广告的主要缺点是扰民(这一点和 Pop-up——弹出广告类似),而且不同的形式扰民程度不一,因此很难得到大品牌的青睐。悬停广告由于其特点是不离用户视野,因此不能设计得很大,给广告创意带来限制,因此影响了投放热情,一般悬停广告多以打折促销,游戏发布等时效性强的广告居多。

图2-9 悬停广告(图片源于 http://baike.baidu.com)

2.2.4 电子邮件广告

狭义的电子邮件广告是指直邮广告(如图2-10),或称邮件列表广告。它是以电子邮件为传播载体的一种网络广告形式。电子邮件广告有可能全部是广告信息,也可能在电子邮件中穿插一些实用的相关信息,网络用户需要事先同意加入到该电子邮件广告的邮件列表中,以表示同意接受这类广告信息,他才会接收到电子邮件广告。那些未经许可而收到的电子邮件广告通常被视为垃圾邮件。垃圾邮件是 E-mail 广告的大敌,它不仅严重伤害了电子邮件广告的声誉,同时也对企业形象造成伤害。

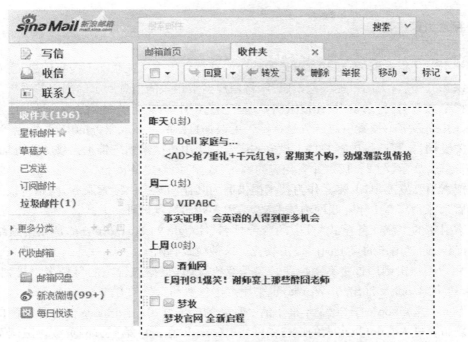

图 2-10 直邮广告(截图于 http://m0.mail.sina.com.cn)

还有一种电子邮件广告,是指由广告支持的 E-mail,但其实这不是真正意义上的电子邮件广告。广告形式以 Banner 为主,广告体现在拥有免费电子邮件服务的网站上,广告会出现在个人邮箱的主页上(如图 2-11)。如 Hotmail(http://www.hotmail.com)公司和 Juno(http://www.juno.com)公司对使用他们 E-mail 阅读器的用户免费提供服务,当用户收发 E-mail 时,广告就会在设定好的时间轮流播放。

图 2-11 邮箱页面上的广告(图片源于 http://m0.mail.sina.com.cn)

2.2.5 搜索引擎广告

搜索引擎是指根据一定的策略、运用特定的计算机程序从互联网上搜集信息,在对信息进行组织和处理后,为用户提供检索服务,将用户检索相关的信息展示给用户的系统。搜索引擎包括全文索引、目录索引、元搜索引擎、垂直搜索引擎、集合式搜索引擎、门户搜索引擎与免费链接列表等。搜索引擎广告是指广告主根据自己的产品或服务的内容、特点等,确定相关的关键词,撰写广告内容并自主投放的广告。当用户搜索到广告主投放的关键词时,相应的广告就会展示(图2-12),并有相应的网站(或网页)与之链接。

在搜索引擎发展早期,多是作为技术提供商为其他网站提供搜索服务,网站付钱给搜索引擎。后来,随着2001年互联网泡沫的破灭,大多转向为竞价排名方式。

搜索引擎的主流商务模式(百度的竞价排名、Google 的 AdWords)都是在搜索结果页面放置广告,通过用户的点击向广告主收费。这种模式有两个特点,一是点击付费(Pay Per Click),用户不点击则广告主不用付费。二是竞价排序,根据广告主的付费多少排列结果。2001年10月,Google 推出 AdWords,也采用点击付费和竞价的方式。

AdSense 是 Google 于 2003 年推出的一种新的广告方式。AdSense 使各种规模的第三方网页发布者进入 Google 庞大的广告商网络。Google 在这些第三方网页放置跟网页内容相关的广告,当浏览者点击这些广告时,网页发布者就能获得收入。其他搜索引擎也先后推出类似的广告方式。雅虎的广告方式是 YPN(Yahoo Publisher Network),YPN 除了可以在网页上显示与内容相关的广告以外,还可以通过在 RSS(简易信息聚合)订阅中来显示广告;微软的广告计划叫 AdCenter;百度也推出主题推广。

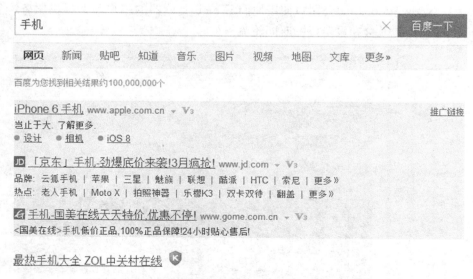

图 2-12 搜索引擎广告(图片源于 http://www.baidu.com)

2.2.6 弹出式广告(插页广告)

弹出式广告,又叫插页广告,它通过用户在进入网页时,自动开启一个新的浏览器视窗,以吸引读者直接到相关网址浏览,从而收到宣传之效(图2-13)。

弹出式广告可以迫使受众不得不浏览其广告内容,从而获得较好的广告效果(据有关调查显示,弹出式广告的点击率是网幅广告的好几倍),得到广告商青睐,但因其构成对网民上网的滋扰,引起很多网民的不满甚至厌烦。

弹出式广告主要有两种类型。一种弹窗形式被称为"鼠标陷阱"(mousetrapping),它使用一个网页或广告遮住整个屏幕,没有任何菜单或按钮可以让用户关闭这个窗口。[这个问题主要影响 IE 浏览器的用户,解决该问题的一个方法是使用 Ctrl、Alt、Del 或者 Ctrl、Shift、Esc(Windows2000 以及以上系统)调出任务管理器来结束进程,但这也会将与弹窗无关的窗口关闭。更好的方法是使用 Alt、F4 组合键关闭当前窗口,因为弹出的窗口总是在最前端。]另一种弹出广告是利用一些间谍软件和广告软件弹出广告窗口,如通过 Windows 的信使服务来传播的广告即属此类,这类广告出现时就像系统的对话框,上面出现的文字往往把人们引导到一个网站。

目前由于弹出式广告过分泛滥,很多浏览器或者浏览器组件加入了弹出式窗口杀手的功能,以屏蔽这样的广告。弹出式广告不一定会在浏览器的最上层出现,有部分弹出式广告刻意地把自己安排在视窗的最底层,或把自己缩小隐藏,意图在用户不注意的情况下搜集用户的上网行为或下载及安装未经用户许可的软件或插件。这种行为,大多数用户都认为是属于滋扰行为,是不友好的行为。

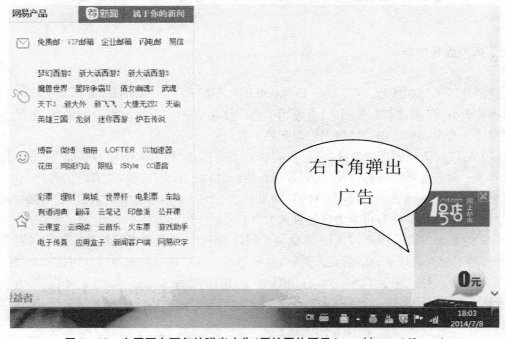

图 2-13　在网页右下角的弹出广告(原始图片源于 http://www.163.com)

2.2.7 分类广告

分类广告一般是指版面位置相对固定、篇幅相对短小、排列相对规则、按主题(行业)划分开且各个主题内容相对接近的一组广告的集纳,便于浏览者查找(图2-14)。

分类广告主要满足企事业单位、个人在互联网上发布各类产品和服务广告的需求,同时为广大网民提供实用、丰富的消费和商务信息资源。与其他形式网络广告相比,网络分类广告具有形式多样、制作简单、发布容易、查询方便、价格低廉、信息集中、对比方便等特点。

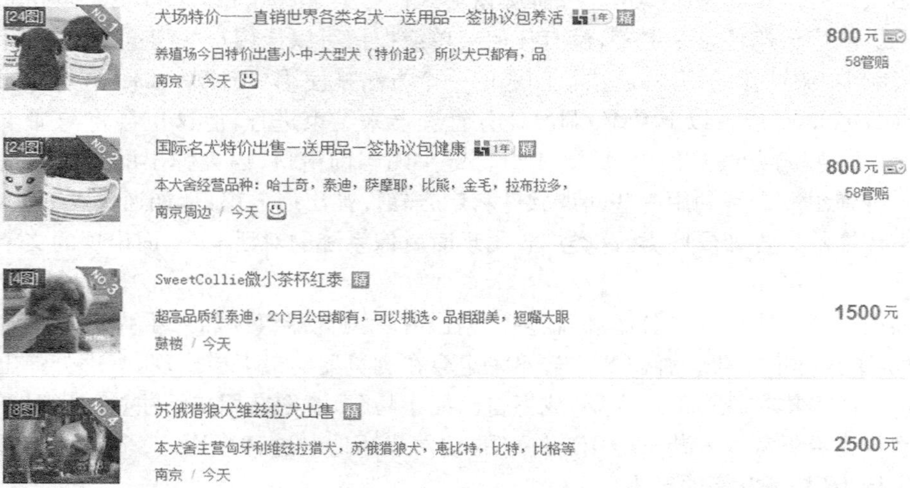

图2-14　58同城上的分类广告——宠物狗(图片源于http://nj.58.com)

2.2.8 虚拟社区广告

虚拟社区又称在线社区(Online Community)或电子社区(Electronic Community),是有着相同爱好、经历或者专业相近、业务相关的网络用户的一个网上聚会的场所,方便他们相互交流和分享经验。虚拟社区可以起到如下作用:

(1) 可以与访问者直接沟通,容易得到访问者的信任,如果你的网站是商业性的,你可以了解客户对产品或服务的意见,访问者很可能通过和你的交流而成为真正的客户,因为人们更愿意从了解的商店或公司购买产品;如果是学术性的站点,则可以方便地了解同行的观点,收集有用的信息,并有可能给自己带来启发。

(2) 为参加讨论或聊天,人们愿意重复访问你的网站,因为那里是和他志趣相投者聚会的场所,除了相互介绍各自的观点之外,一些有争议的问题也可以在此进行讨论。

(3) 作为一种顾客服务的工具,利用BBS(Bulletin Board System,电子公告板,电子论坛)或聊天室(Chat Room)等形式在线回答顾客的问题。作为实时顾客服务工具,聊天室的作用已经得到用户认可。

在不同的BBS或聊天室,一般都有自己讨论的主题,广告主可以选择不同的专题发布广告信息,或开设专门的区域研讨解决有关问题,传播新信息等。但各BBS或聊天室都有自己的特殊规则,发布纯赢利性质的广告被认为是粗野和无礼的,所以你只有在讨论组中单独挑起一个话题,并保证它有足够的吸引力,才能获得回应,也才有可能达到广告的目的。

小米手机论坛(图2-15)是一个办得很成功的论坛,积聚了大量的小米手机爱好者("米粉"),起到了非常好的广告与营销作用。

图2-15　社区广告(原始图片源于http://bbs.xiaomi.cn)

2.2.9　鼠标感应广告

鼠标感应广告是指在网页上当鼠标移动至特定文字(短语)或图片时,显示出大图片或更详细说明文字,鼠标移开后恢复原来的文字与较小的图片显示。这类广告优点,一是在于广告所占网页的面积较小,但若想了解详细信息,也可通过鼠标停顿在广告文字或图片上即可显示大图或更多文字。二是,当鼠标滑过广告文字(短语)或小图片时就可立即显示更多详细的文字或大图片,而无需通过点击,因而增加了网页浏览者接触广告的机会。

2.2.10　即时通信广告

即时通信工具是指在互联网中,通过识别在线用户,并通过文字、音频或视频的方式与其交流的技术。如QQ、新浪UC、腾讯的微信、阿里的来往等,这类软件能够实时传递人们交流的信息,同时又可以提供最新资讯。

即时通信工具(IM)作为网络传播中的一种沟通工具越来越显示出其强大的生命力。从文字到音频再到视频,从沟通工具到资讯工具再到娱乐工具,即时通信工具的庞大的使用人数,使它成为网络广告的一支新秀(图2-16)。

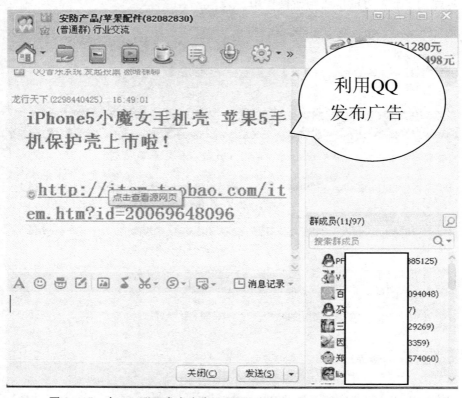

图2-16 在QQ群里发布广告(原始图片来自 http://image.baidu.com)

2.2.11 互动式广告

在一段页面游戏开始、中间、结束的时候,广告都可随时出现。并且可以根据广告主的产品要求为之量身定做一个属于自己产品的互动游戏广告。其广告形式多样,例如,圣诞节的互动游戏贺卡,在欣赏完整个贺卡之后,广告会作为整个游戏贺卡的结束页面。

由于对移动终端感应器、GPS定位等技术的应用,移动广告在不同的展现形式下具备多种交互形式,如电话直拨、预约登记、优惠券下载、地图导航、重力感应、SNS分享、应用下载、视频播放、音乐播放、摇一摇/吹一吹/刮一刮等。移动端的设备特性决定了移动应用广告能够有更多的互动形式,但是目前看来大部分的移动广告互动性不强,强调互动形式的大部分为个别品牌广告主所投放的广告。未来移动广告将会进一步强调高互动性,包括一些移动广告平台在尝试的"试玩广告",广告弹出后可以进行游戏的试玩,也可以是品牌广告主所投放的互动小游戏等,而这种高互动的广告形式可能直接以插屏的形式出现。

2.2.12　App 广告

App 广告或称 App 植入广告。这里的 App 就是应用程序 Application 的简称,意指第三方应用程序。APP 广告是通过在特制手机、社区、SNS 等平台上运行的应用程序来开展广告活动。App 广告兴起得益于其载体的广泛应用,如平板电脑和大屏触摸手机等硬件的普遍使用。

2.2.13　原生广告(Native Ads)

原生广告是一个较新的概念,暂且还没有人给原生广告下一个很明确的定义,各界众说纷纭。原生广告有以下几个特点:① 内容的价值性:原生广告为受众提供的是有价值有意义的内容,不是单纯的广告信息,而是能够为用户提供满足其生活形态、生活方式的信息。② 内容的原生性:内容的植入不破坏页面本身的和谐,其并非为了抢占消费者的注意力而突兀呈现,破坏画面的和谐性。③ 用户的主动性:用户乐于阅读,乐于分享,乐于参与其中,不是单纯的"到我为止"的广告传播,而是每个用户都可能成为扩散点的互动分享式的传播。Buzzfeed 的总裁 Jon Steinberg 说:"当你用内容的形式并冠以该平台的版本,就是一种原生广告。例如在推特里面,它会是一则推特,在 Facebook 里面,它会是一则新的状态,在 Buzzfeed 里面,它会是一则报导。"

2.2.14　病毒式广告

某一天,MerlynDHZ 拍摄了一段他和朋友们穿着旱冰鞋表演各种溜冰动作的视频。第二天,他把这段视频上传到一个名叫 YouTube 的视频共享网站上。不到一个月,已经有 2030 多位观众看过了这段视频。有一些人甚至还把这个片段放在他们的 Myspace 个人主页上。MerlynDHZ 的粉丝们也许不知道,MerlynDHZ 和视频中的其他人在为一家生产旱冰鞋的公司——HeelingSports 工作。这是一家通过在 YouTube 投放视频短片广告而获得快速发展的公司。这种自制的广告吸引了很多对传统广告早就不感兴趣了的年轻消费者,而这,就是一则病毒式广告。

病毒式广告是指通过用户的社会人际网络,使广告信息像病毒一样传播和扩散,利用快速复制的方式传向数以千计、数以百万计的受众。病毒式广告的最大优点就是可以使消费者主动参与到广告的传播环节中,通过很小的推广费用,在很短的时间内,产生巨大的传播效果。

随着信息技术包括互联网技术的飞速发展,网络广告的形式不断推陈出新。以上介绍的只是目前网络广告的主要形式,其他的形式还有:屏保广告、书签广告、工具栏广告等。读者可以通过网络等途径去了解。

【案例分析】　　　　　　　　**App 广告**

【案例 1】　　　　　　可口可乐手机 App:CHOCK

用户下载此款 App 到手机后,在指定的"可口可乐"沙滩电视广告播出时开启 App,当广告画面中出现"可口可乐"瓶盖,且手机出现震动的同时,挥动手机去抓取电视画面中的瓶盖,每次最多可捕捉到3个,广告结束时,就可以在手机APP中揭晓奖品结果,奖品都是重量级的,如汽车之类的,吸引力很大。

图2-17 可口可乐手机App:CHOCK

【案例2】 星巴克手机App:Early Bird

App"闹钟"早上起床没有动,总是赖床误事,星巴克推出一款别具匠心的闹钟形态的APP Early Bird(早起鸟),用户在设定的起床时间闹铃响起后,只需按提示点击起床按钮,就可得到一颗星,如果能在一小时内走进任一星巴克店,就能买到一杯打折的咖啡……

图2-18 星巴克的手机App:"闹钟"

【案例3】　　　　　　　　宜家手机 App：定制自己的家

这是款可让用户自定义家具布局的 App，用户可以创建并分享自己中意的布局，同时可参与投票选出自己喜欢的布局，宜家还会对这些优秀创作者进行奖励，利用个性化定制营销来达成传播效果。对线下实体店来说，APP 往往不是最好的销售工具，但是往往是弥补线下体验短板的工具，通过 APP 打通会员营销、体验与服务体系。

图 2-19　宜家手机 App：定制自己的家

（以上 3 个案例转引自 http://www.ebrun.com 等网站）

任务1：结合案例，了解网络广告的特点与优势。

任务2：分析上述三则 App 广告的共同点有哪些，采取了哪些方法吸引人们注意并加深印象。

【练习与思考】

1. 与传统广告相比，网络广告有哪些特点？
2. 网络广告的形式有哪些？
3. 各种网络广告形式各有哪些长处与不足？
4. 调查一下，看看哪些网络广告形式最易被网民接受，哪些网络广告形式最不被人接受，原因是什么？
5. 调查一下，看看哪种网络广告形式效果最好，哪些网络广告形式效果不好，原因是什么？

3 网络广告策划

【导读案例】　　　　　　　　法兰西玫瑰绽放网络

1935年,一朵含苞欲放的玫瑰在法国诞生,它就是来自法国中部鲁瓦卡河畔兰可思慕城堡的化妆品品牌——兰蔻。彩妆大师阿曼达·珀蒂(Armand Petitjean)做了一个华美的梦,梦的开端有一席厚厚的玫瑰铺就的地毯,因此,玫瑰就成了兰蔻典型的标志。

早在2004年兰蔻就已体会到网络的力量,当年其开展的网络营销活动——"爱情玫瑰让昨日重来"的网络互动游戏,一度在网络上广为流传。

2006年,兰蔻开始搭建其4个机构的品牌网站,即"玫瑰社区"、"兰蔻在线商城"以及其他的一些网络社区。到了2009年,兰蔻的网络社区、玫瑰网络社区、开心网上的兰蔻注册人数、美容全书的注册人数,还有电子商务,共同占据了其55%的市场份额。

2009年6月,兰蔻还推出了"玫瑰手机",进一步拓展兰蔻的网络版图。

1) 迷人花心——兰蔻玫瑰社区

品牌与消费者之间需要一座桥,但当消费者散落于世界各地,如何才能搭建这样一座通往各地的桥?于是,"玫瑰社区"作为兰蔻在网络上的"花心"就此诞生了。它集论坛、美容课堂、美容词条、品牌资讯、试用分享、美容博客、在线购买等功能于一体,是中国首个奢侈品社区。"玫瑰社区"诞生后,兰蔻借此平台,频频散发诱人香气,吸引目标客户的关注。据兰蔻2009年的内部数据可知,这个社区每个月的浏览量达到6万人次,访问的人数则近1万人,发帖的数量有7 000,发帖有250人左右。在中国的美容社区排名中,兰蔻排在第三位,但如果只看中国美容的BBS,兰蔻"玫瑰社区"的BBS则是唯一的品牌社区。

"玫瑰社区"足够诱人,但如何让更多的消费者知道这个社区并在社区注册?注重网络多传播渠道的搭建,是兰蔻能成功移植网络的重要经验所在。兰蔻的目标客户处于25—40岁之间,有较高收入的成熟女性,她们在网络上停留的时间超过看电视的时间。基于对目标客户的这些了解,兰蔻搭建起了一个个能通往"玫瑰社区"的网络通道。

2) 百度精准搜索——锁定目标客户

借助百度搜索平台,兰蔻将关键字投放、品牌专区、关联广告、精准广告等不同营销形式有机地整合在一起,精准锁定其目标受众。在提升品牌形象的同时,提高了广告投放转化率,拉动了实质销售。据统计显示,通过百度的精准搜索整合广告形式,兰蔻的点击率提高了15%,广告期间每月贡献销售额超过50万元。

3) 开心网SNS——社区网罗客户

2008年,开心网配合兰蔻举办了"兰蔻递送爱情"活动,活动期间,兰蔻的销量超过了平时的3倍。2009年5月,兰蔻再度联合开心网推出了较有影响力的社交网络营销竞赛活动。参赛期间,开心网细心地帮助兰蔻将用户分为IT行业、营销广告、金融行业、医药卫生、政府机关、美容服饰、商业私营、媒体出版、教育机构、其他行业等类别。这样,兰蔻就可以通过每个类别的参赛人数获得一定的营销数据。

4) 风行高清广告——巩固品牌形象

2009年兰蔻立体塑颜晚霜上市,兰蔻开始尝试在目标消费者日渐聚集的视频网站投放由凯特·温斯莱特代言的新广告。风行是国内专注于影视点播的视频网站。它的用户已超过1.2亿,且主要是集中在25~40岁之间的中高收入人群,正好与兰蔻的目标客户高度重合。此外,风行为提高广告主的广告传播效果,仅仅在影视节目缓冲前的45秒,投放了3支影视广告。因此,兰蔻在风行上虽然只是简单的影视广告投放,但风行网的用户特质以及其高清画面和没有干扰的广告播放环境,恰好解决了电视广告能够表现兰蔻细腻、优雅和浪漫但目标客户远离电视媒体的矛盾。

据了解,在风行上投放的兰蔻广告,从短短6天的数据统计,便可看到其为兰蔻带来的可观流量。不重复计算,6天的浏览量达到近250万次,点击量达8.6万人次。此外,兰蔻还广泛利用各种网络广告形式推动兰蔻电子商务以及"玫瑰社区"在网上的影响力,使其从线下走向线上,真正体现出"兰蔻之玫,予世恒美"。正如兰蔻品牌精神所言,美丽是兰蔻给予世界的一枝玫瑰。

(案例资料转引自 https://www.baidu.com 来源:广告导报作者:简曰)

3.1 网络广告策划的原则与准备工作

网络广告策划是网络广告活动的核心环节。它是在整个广告活动开始之前,对即将开始具体实施的广告的预先全面谋划和整体部署,包括对广告的设计、广告投入、地域安排、媒体选择、效果测评等各个具体环节做到充分考虑。广告策划产生的结果是广告方案。

3.1.1 网络广告策划的原则

网络广告策划是一种创造性的思维活动过程,不同的广告在策划上会有很大差异,但其中也有一些基本原则需要共同遵守,网络广告策划应该遵循以下原则:

1) 目标原则

目标性是指进行网络广告策划时,应首先明确该网络广告活动应达到什么样的具体目的。不同的广告可能有其特定的目的,如产品投入期的告知,目的是使更多的消费者知道产品信息;产品成长期的促销,目的是令更多的消费者接受和购买企业产品,赢得更大市场;产品成熟期的促销类广告,目的是使更多的人尽快大量购买企业的产品。

常规性广告偏重于长期的目标,如品牌宣传、市场维持和扩展、消费提醒等。非常规广告多是为了完成短期的目标或解决突发的市场危机。

2) 有序原则

按时间进程来看,广告策划是对整个广告活动的运筹规划,是有步骤、有重点、分阶段进行的。因而,广告策划要通过合理、有序的计划而达到系统性。这包括:(1)要对策划对象的各个方面、各个环节进行权衡,从而客观地估计自己所处的环境。(2)要在广告活动的各个环节中保持统一性。包括广告目标的统一性,广告策略的统一性,广告主题的统一性等,这有利于避免造成用户的错觉或混乱模糊,从而最大限度地实现广告目标。

3) 创造原则

广告策划活动是一项创造性思维活动,创造性是广告策划的关键和保证。创造性可以具体表现在广告定位的抉择,广告语言的艺术渲染,广告表现的独特形式,广告媒体的利用等各个方面。创造性是广告策划的灵魂,策划者切忌简单化、程式化。

4) 可行原则

可行性是广告策划的价值所在,不具有可行性的策划方案,无论怎样新颖独特、富有诗意,都只能是毫无价值的异想天开、胡思乱想。对实际工作毫无意义,当然也不可能实现广告目标。

5) 指导原则

网络广告策划的目的是为后来的广告的具体制作、实施提供一个蓝图,后来的实际操作要以此为依据。在一项广告的制作中,常常要分成不同的步骤,比如广告创意、广告制作、广告发布、广告媒介选择等,但这种分开的步骤必须在最后得到整合加工,这就是广告策划的任务,它的指导性就体现在对各个子环节进行取舍修正。广告策划为整个广告活动提供具体的实施模本、行为依据、评价标准,如果没有广告策划的指导。这些分开的环节就难以统一起来,各个环节就会失去方向和依据,最终会使整个广告形神不统一,自然就无法有效地推广产品、打开市场。

6) 整体原则

网络广告策划是对整个广告活动的整体把握,网络广告活动的每一环节都服从网络广告活动的整体目标。网络广告的整体性还体现在它常常与企业的实体运作相关联,比如企业的产品特点、产品性质、企业文化等。在进行广告策划时,它所要达到的目标一定要与这些因素联系在一起,甚至本企业与周围社会的关系也要考虑进去。因此,广告策划在某种意义上来说是对与企业及企业产品相关联的所有信息的综合考虑,以达到全面规划的目的。

7) 真实原则

广告在真实的基础上,允许以艺术的手法进行加工创造,使之更具表现力,产生理想的宣传效果。但广告要处理好真实性与艺术性的关系,真实性是艺术性的基础,艺术性要服务于真实性,真实是广告的生命。真实不仅是对企业的利益负责,更是对消费者的利益负责。无论什么时代,什么场合,什么媒体,什么商品,不真实的广告只能失去社会公众的信任和支持,无论其设计多么巧妙,均逃脱不了失败的命运。即使蒙混一时,也不可能支持多久。

8) 合法原则

合法性原则是指广告活动从形式到内容,都要符合所在地或所在国的法律制度。就我国而言,广告活动不仅要符合我国的各项法律制度,更要符合社会主义市场经济和两个文明建设的总体要求。有些国家和民族的风俗习惯和宗教信仰很独特,广告活动也不能与之相抵触,否则不仅不会有好的宣传效果,还会带来很多负面影响。

3.1.2 网络广告策划的准备工作

凡事预则立,不预则废。要使网络广告策划工作顺利进行,就要对其做好预先安排与准备。

(1) 做好人员的准备——成立广告策划小组,小组成员包括项目负责人、策划与方案设计人员、导演、制作设计人员、市场调查人员、媒介联络人员和公共关系人员等。

(2) 策划小组要对策划任务和目标进行总体研讨,确定策划工作的目标、任务和规则,明确要使用的资源以及为完成既定行动方针所需要的其他要素。

(3) 要使小组每个成员对本次策划的目的、内容都有比较明确的了解,清楚自己的任务。

(4) 要制定策划工作的程序和时间安排(表3-1)。

表3-1 广告策划案计划推进表　　　　单位:天

项目	负责人	1	2	3	4	5	6	7	8	9	10	11
第一次研讨		■										
市场调查			■									
市场分析				■								
第二次研讨					■							
目标市场决策							■					
广告定位决策								■				
诉求策略决策								■				
广告表现决策								■				
广告媒介决策								■				
广告时间决策								■				
第三次研讨									■			
策划文本撰写										■		
第四次研讨											■	
文本修改、完成												■

3.2 网络广告市场调查

广告市场调查是广告策划的基础。只有在充分调查研究的基础上,才能了解和把握市场状况和变化趋势,才能了解市场消费需求的特点,从而针对消费者的欲望和需求,向消费者说明产品或服务所能满足人们需求的特点,促使消费者购买产品;只有调查了解本产品的功能、结构、品牌、价格、包装、使用对象及竞争产品的市场占有率、知名度等,才能总结出本产品的特点,对产品做出适当的市场判断和广告定位;只有摸清潜在的市场容量、范围、需求特点与消费类型,才能拟定科学合理的广告计划,确定广告目标市场,决定广告具体实施的战略战术;只有做好关于广告代理、广告媒体的调查工作,才能选择合适的广告代理和广告媒体,扩大广告的覆盖率,提高企业、商品的知名度,也才能做出合理的广告预算,使企业支出的广告费获得实效。

3.2.1 网络广告市场调查步骤与方法

网络广告市场调查步骤与方法如下:

第一步,要依据现有的基础资料、企业运转的实际情况、生产经营活动和产品现状,有关外部资料,制定市场调查计划。市场调查计划主要内容有:调查的目的要求、调查项目、调查范围、调查对象、调查方法、调查费用、调查时间安排、调查人员组成及其分工等。

第二步,制定市场调查所需的问卷、访谈提纲,准备必需的辅助设备和人员。

第三步,实施调查。市场调查主要方法有:

(1) 文献调查:指对企业外部各种文献、档案资料、年鉴、报告、统计表、互联网资料和本企业内部资料,包括企业历次调查的资料、历年销售记录、市场报告、客户档案等,进行收集、整理、分类,以便以后参考、引证的方法。

(2) 实地调查法:通过上门向被询问者提出预先设定的问题,并获得他们的回答,以便深入了解消费者的需求、购买动机、满足程度和对产品的评价。

(3) 网络调查:又称在线调查,是指通过互联网及其调查系统把传统的调查、分析方法进行在线化、智能化。这种通过网络的市场调查方式极大地扩大了参与市场调查的人数及地域范围,让更多的人能够参与到该市场调查的活动中来,这样既节省了人力物力,还能够使该调查数据更符合现今的市场状况。网络调查的方式有:

① 电子邮件方式。采用电子邮件调查方法是用电子邮件地址作为样本框,以随机抽样的方式发放 E-mail 问卷。采用这种方法,要求电子邮件样本框较为全面。据中国互联网络信息中心 CNNIC 在 2014 年的调查结果表明,经常使用电子邮件的网民,在我国网民中达到 92.2%,可见电子邮件的使用程度十分普遍,因此,采用电子邮件调查方法有其优越性。

② BBS 方式。用户可以在 BBS 电子公告栏发布消息,收集网民的意见。但是,BBS 的信息量小,适合针对性强、行业性突出的企业。

③ 主动浏览访问。在访问量大的网页上设置调查专项,访问者按照个人兴趣,选择是否访问有关主题,通过访问者对有关问题的回答或浏览/点击追踪技术获得有关信息。

④ 网上座谈会。直接在网民中征集与会者,并在约定时间举行网上座谈会。这种方法适用于需要进行探索性研究或深度研究的主题。

(4) 其他调查法:广告市场调查还可采用电话调查法、信函调查法等。

第四步,对市场调查中获得的信息进行整理、归纳、演绎、综合分析研究,找出规律与真相,提出广告策划中相关问题的解答与建议。

第五步,撰写市场调查分析报告,包括企业营销环境分析、产品定位分析、竞争对手广告分析、本企业目标市场论证及选择等。

第六步,评估反馈。调查结束后,应对广告市场调查的各个阶段、各个步骤进行总的评估,包括调查方案、计划、方法等,以便改进、提高今后的调查工作质量。

3.2.2 网络广告市场调查内容

网络广告调查是广告公司、工商企业或网络出版商等从事网络广告活动的机构在网络广告活动中,为了解市场信息、编制网络广告方案、掌握网络广告设计资料和检验网络广告效果而对市场、消费者、产品、竞争者的有关资料进行系统地收集、整理、分析和解释。网络广告调查是开展网络广告活动的基础,是有效地进行网络广告策划的必要条件。因此,必须尽可能全面地收集有关资料。

网络广告调查包括网民基本情况调查、市场环境调查、网络广告主经营情况调查、广告产品情况调查、客户/员工满意度调查、网站调查等。

1) 网民基本情况的调查

网络广告的受众是网民,既包括社会个体消费者,也包括工商企业等团体用户。对网民基本情况调查的内容具体包括:

(1) 网民统计资料调查　包括目标市场的人口总数、性别、年龄构成、职业分布、收入情况以及家庭人口、户数和婚姻状况等。这些资料可以帮助确立网络广告的诉求对象和诉求重点。

(2) 需求特点调查　工商企业等团体用户一般都是中间消费,他们的购买动机和影响购买的因素是相对稳定的,一般是为了维持生产、经营的需要,因此,其物质需求一般是理智型的。社会个体消费者的购买动机则千差万别,既有生理、生活的需要,也有社会、情感的需要。影响他们购买的因素也很多,有经济的因素,也有社会的因素,还有心理的因素等。

(3) 购买方式调查　工商企业团体用户的购买行为多属理智型和专业型。其特点是次数少,购买量大,购买地集中,受价格波动影响小,需求稳定。但购买行为受经济环境、发展前景和技术水平的影响较大。社会个体消费者的购买行为具有分散和零星的特点。有习惯型、理智型、价格型、冲动型、感情型、疑虑型和随意型等多种表现,这些,都需要在调查中予以梳理和确认。

(4) 购买决策调查　其内容包括由谁决定商品的购买,何时购买,何处购买等。了解购买行为的决策人,可以确定广告的主要对象;了解购买时间,则可以把握广告的发布时机;了解购买的地点,可以为广告媒体的选择提供依据。

2) 市场环境调查

(1) 政策法规环境调查　在我国不同的省市,其经济政策和管理法规有一些差异。尤其是税收和物价政策,直接影响到产品的利润。因此,要弄清当地的政策法规,从中找出对市场营销有利与不利之处,为广告决策提供政策依据。

(2) 社会文化环境调查　包括网民的民族、文化特点、风俗习惯、民间禁忌、生活方式、宗教信仰、民间节目等。这些资料有助于确定网络广告的表现方法及网络广告发布时机。

(3) 政治经济环境调查　包括国家的方针政策、地方性的政策法规、重大政治活动、政府机构情况、社会经济发展水平、商业分布等。这些资料可避免广告纠纷,是确定广告策略的重要依据。目标市场区的有关经济状况,如就业、国民收入、工资收入等,直接决定着消费者的购买力。

(4) 自然环境调查　这里主要指目标市场中对营销产生影响的社会、经济和气候、地理因素。气候会影响人们的生活、娱乐方式,不同的地理状况则导致不同的交通、通讯条件和资源的分布,造成经济发展的不平衡,影响人们的消费方式与消费水平。

(5) 市场竞争环境调查　在市场经济条件下,市场竞争十分激烈,它对市场营销产生很大的影响。通过调查,从中寻找打开市场的机会和途径。广告产品的市场竞争调查的内容有:产品的市场容量,广告产品的市场占有率,其他品牌同类产品的市场占有率,广告产品的市场潜力,其他同类产品的竞争潜力,广告产品的销售渠道;竞争产品的销售渠道,广告产品的销售政策和促销手段,竞争产品的销售政策、促销手段和广告策略等。

在调查中,要弄清下述问题:是否存在竞争,竞争对手是谁,占有多少市场份额,其生产规模和扩大销售的计划如何,竞争对手的优势何在,价格情况怎样等。

3) 网络广告主经营情况调查

对于从事网络广告的广告公司或网络出版商,对委托其代理广告业务的网络广告主的情况进行摸底调查,是很有必要的。一方面可以避免因网络广告主企业在信誉、经营等方面的问题而使自己蒙受损失;另一方面可以为制定网络广告决策提供依据,有的放矢地实施广告策略,强化广告诉求。网络广告主经营情况调查主要内容为:企业历史、设施和技术水平、人员素质、经营状况和管理水平、经营管理措施等。

(1) 企业历史调查　主要了解网络广告主的企业是老企业还是新企业,在历史上有过什么成绩,其社会地位和社会声誉如何等情况。

(2) 企业设施和技术水平调查　了解企业的生产设备与同类企业比,是否先进,操作技术是否先进,发展水平如何。

(3) 企业人员素质调查　了解企业人员知识构成、技术构成、年龄构成、人员规模、科技成果与业务水平等基本情况。

(4) 经营状况和管理水平调查　了解企业的经营业绩如何,工作机构和工作制度是否健全,工作秩序是否良好有序,企业的市场分布区域,流通渠道是否畅通,以及公关业务开展情况等。

(5) 经营管理措施调查　了解企业有什么样的生产目标、销售目标、广告目标和有什么样的新的经营措施,采用什么样的经营方式等。

4) 产品情况调查

在进行某项产品的广告宣传活动时,除了要在日常注意收集有关产品的广告资料外,还要有计划地和全面地对该产品作系统调查,以确定产品的销售重点和诉求重点。

产品调查的主要内容有:产品生产、外观、产品系统与类别、产品利益、生命周期和配套服务等。

(1) 产品生产　主要包括广告产品的生产历史、生产过程、生产设备、制作技术和原材料使用,以便掌握产品工艺过程和质量。

(2) 产品外观　主要包括外形特色、规格、花色、款式和质感,以及装潢设计等。

(3) 产品系统　广告产品在相关产品中所处的地位如何,是主导产品还是从属产品或是配合产品,其产品替代功能如何等情况。这可为进行市场预测、制定广告决策提供帮助。

(4) 产品类别　判别广告产品是属于生产资料还是消费产品。生产资料的主要类型有:原料、辅料、设备、工具、动力。消费产品的主要类别有:日常用品、选购品和特购品。分清类别,广告设计和广告决策才有针对性,选用媒介方能准确。

(5) 产品利益　主要指产品的功能,与同类产品相比的突出之处。使用该产品能给消费者带来什么好处,这是确定广告宣传重点和进行产品定位的关键依据。

(6) 产品生命周期　产品的生命周期可分为五个阶段:引入期、成长期、成熟期、饱和期和衰退期。产品处于不同阶段时,其生产工艺水平不同,消费需求特点不同,市场竞争情况也不同,因而所要采取的广告策略也是不同的。

(7) 产品配套　产品在使用时,一般要求与特定的生产或生活环境相适应,要与其他产品配套使用。这对于广告题材的选择有重大影响。

(8) 产品服务　在现代商业市场中,产品服务是影响销售的重要内容,尤其是耐用消费品和重要生产设备。产品服务包括产品销售服务,如代办运输、送货上门、代为安装调试、培训操作人员。售后服务,如维修、定期回访等。

5) 客户/员工满意度调查

客户的满意度和忠诚度是衡量公司的产品与服务在客户心中地位的重要指标,它将直接影响公司的发展与利润,对这一指标进行有效的调查、评估和管理,对企业的日常运行与长期的战略制定具有极其重要的指导意义。高水平的满意度和忠诚度将导致客户的持续购买行为并会向同事与朋友进行推荐。

例:2015年度南京出色包装有限公司客户满意度调查问卷客户满意度调查表

尊敬的客户:

您好!

感谢您对南京出色包装有限公司的支持、信赖与帮助,追求客户的满意是我们发展的宗旨,您的意见对我们尤为重要,因此我们诚恳地邀请您参加本年度的客户满意度调查,您的任何意见都会激励我们不断地改善提高,在成长的路上,我们需要您的支持。

一、您对出色包装公司服务的评价为:□很满意 □满意 □一般 □不满意

二、您对出色包装公司的产品设计水平的评价是:□很满意 □满意 □一般 □不满意

三、您对出色包装公司产品质量的满意度:

1. 您对皮盒类产品质量的满意度:□很满意 □满意 □一般 □不满意
2. 您对红木盒类产品质量的满意度:□很满意 □满意 □一般 □不满意
3. 您对纸盒类产品质量的满意度:□很满意 □满意 □一般 □不满意
4. 您对木盒类产品质量的满意度:□很满意 □满意 □一般 □不满意
5. 您对配件类产品的质量满意度:□很满意 □满意 □一般 □不满意

四、您对出色包装公司产品交货周期满意度:□很满意 □满意 □一般 □不满意

五、您对出色产品在实际使用中便捷的满意度:□很满意 □满意 □一般 □不满意

六、您对出色包装公司产品价格的满意度:□很高 □高 □一般 □低,具体是什么产品?

七、您对出色包装公司物流的服务评价是:□很满意 □满意 □一般 □不满意

八、贵公司在包装采购上将偏向于哪一类包装盒,什么价格?

□白木盒 □红木类 □皮盒类 □纸盒类 □组合类

□20元以下 □20~30元 □30~40元 □50~60元 □60元以上

九、贵公司在下年度计划采购金额为:

□10万元以下 □10万~20万元 □20万~50万元 □50万元以上

十、您认为出色包装在包装盒的款式和服务中还有哪些有待改进的地方?

_____

_____

_____

填写完毕后请以 QQ(××××××××)、E-mail(××××@××××.com)、传真(025××××××××)等形式传送我司,对于您的配合,南京出色包装公司深表感谢。祝您新年愉快、合家欢乐!

(本调查表引自 http://wenku.baidu.com)

6）网站调查

网站调查是网络广告调查工作的一项重要内容，目的是了解可能成为发布网络广告的网站的经营状况、工作效能和特征，以便在网络广告实施过程中正确地选择发布广告的网站，取得最佳的广告效果。网站调查主要包括以下内容：

（1）网站的访问量　网站的访问量是选择发布网络广告网站的首先要考虑的因素。

（2）网站本身所具有的特色　广告主在传播广告信息时，大多以宣传产品（或服务）所具有的各种特色为主要内容，因此，在选择网站时，必须考虑产品（或服务）与网站自身特色的匹配程度，因为各种网站在其特色、访问者群、可信度等方面各有不同。

（3）目标受众的上网习惯　选择网络广告网站，要充分考虑目标受众的特点。因为消费者个人的职业、年龄、文化程度、收入水平、生活习惯不一样，对网站的选择也就有不同的习惯，如青少年喜欢看娱乐、音乐、体育、游戏网站，而老年人则习惯于上戏曲网站等。

（4）不同网站的成本费用　在总的广告费用开支中，不同网站的费用支出各不相同，同一类型的网站，也会因为广告的时间、版位等的不同而有不同的收费标准。

（5）网站的技术状况　不同的网站具有不同的技术状况，评价其所使用的指标包括站点的浏览器兼容性、引擎上的出现率、站点速度、链接的有效率、被链接率、拼写错误率、站点设计等7个方面，可通过对这7个方面的综合评估得出一个站点的最后得分。

3.3　网络广告策划的内容

3.3.1　网络广告战略策划

网络广告战略是从整个企业的营销计划出发，联系企业市场开发、新产品推广甚至企业整体发展布局，对广告的总体性、全局性的把握。它有别于对广告细节的策划，更多的是关心广告在企业发展整体战略中的地位作用。广告战略可以概括成4W1H：Where战略，即广告的地域战略，即要在什么地方实施广告，实施后要把产品推向什么地方，分全方位地域和局部性地域；When战略，是广告的时间战略，按时间前后顺序实施广告计划，在产品推出初期，重点是说服顾客，产品推出一定时间后，市场日趋成熟，这时广告应以开拓市场为主，在后期，广告则配合巩固现有市场，阻止竞争对手进入；Why战略，即广告的目标战略，分为市场渗透、市场扩展、市场保持三种类型，是对广告要达到什么样目的的安排和布置；What战略，即产品战略，即根据自己的产品特点而实施的战略，比如妇女型产品、儿童型产品、保健品、化妆品等因产品性质的不同而往往会有不同的战略安排；How战略，是指如何实施广告的战略安排。

3.3.2　网络广告目标策划

广告目标指引着广告的方向，这一点在网络广告中也同样如此。随后进行的各种行动都取决于广告目标的确定。只有明确了网络广告活动的总体目标之后，广告策划者才能决定网络广告的内容、形式、创意，甚至包括网站的选择、广告对象的确定。

广告目标的确定，取决于企业经营目标和市场状况。因此，要根据市场调查信息找出关键问题与机会点,明确广告具体方向,使广告活动的目的具体化、数量化,更具可操作性。例如,你的网络广告目标是要提高产品知名度,想让更多的人知道你的产品品牌,这时你的网络广告形式以旗帜广告居多,广告对象的选择面要相对延展,同时也可能需要选择一个知名度较大的网站。一般广告的目标分第一目标和第二目标。第一目标是指广告对顾客的吸引,它包括顾客认可率、信任度、偏好度等。第二目标又叫根本目标,是广告最终促成的购买行为,它与公司的营销计划和经济利润目标是处于同一层次的,用来刻画根本目标的指数常有销售量、市场占有率等。广告的第一目标与第二目标是相互联系的,只有在成功地达到第一目标后,才有可能达到第二目标,而第二目标的达到又可能是多种因素的结果,不一定与第一目标有直接的相关性,但在第一目标与第二目标之间寻找一个均衡点却是重要的,这也是网络广告策划的目标因素的具体要求。

3.3.3 网络广告定位策划

广告定位就是通过广告活动,使企业或品牌在消费者心目中确定位置,在消费者心目中树立某种形象,让消费者接受企业的产品或服务。网络广告定位的形成来自对商品品质、价格、消费者利益的分析,对竞争对手的调查、了解和分析。在分析中寻找广告商品的特殊性,即在同类商品中具有的独异性,以此确定广告宣传的商品在市场的准确位置和广告促销的诉求突破口,使广告创意准确到位,有效强化广告说服的力度,实现广告既定目标。成功的广告定位策略能帮助企业在激烈的竞争中处于不败之地,能够赋予竞争者所不具备的优势,赢得特定而且稳定的消费者,树立产品在消费者心目中的与众不同的位置。因此,在广告策划中,应准确把握广告定位。

1) 产品定位

产品定位策略是指最大限度地挖掘产品自身特点,把最能代表该产品的特性、品质、内涵等个性作为宣传的形象定位。一般地,可以从产品的特色、功效、文化、质量、价格、服务等方面进行产品定位,通过突出自身优势,树立独特鲜明的品牌形象,来赢得市场和企业发展。

(1) 功效定位　即在广告中突出产品的特殊功能,使该商品在同类产品中有明显的区别和优势,例如洗发水,有的品牌强调去头屑的功能,有的品牌强调柔顺丝滑,还有的品牌强调对头发的营养作用等。

(2) 质量定位　即在广告中突出商品的良好的具体品质,如宣传奔驰汽车的质量时,承诺如果有人发现奔驰车发生故障,中途抛锚,将获赠1万美金。

(3) 廉价定位　即在性能、定型、用途等方面与同类产品相近时,突出强调产品廉价的特点,如中国高铁在与日本、德国等外国企业竞争时,常常会强调自己的产品价格优势。

(4) 观念定位　即在广告策划过程中,通过分析公众的心理,突出宣传品牌、产品新的意义和新的价值取向,诱导消费者的心理定势,重塑消费者的习惯心理,树立新的价值观念,引导市场消费的变化或发展趋势。这种观念要既符合产品特性,同时又迎合消费者的心理,这样才能突出自身优势,从一种更高层次上打败对手。

观念定位的方法有:① 改变消费观念定位,即从根本上促动或诱导消费者从固有观念转向一种新的观念,从而促成消费者产生购买动机。如我国的传统是居家养老,在养老院养老在市场上还受到传统观念的阻碍,但随着我国老龄人口的增加,老年人的照顾问题越来越突出,对此,为养老院进行的广告策划就必须改变人们对养老院养老的看法和态度,才能实现养老院产品与服务的推销。② 反类别定位，又称为"是非定位"。它是指当本产品在自己应属的某一类别中难以打开市场时，利用广告宣传使产品概念"跳出"这一类别，借以在竞争中占有新的位置。例如，在 2015 年末，在央视 8 套节目上，法兰琳卡化妆品的广告不断地重复着"我们恨化学"这句话，甚至直接用这五个大字占满屏幕。虽然这则广告后来受到北京大学一位教授的指控，认为破坏了化学教育，但广告的效果已经达到。③ 逆向定位，不同于大多数企业广告的定位都以突出产品的优异之处的正向定位，逆向定位反其道而行之，如利用社会上人们普遍存在的同情弱者和信任诚实的人的心理，或利用有较高知名度的竞争对手的声誉来引起消费者对自己的关注，能够使广告获得意外的收获。

2) 目标市场定位

广告的目标市场定位是把企业产品宣传的对象瞄准在最有利的目标市场上，并找出符合产品特性的基本顾客类型，确定目标受众。目标市场定位可根据消费者的地域特点、文化背景、经济状况、心理特点等不同特点，进行市场的细致划分，然后再确定广告的目标对象。目标市场定位决定着网络广告的表现形式、广告的内容、具体网站的选择，也就影响着最终的广告效果。广告的目标对象是由你的产品消费对象来决定的，所以透析产品特性是准确定位广告目标对象的关键。你的目标对象是男人还是女人，是十七八岁的少年还是三四十岁的中年，是在校大学生还是上班白领……这些不同的目标对象都有各自特有的生活习惯，如上网时间、感兴趣的网页内容、对信息的反应速度等。针对不同的对象就要采取不同的广告战略，假如你的广告对象是十几岁的少年，因为他们上网时间可能集中在假日，喜好的是上网玩游戏，那么在网络广告媒体策划时就应该选择一个少年经常访问的网站，在广告形式策划时就该考虑游戏式的广告，同时在媒体时段安排策划时就应考虑节假日了。

3) 企业形象定位

企业形象是企业精神文化的一种外在表现形式，它是社会公众与企业接触交往过程中所感受到的总体印象。企业形象包括三个部分：一是企业理念形象，是由企业哲学、企业宗旨、企业精神、企业发展目标、经营战略、企业道德、企业风气等精神因素构成的。二是企业行为形象，由企业组织及组织成员在内部和对外的生产经营管理及非生产经营性活动中表现出来的员工素质、企业制度、行为规范等因素构成。三是企业视觉形象，由企业的基本标识及应用标识、产品外观包装、厂容厂貌、机器设备等构成。

企业形象定位是指企业根据环境变化的要求、本企业的实力和竞争对手的实力，确定自己的经营目标及经营理念，为自己设计出一个理想的、独具个性的形象位置，其重点放在树立一个什么样的企业形象和如何凸显企业的形象上。通过注入某种文化、某种感情、某种内涵于企业形象之中，形成独特的品牌差异。真正成功的企业形象，是恰到好处地把握住时代脉搏，击中人类共同的感动与追求。

品牌是企业形象的一部分，它是一种名称、术语、标记、符号或图案，或是他们的相互组合，用以识别企业提供给某个或某群消费者的产品或服务，并使之与竞争对手的产品或服务相区别。

3.3.4 网络广告战术策划

网络广告战术策划相对于战略策划而言，是一项具体的工作，是对实现网络广告战略的具体战术的谋划。网络广告战术可分为：坦诚布公式、说服感化式、货比三家式、诱客深入式和契约保险式。

1) 坦诚布公式

坦诚布公式是指在广告战术中将自己的产品性能及特点,客观公正地介绍给顾客。为了达到客观性和科学性,可以借助科学的手段、方法,比如物理、化学方法进行产品性能检测。在网络广告中,同样可以利用科技手段对产品进行"透视",利用多媒体技术,在显示器屏幕上显示整个实验过程,网民还可以就更加具体的细节点击相应的窗口了解更加详细的资料,这是网络广告得天独厚的优势。为了使广告更具说服性,可以利用名人效应,如邀请名人在网上与网民交流,让名人讲述她/他使用该产品的感受等。在传统广告中,这也是常常使用的方法,但传统的媒体技术无法实现名人与顾客的现场交流,因此在名人与顾客间存在距离感,效果常常达不到最理想状态。相反,由于网络技术能有效实现名人与顾客的交流,比如聊天室,在线直播等形式,取得的效果是传统媒体无法比拟的。除此之外,从消费者的角度或权威机构的角度出发,对产品进行评价常常会收到良好效果,比如ISO质量体系认证机构,其他消费者使用该产品后的感受等。在网络广告中,这种方法也更加有施展舞台,可以在网上开辟专门的认证机构以供消费者查询,其效果比单纯向消费者介绍要好得多。这种坦诚布公式的战术原则是大多数广告人喜欢使用的方式,但要做到画龙点睛、事半功倍的效果,则要求策划人员独具匠心,这也就是战术策划的意义所在。

2) 说服感化式

说服感化式是指在战术上先吸引消费者的"注意力",再诱导消费者产生购买行为的方法。只有吸引了消费者的"注意力",得到消费者"许可",才有说服感化的可能。在现代广告中,悬念法是吸引消费者"注意力"的常用方法之一。对网络广告来说,使用悬念的条件就更加成熟,网络空间无限广大,可以在网站某个位置使用一些富于吸引力的语言,比如"活150岁,你想吗?""今天你就会拥有爱情"等,若再配上动感十足的画面,往往会达到引人入胜的效果。制造悬念的目的在于吸引顾客,而真正需要下工夫研究的却是如何说服顾客去购买自己的产品,这时使用诱导的方法是必要的。诱导分为权威感化式和情感感化式两种,前者是用权威性的评论或判断让消费者相信这种产品是信得过的,这对于有一定消费经验,对产品有一定了解的人来说,这种方法更加奏效。对于另外一些富于情感的人群来说,使用情感诱导则是有效的,这个群体可能并不要求产品的实际性能有多么出众,而只注意情感的表达,比如恋人之间,特定节日中的节日礼物等,这时真情流露会感化顾客的。在网上,只需在悬念之后再设一个窗口,就可以对被吸引过来的网上消费者进行说服。既简单又有效。

3) 货比三家式

货比三家式是针对一般顾客都有"货比三家、货看三家"的消费心理而策划的一种广告战术。在买方市场中,顾客一般都愿意对同一种商品先进行比较,然后再购买的心理,在传统广告中,提供同类产品进行比较往往受媒体的限制而不能实现。在网络广告中,提供同类产品的信息则是易如反掌。在比较中可将自己的产品与其他同类产品进行比较、以客观的事实证明自己的优越性。在比较的时候,要将自己产品的性能、设计等优点摆出来,再把同类产品的同项指标摆出来,尽量不要做任何评论,因为顾客的眼睛是雪亮的,他们自然知道哪个好哪个不好,再者如果加入了自己的评论,则有贬低对方产品的嫌疑,这在广告法中是不允许的。在比较中,使用自然科学中的反证技术常常收到惊人的好效果,比如"请不要购买××石英钟,因为它1万年会存在1秒的误差。"在网络广告中,这些语言既简洁又不失俏皮,与网络语言和网上风格非常一致,在实践中是非常有效的。

4) 诱"客"深入式

诱"客"深入式是指利用问卷、提示、甚至夸张比喻的手法将顾客"强行"拉过来。在实践中,可以请消费者来设计广告标志、广告图案、广告用语,然后对其中有用的少量部分进行奖励。在现代网络环境中,有许多免费的东西就是为了引诱网民点击的"诱饵"。在免费搜索引擎中有两个较常见的站点 E-Poll 和 Bonus,它们用电子邮件的方式与网民取得定期联系,发出一些问卷,当被访者的回答率达到一定数目后,就可以获得相应的礼品,这些问卷的设计也没有上文所述的那么多讲究,与产品相关的一切问题都可以问,在字数上也可以适当放松限制,这个问卷本身就是一份广告书,顾客的回答过程就是识记广告产品的过程。这种诱"客"上钩法在网络社会有广阔的发展潜力。诱"客"深入的另一种方法是提示顾客行动,在网上,一则 Button(按钮广告)或 Banner(条幅广告)本身无法展示产品的详细情况,使用引诱的方法让顾客去点击详细情况是非常有必要的,这种广告可以以链接的方式,引出与之相对应的具体详情广告。这种网络特有的链接方式赋予了这种战术特有的效果,而传统媒体根本没有这样的机会。为了达到引诱顾客的目的,使用夸张性描述语言,夸张性图形设计是不过分的,尤其在条幅广告和图形广告中,在小小的天地里要抓住顾客的"眼球"必须在文字,图形上下工夫,平铺直叙或无生命力的语言是无法吸引顾客的。

5) 契约保险式

契约保险式是广告战术的又一种形式。这种形式主要针对网络虚拟化的特点而设计,在虚拟空间中,商品信息是以文字、影像的形式出现在顾客面前,顾客不能在像实体店铺那样"零距离"接触、了解商品本身,对消费者而言,尽管广告生动活泼,具有吸引力,并因此产生了购买欲望,但出于权利无保障的担心,仍然有一部分人不敢购买。提供契约保险的目的就是为顾客的购买行为作担保,在心理上消除消费者的顾虑,为消费者吃一颗定心丸。比如有的广告做出"一年内出问题者,退还全部购货款,并赠送新货"的承诺,这样就为消费者打消了心理阻碍。在网络广告中,契约保险式的网络广告战术在实践中有相当大的使用空间,尤其是信誉卓越、品质优良的公司,更是首选此法。

3.3.5 网络广告地区策划

一般来说一个企业的广告计划往往是配合其营销计划的。营销计划有地域性,比如全国性的、城市性的、南方市场、北方市场等。广告地区策划要明确企业在哪些地区实施广告,广告要覆盖多大的范围。广告地域的选择要考虑多种因素,首先要考虑该地域是不是企业营销计划中的营销市场。其次,对网络广告策划来说,目标区域的网络普及状况、网民比例是必须考虑的因素。此外,与地域相关的另外一些因素,比如,该地区的宗教、文化等特点,同类广告的知名度,同类产品的认可率、市场占有率、购买者的特点、购买动机、购买心理,该地区对本企业的认可度,本地能提供的销售量,本地居民的收入状况及生活水平,潜在的竞争对手等,对网络广告策划来说都不可忽视。

3.3.6 网络广告网站策划

网站不同,其覆盖的人群类型,浏览网站的网民数量,信誉度,对广告的收费标准等皆有差异。网络广告投放要根据广告目的、目标市场、竞争对手、成本投入等因素,选择合适的网站。选择好了网站之后还要考虑广告的形式,因为不同的网络广告形式往往与网站的特点紧密相关。只有充分研究好网站,才会使网络广告的形式与网站特点统一起来。

3.3.7 网络广告时间策划

网络广告的播出时间是有限制的,怎样在有限的时间内传递出企业的产品信息,怎样最有效地节约广告时间成本,是网络广告要面对的问题,对这一问题的确定与安排就是网络广告时间策划。

首先要考虑的是在什么时间播出广告。在网络环境中,不同时间内有不同的网民群体,一般年轻的"网虫"都有"夜游"的习惯,那么,在夜间推出适合年轻人的产品是一个好的策略,而在上班时间、上班族不大可能上网,因此这段时间不必用来推出上班族的产品。其次,要考虑的是播放的时间长短。时间短会有较小的成本,网民也不会因为冗长而讨厌,但时间太短也可能造成信息传递得不够完全。广告时间太长则不仅会增长成本,而且会使顾客产生抵触情绪。网络广告一般会重复播出,那么隔多长时间重播一次也是要考虑的因素。一般来说播出频率与产品广告对象的活动规则相一致是最有效的做法,比如对上班族的广告,在早上 8 点之前,下午 6 点之后到晚上 12 点之前重播是比较有针对性的。再次,在时间策划中,考虑间隔多长时间换一次广告画面,或根据商业环境的改变而调整广告时间也是策划中要充分考虑的。没有不变的环境,也没有不变的主题,现代消费经济中的消费者更是喜新厌旧,如果一则广告年复一年,日复一日都一个样子一个口号,则会令人产生厌恶情绪,这也是在进行时间策划时应注意的问题。

3.3.8 网络广告主题与基调策划

主题是广告的灵魂,是广告通过其内容所要表达的基本观点或明确意图。一则广告作品如果没有主题,就会使人们看到或听到之后不知所云,没有印象。例如有一种学习机的广告,它综合运用了多种媒体,表现的方式也很多,有时是童谣,有时是歌曲,有时是对话,有时是陈述,但是不管运用的是什么媒体和技巧,人们都可得到一个认识:它能为孩子的将来打好基础。这就是广告主题。

确立广告主题要做到鲜明、深刻、新颖。鲜明,就是要观点明确、意图清楚,使人一目了然;深刻,就是要深入隽永、富于哲理,使人抓住本质;新颖,就是要不落俗套,富有新意,能从新的角度和层次给人启迪。

另一个重要的问题是广告基调的确立。广告基调是指构成广告主要倾向的格调,亦即广告的独特风格与意蕴,集中表现了广告的创作意图和艺术追求,有助于揭示广告的诉求点和产品定位,深化广告的情感与哲理。广告基调的确立是市场调研的反映,同时又要与产品性质、企业文化、网站特色相联系。广告基调并不要求对广告的每一环节都有所反映,更多的是在广告中给自己找一个既标新立异,又准确反映产品及公司特点的风格。每一则广告只能有一个基调,它具有统一性、单一性的特点,不能只突出广告的某个别环节,也不能面面俱到。在准确研究产品、市场的基础上,清晰地定位自己的产品及形象是基调确定的关键环节。在广告基调的选取上要注意两个问题,首先是要避免广告基调与产品、市场以及公司的营销战略相矛盾或脱节,尽管从图形或设计本身来说它是美妙的甚至卓越的。离开具体的产品、市场和企业营销计划空谈广告，就失去了评判广告好坏的工具和标准。另一个问题是同一产品的广告不能有多种基调，否则容易引起消费者的反感，并且会造成注意力分散的问题。此外，弄清什么人要购买、为什么购买是确定基调时要考虑的顾客因素，失去顾客认可的基调也很难说是成功的。

3.3.9 网络广告反馈系统策划

一则广告成功与否要看其实际对产品的销售起了多大的效果。评价其效果的指标是多样的，比如市场占有率、公众认知度、公众信任度、品牌忠诚度、年或季度销售量等指标，这些指标值的获得，依赖于广告反馈系统是否科学合理，一个成功的广告总是有一套与之相匹配的反馈系统，有了这样一个系统才能把广告投入效果检测出来。

广告反馈系统的另一功能是传递商业环境的变化信息。商业环境的多变使得任何一则广告都有马上失效、甚至起反作用的危险。广告反馈系统的传递功能及时把环境的变化情况传递给广告设计人员，以便及时对广告计划作出修正。网上的信息更新速度十分惊人，如果广告不能适应这种特性，则会对商业活动带来负面影响。

在网络广告中，可以利用相应的软件对广告相关信息自动跟踪和整理。

3.3.10 网络广告的成本与预算策划

任何广告都有一定的投入成本，要在投入与广告效果之间力求最优化，就少不了对投入的合理安排，以及对广告预算的科学计量。网络广告的投入与预算方法有很多种，我们将在后面的章节中具体叙述。在具体策划中，总的原则就是要考虑企业的广告目的和广告整体方案，做出最低成本、最优效果的广告预算安排。

【案例分析】　　　　　青岛啤酒系列产品网络广告策划

1) 营销环境分析

国内啤酒市场总体上供大于求，并且是一个买方市场。市场地域性质明显，形成了"一方水土养一方人，一方人喝一方啤酒"的格局，缺乏真正被各地消费者认同的全国性品牌。

中国啤酒业已成为市场化程度最高、竞争最为激烈的行业。其中，青岛啤酒、燕京啤酒和华润啤酒是现在国内最大的啤酒企业，形成了三足鼎立的状况，它们分别盘踞在中国的不同区域——山东有青岛啤酒，北方有燕京，西南有华润。

青岛啤酒采用最新鲜的大米、进口大麦，用得天独厚的崂山泉水，配优质啤酒花，再用传统的经典酿造工艺和独到的后熟技术精心酿制，得到青岛啤酒清爽的口感。青岛啤酒公司在国内18个省、市、自治区拥有40多家啤酒生产厂和麦芽生产厂，构筑了遍布全国的营销网络，基本完成了全国性的战略布局。良好的品牌形象和非常高的品牌知名度使青岛啤酒在终端消费者中有非常强的认知度和忠诚度。

享誉海内外的百年品牌青岛啤酒虽然在国内外都有很高的知名度，但品牌的文化内涵还非常单薄，文化经营还欠火候，这是青岛啤酒与国际著名啤酒品牌竞争的一个差距。青岛啤酒今后的任务，就是要充分挖掘企业悠久的历史资源和文化精髓，通过经营文化解决产品和品牌层次的提升问题，增加价值含量。

随着啤酒消费的时尚化、个性化等趋势的发展，市场经营的差异化将成为今后企业竞争的重要手段。差异化表现在很多方面，如包装差异化、营销差异化、概念差异化等，其实质是企业追求独特个性，希望能被消费者一眼认出自己，并接受自己。因此，在啤酒日趋同质化的今天，仅凭啤酒产品的固有属性已很难有别于他人，这就需要企业极力塑造产品个性，差异化将成为企业追逐热点。

2）消费者分析

影响消费者购买啤酒的因素有：产品的品牌、价格、生产日期，购买的方便程度和消费习惯等，这些因素和企业有着直接关系。对于啤酒生产企业来说，其发展的关键是由企业的内在因素决定的。据调查，在现有消费者心目中，青岛啤酒品牌历史悠久、质量有保证，但消费群体年龄偏大。而燕京啤酒在北京当地的测试结果显示该品牌质量好，企业实力强，政府背景较深，与消费者生活密切相关，但情感距离较远。而在北京以外的城市测试，认为它是一个带有明显地域色彩的啤酒品牌，此结果将限制该品牌向普及化发展。

目前，在我国价格仍在很大程度地影响着消费者的购买力，但这已不是最主要因素，口味已成为大多数消费者购买啤酒的首要考虑因素，而广告及促销、他人的影响等对消费者的影响较小，由此可以看出消费者消费心理较为成熟。

消费者健康意识不断增强，酒类产品消费习惯不断变化，消费者对白酒的消费需求日渐下降，而对啤酒的消费也日渐从理性向感性变化，即对啤酒的消暑解渴的品质消费，到把啤酒作为一种情绪和情感传递的工具，对啤酒消费的需求日渐多元化。

从消费者的性别来看，男性仍是啤酒的主要消费人群，占总体的 78.7％；从年龄上来看，由于受到收入和其他条件的影响，16~24 岁这一年龄段的被访者啤酒的消费比例较小。据调查，青岛啤酒的核心消费群体为 20~35 岁的男性，而在他们心目中，青岛啤酒已经存在严重的品牌老化现象，因此可知，注入年轻化、时尚化内涵是青岛啤酒现在领军者考虑的问题。

目前我国啤酒消费的层次仍较低，消费仍为大众化消费，中高档啤酒市场有着较大的市场发展空间。

3）产品分析

青岛啤酒集团现阶段实施多品牌策略，除了主打产品青岛啤酒之外，青岛啤酒集团旗下还有几十个品牌的地方性啤酒，例如汉斯、崂山、山水等。青岛啤酒是我国名牌产品，属于淡色啤酒型，酒液呈淡黄色、清澈透明、富有光泽，酒中二氧化碳气充足，当酒液注入杯中时，泡沫细腻、洁白、持久而厚实，并有细小如珠的气泡从杯底连续不断上升、经久不息。饮时，酒质柔和，有明显的酒花香和麦芽香，具有啤酒特有的爽口苦味和杀口力。该酒含有多种人体不可缺少的碳水化合物、氨基酸、维生素等营养成分，常饮有开脾健胃、帮助消化之功能。原麦芽汁浓度为 12 度，酒精度为 3.5~4 度。现在主要有三种产品类别：醇厚型啤酒、淡爽型啤酒、纯生啤酒。

由于青岛啤酒历史悠久，而且长久在中国市场中居于领导地位，因此青岛啤酒已经跨过了导入期。然而由于中国市场广阔的发展空间和近年来啤酒在消费者中的影响力有了较大的扩大，因此我们认为青岛啤酒应该属于成长期而不是进入成熟期。同时数据表明青岛啤酒在行业中仍处于领导位置，但优势正逐步收窄。预计青岛啤酒未来增长将会放慢，青岛啤酒正在走向成熟期。

（1）产品品牌形象分析　青岛啤酒集团曾把"青岛的，世界的"作为广告语，实施"大名牌策略""高起点发展，低成本扩张"战略和多品牌策略，并定位为市场领导者。其经营理念是:"锐意进取,奉献社会"。

消费者对青岛啤酒的认知:中国市场的领导者,中国名牌产品,经典的,有品位的,优质优价的。

(2) 产品定位分析　青岛啤酒集团主要分为两条产品线:青岛啤酒产品线(高端产品)和青岛啤酒家族系列产品线(中低端产品)。

① 青岛啤酒产品定位:大方典雅的,高贵的,优质优价的。

② 青岛啤酒家族系列产品定位:大众化的,物美价廉的,平易近人的,地方消费者喜爱的。

③ 消费者的态度:消费者对于青岛啤酒的高端产品的认可程度相当高,但是由于青岛啤酒对中低端产品的扩张只是20世纪90年代后期才发起的,所以在中低端产品线上的认可程度不够高。

④ 定位效果:总体来说,青岛啤酒的定位还是比较成功的。消费者对于青岛啤酒的领导地位和全国性品牌的印象相当深刻,但是青岛啤酒的顾客忠诚度还有待提高。

4) 企业和竞争者分析

啤酒市场竞争态势基本是三足鼎立——青岛啤酒,燕京啤酒,华润啤酒。这三大啤酒巨头的企业规模都达到了年产量300万吨以上,并且都拥有了国内市场总销量10%以上的份额,同时还有一些较小的国内啤酒企业和外国品牌参与竞争。随着中国啤酒行业的三大巨头为代表的啤酒企业纷纷实行全国化战略、打造全国性品牌以来,优势企业的差距正逐渐缩小,中国啤酒业已经从单纯的收购、兼并战,进入到全面的品牌竞争阶段。

5) 竞争对手广告分析

(1) 竞争对手广告主要诉求点

① 燕京啤酒:突出喝燕京啤酒的畅快感觉,属于品质诉求。

② 华润雪花啤酒:畅想成长,拉近与年轻人的距离,表现其亲和力,属于情感诉求。

(2) 竞争对手的目标市场

① 燕京啤酒:主要以华北男性市场为目标市场。

② 华润雪花啤酒:以全国20~35岁的男性市场为目标市场。

(3) 竞争对手广告定位

① 燕京啤酒:华北人饮用的啤酒,具有畅快感觉的啤酒。

② 华润啤酒:青春、活力的年轻人的成长伴侣。

(资料来源:http://www.docin.com/p-26425333.html)

任务1:结合案例,讨论一下产品定位与广告定位之间的关系并为青岛啤酒进行广告定位。

任务2:请在分析上述材料的基础上,分组(3~4人一组)讨论并制定青岛啤酒的网络广告策略。

【练习与思考】

1. 网络广告市场调查的内容是什么?
2. 网络调查的方式有哪些?
3. 网络广告策划的内容有哪些?

4. 网络广告策划有哪些原则？为什么要遵守这些原则？

5. 网络广告有哪些战术？以小组为单位(3～4人一组)，分别采用不同的网络广告战术，针对各小组选定的产品，策划一则网络广告，并讨论其可能产生的效果。

4 网络广告设计

【导读案例】 悄悄拨动你心中的爱怜之弦

强生婴儿护肤柔湿巾广告中,嘴里含着奶嘴的卡通形象的婴儿撅着小屁股在爬,在妈妈用强生婴儿护肤柔湿巾为小 baby 擦拭小屁股后,红屁股变成光亮的小屁股(图 4-1),不仅突出了产品的功效,而且还为广告增添了不少趣味性,再加上通俗上口的广告语:"和红屁股说 bye bye!""宝宝妈妈都 happy!",使这则广告具有很强的亲和力和说服力,为产品做了最佳宣传! 而强生(中国)投资有限公司官网首页的巨幅广告(图 4-2)与上述广告一脉相承。广告图片为一只有力的成年男性的大手,牵着一只婴儿的稚嫩可爱的小手。你可以想象,在婴儿蹒跚学步中,这一只大手给予的牵引、扶持和保护,是何其有力,何其必要,何其及时!这一张简单的图片传递出几多温暖,几多真情,几多信任。那只男性的大手是谁的呢?广告没有告诉我们。可以肯定,它是一种寓意,代表强生公司对婴儿的关怀与爱护!这样的广告,如和风细雨,润物无声;如轻柔的音乐,悄悄拨动你心中的爱怜之弦。同时也是悄悄地,强生公司的充满爱的、有力的、可信任的形象已经在你心中建立起来,不知不觉地,你们之间已经如此接近……

图 4-1 强生婴儿护肤柔湿巾广告(图片来自互联网)

4.1 网络广告创意

4.1.1 广告策划、创意与设计之间的关系

"创意"这个词几乎是广告人时常挂在嘴边的一句口头禅,在广告学之外的其他领域如文艺学、心理学、公共关系学等也同样是一个时髦名词。在国外有人将创意称为"Creation",也有人称为"Idea",说法不同但内涵是相同的。在这里,我们都可理解为是表现

图 4-2 强生（中国）投资有限公司官网首页巨幅广告（图片源自 https://www.jnj.com.cn）

广告主题的新颖构想，一种创造性的思维活动。广告创意是依据确定的广告主题进行整体的构思活动。这种提法明确地将广告创意确定为对广告主题的表现，及进一步的广告创作。例如广告策划人员为一种热水器确定的广告主题是安全、舒适，怎样去表现这一点？这就是广告创意人员要思考的问题。如果只是说："××热水器安全又舒适！"这种表现就不能称之为创意，而如果采用另一种表现手法，如画面上是一个刚出生的婴儿在使用热水器后，由惊恐的啼哭转为安静地入睡……这就可以称得上是一种创意。

如上一章所述，广告策划是对广告的整体战略与策略的运筹规划，是对于提出广告决策、实施广告决策、检验广告决策全过程作预先的考虑与设想。

广告创意是广告人根据调查结果、产品特性和公众心理以及广告策略，选择最佳信息传达方式，产生核心主题概念和意境结构，以指导广告制作实践、达到最佳广告效果的创造性总体思维过程。简言之是整个广告设计中的构思过程。

网络广告设计就是指广告从业人员根据广告主提出的目标要求，在广告策划、创意的基础上，对将要发布的网络广告进行构思与计划，并将这种构思与计划通过一定的手段使之视觉化的创作过程。其中的思维逻辑过程应包括以下几个步骤：

（1）你要做什么？
（2）你所希望达到的目的是什么？
（3）你要如何去达到这个目的？
（4）你希望用怎样的创意来强化这个目的？
（5）你用什么设计来表现你的创意？
（6）你用怎样的排版来支持你的创意？

由此可见，做广告应该先有广告策划，再有创意，然后有设计。这个过程是由宏观到微观、由思维决策到具体形象设计的过程。

4.1.2 网络广告创意的基础——产品定位

"产品定位"是广告的诉求基点,是确定该产品在市场上的位置。没有产品定位,就不能决定营销计划的广告目标。只有把产品放在恰当的位置上,才能确定广告创意的基本方针。产品恰当的定位,能树立与强化一个与众不同的品牌形象,突出产品的特性,有效地引起消费者的注意,唤起共鸣。从消费心理来说,只有个性突出,才能打动人心;只有突出差异性,树立一个与竞争者不同的品牌形象,才有利于消费者识别、比较、接受。

汽车广告有不同的诉求点,创意表现也有所不同,例如,Ford 汽车的一则以"舒适"定位的广告,是这样描述的:主画面上是一个娇嫩的婴儿,他的头靠在妈妈的乳房上,画面纯净、温馨。不用多说,单从婴儿熟睡的脸上,我们就能体会到什么是舒适。Ford 汽车正像妈妈的怀抱一样温暖舒适,她给每个消费者的是无微不至的关怀,于是,广告主题诉求水到渠成。

而 Volvo 汽车以"安全"定位的广告是这样表现的:广告画面上并未出现汽车的图片,而是用我们日常生活中常见的别针弯成汽车的外形,表达了即使车子受到撞击,特别设计的外形也能像别针一样保持原状,车里面的司机和乘客不会受到挤压和伤害。广告表现简洁含蓄,又很准确到位,无论是视觉效果还是概念传达,都吸引了受众的视线。

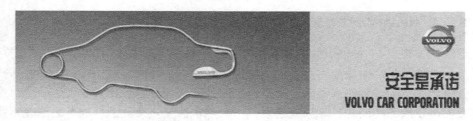

图 4-3　Volvo 汽车以"安全"定位的广告:安全别针(图片来自 http://image.baidu.com)

在决定广告总战略时必须有一个重要的前提和依据,即确定广告的产品在市场上的位置和在目标消费者心中的位置。这是广告战略的基本要求,具有决定作用。在进行广告创意时,也要按照确定的产品定位来创造独特的主题,使广告创意有一个展开的基点,由此深化和延伸,确定创意方向,选择思考角度,决定定向的诱导。确定了产品定位后,广告设计人员对创意的表现及形象的处理也有了定位,也就确定了该广告各构成要素的目标与依据。可以说,只有产品定位正确,才能突破程式化的创意倾向,创造独具个性的美的情趣与意境,从而产生强大的感染力,吸引消费者。选择恰当的产品定位,还有助于广告设计人员创意的启发,思维的开拓,使创意在个性化方面不断深化与发展。使广告予人的印象越发深刻,不断满足了人们的探索与猎奇的欲望。

广告创意必须建立在对产品本身的特点、目标市场、消费群体需求、兴趣等因素的调查与研究的基础上,才能获得成功的广告创意。广告创意的基础是人的实际需求,好的创意应该直指人心,触动人性中最柔软的部分,让消费者为之心动,然后痛快地掏出钱包。无论用什么形式,幽默的,夸张的……只要能触动人心,引起消费者的购买欲望,就是成功的。大多数成功的广告创意,是根据人们的实际需求而设计的,如衣食住行的需要、安全的需要、被人们赞美的需要,自我表现的需要等。当人们需要中的一种或几种不能获得满足时,必然会产生去寻找满足需要的途径,成为潜在的消费动机。故真正能打动人心的广告创意应该是由此而拓展开的。在这个以人为主体的丰富多彩的世界,人性是一个内涵丰富的主题,生命的新陈代谢,人世的喜怒哀乐,感情的相互交融,对生活的热爱,对理想的追求等,构成了极为广泛的题材,为广告设计人员提供了极好的创意基础和条件。

4.1.3 网络广告创意的原则

网络广告中信息的成功传递,往往首先作用于消费者的视觉、听觉,继而引发其心理感应,促进一系列的心理活动,最终形成消费行动,达到广告的效果。所以,成功的广告应该首先是引起消费者的注意,刺激消费者的视觉或听觉等,才能起到广告作用,否则,广告作用就无从产生。那么,怎样的广告创意才能刺激消费者的感官,达到广告效果?网络广告创意的一般原则为我们提供了方向。

1) 创新性

在广告界流行这样一句话:"我知道我的一半的广告费用都浪费了,但我不知道是哪一半。"为什么会有这样的说法呢?我们身边的广告真是太多了,不能否认,有相当数量的广告在发布后有如石沉大海,并没有在市场上激起一点点微波涟漪,这样的广告无疑是失败的广告,究其原因,这样的广告多数是缺乏创新。

要使自己制作的广告具有创新性,首先是要与众不同,即要使广告个性化。广告创意绝不能确定与竞争对手相同的形象。在相同的竞争范围内若是采用相同或是相近的创意形象的话,不仅不能起到宣传自己的作用,相反还有抄袭对手、帮助对手的效果,这对树立自己的品牌形象是极为不利的。在这种情况下,广告创意的策略是:赋予品牌个性区别,使自己的品牌与众不同。例如,苹果牌牛仔裤与利维斯牌(Levi's)牛仔裤品牌性格就大不相同。苹果牌代表的是"性感""反叛"的个性,而利维斯牌牛仔裤则代表"舒适""高雅"的品牌个性。其次还要打破常规,以不同寻常的表现手法将主题表现出来。如:奔驰汽车以安全为主题的广告,"刹车痕"篇,在毫无文字说明的情况下,利用人们既有的生活经验,仅通过一幅奔驰车旁边的数道刹车痕的照片,就表明了该车的良好的制动系统。可见广告的妙处不仅在于"说什么",还在于"怎么说"。

2) 简洁性

消费者的记忆量是有限的,而且时刻都在接受各种广告的"饱和轰炸",所以,广告所传达的信息必须简洁、单纯、突出。好的广告每一次只能和消费者沟通一件事情,简单明了,只有如此才会让人印象深刻。美国芝加哥广告公司曾就什么样的广告最受欢迎做过一次民意调查,调查结果表明优秀的广告必备的品质中排列第一的就是"概念简洁明白"。既然消费者是健忘的,无法记忆太多的信息,这就要求在广告中所传达的信息是最能使消费者留下深刻印象并为其所接受的信息。这种信息往往最能体现广告的诉求要点。

一个简单的创意和美术处理就能强有力地把意念表现出来。前面提到的奔驰"刹车痕"篇即是典型例子。相反,现在很多广告恨不能一次把所有信息告诉消费者,结果只能是适得其反。

3) 系列变化性

一种商品的推销必然是长期的,其广告在其不同的发展阶段,也必须随之不断变化。美国著名广告人大卫·奥格威曾提出一个观点:所有广告,都应该是系列广告的代表作。如果不能根据自己的创意发展出系列广告,那就不是杰出的创意。利用时间的连续性采用系列广告宣传一个共同的主题不能不说是一种加强广告宣传效果的重要手段,这在网络广告中尤为重要。因为相同的广告播放一段时间之后点击率会出现下降,通常相关主题的一系列广告至少要有三个或三个以上。如果出现明显的点击率下降,则可以换上相同主题的不同广告再进行播放,以提升广告效果。再好的广告在网页上三周以上不被更换,也会少有人问津。

可以说广告活动是一个系统工程。系列广告具有累积的力量,能相互呼应,加大冲击力,加深对受众的影响。

【延伸阅读】

伊利优酸乳系列广告

2006年伊利优酸乳请来"神仙姐姐"青春美少女刘亦菲、健康阳光的篮球运动员易建联和泰国神秘小美女道teaw为新广告宣传,3人共同成功演绎了浪漫的伊利优酸乳剧情片广告。该广告采用连续青春剧集的形式,整个故事分4集播出,演绎了一个完整的爱情小插曲故事,令消费者在欣赏浪漫爱情故事的同时,也牢牢记住了如同爱情酸酸甜甜的伊利优酸乳。

1) 赛前路上意外篇

篮球运动员阿联因为赶着去参加一个篮球赛而误撞了一名手拿地图和伊利优酸乳的女孩,撞坏了女孩的小提琴,还撞飞了女孩的伊利优酸乳,从而认识了这个叫做道teaw的女生,两人狼狈地坐在地上,最后阿联递给她一盒优酸乳。结尾文案给出阿联抉择是要马上赶去打球还是留下来陪道teaw。

2) 友情与爱情抉择篇

阿联载女孩赶到篮球场,刘亦菲看见迟到的阿联很是生气,就拿球砸向他,但是当看见女孩那熟悉的面孔时甚是欣喜。巧的是,她们原来就认识。在更衣室里,阿联递给女孩一瓶伊利优酸乳,并把修好的小提琴送给女孩,女孩欣喜地抱住阿联。不巧的是,这一幕被刘亦菲看见了,使刘亦菲面临爱情与友情的两难选择。结尾文案给出刘亦菲的抉择时要进去还是不进去。

3) 三个好朋友篇

刘亦菲还是等了一会进去了,并告诉他们准备开演唱会,请他们都去,并给了他们一人一份优酸乳。刘亦菲自信地喝着伊利优酸乳说着"这场输了,还有下一场啊"。演出前,刘亦菲正在认真排练,阿联递给她一瓶伊利优酸乳。女孩在演出场外徘徊,但是没有进去,只是发了一条短信"我们三个人永远都是好朋友",广告文案给出她面对的是应该留下还是走开的疑问。

4) 最终抉择篇

道teaw要离开了,在天桥上,道teaw分别递给他们一瓶伊利优酸乳说:"我要走了。"刘亦菲和阿联目送着女孩的离开,三个人同时喝着伊利优酸乳,表达对彼此的深深祝福。

阅读材料来自:http://wenku.baidu.com

4) 民俗适应性

广告创意应赋予广告作品以丰富的思想内涵和深厚的文化底蕴。一般而言,文化与民族是不可分的,每个民族都有其相对共同的行为模式、思维方式、生活情趣、价值观念,所以在创意中一定要注意不同国家、不同地区、不同民族不同的文化,例如日本人忌绿色和荷花,法国人忌用核桃等,如果忽略了这一点,即使再好的创意也必将是个失败的广告,更不用谈什么广告效果了。

TCL"落花"篇电视广告,无论创意构思、表现技法,还是制作水平都堪称精品,那花瓣落地发出震撼心魄的声效,那精耕细作的画面效果,都可以看出创作者的创意功力,广告一经播出就受到广告业内的好评,一致认为是电视机广告中少有的精品。然而,据说电视广告播出后,TCL电视的销量不升反降。后据业内人士冷静和深入地分析,虽然创意无可挑剔,制作也属大气之作,但创意者就是忽略了中国人的审美心理这个因素,违反了中国人忌讳"落地"的心理感受,尽管创意令人震撼,但在受众心里无疑留下了无形的阴影,使其在内心深处很难产生认同,因此在购买时就会产生抵触感。

5) 及时性

成功的经营者一般都很注意将一些重要事件与广告联系起来,利用一切机会来宣传自己的产品。在奥运会期间,许多公司就利用世人瞩目的盛会进行广告宣传。如"李宁牌"运动服装作为中国体育代表团的指定领奖服,很快便成为国际知名品牌。因为当运动员站上领奖台时,全世界的眼睛都盯在那儿。

4.1.4 网络广告创意程序

1) 明确网络广告的设计对象与目的

构思、设计一则网络广告,首先必须明确这个广告的目的、发布的媒介、预算等,还要了解广告所宣传、推广的企业的性质、经营理念及其产品的特性、功效、所处的产品生命周期等特征,以便在广告设计过程中,采取适当的创意、手段和形式来表达广告主希望传达的信息,否则,即使创意再好,也会脱离企业的实际需求,偏离甚至违背企业广告的初衷。

2) 收集、整理、消化相关设计资料

在明确了网络广告的设计对象与目的后,就要有针对性地进行相关的市场调查和资料的收集、整理。所需收集的资料可以分为4大类:

(1) 与产品或企业有关的资料,如产品的原材料、产地、功能、外观、色彩、企业文化、销售渠道、市场地位等。

(2) 宏观经济环境、行业市场状况和目标市场的有关资料,包括宏观经济政策、经济运行态势、法律制度、文化习俗、市场发展趋势、居民购买能力、消费观念、目标市场的分割状况、市场结构等。

(3) 有关竞争对手的资料,包括竞争对手产品特点、竞争战略、广告策略等。

(4) 网络广告目标受众的具体资料,包括目标受众的年龄、性别、地域、爱好、收入、职业、婚姻、教育状况等。

只有在研究、消化上述资料的基础上,网络广告的设计才具有针对性,即提炼出创意的焦点。

3) 创意构思

根据上一个步骤当中所产生的创意的焦点,形成多种创意观念,并在这些观念的基础上形成各种初步的创意方案。为了达到理想的信息宣传和传播效果,广告设计人员在进行广告创意的时候,必须充分考虑消费者的心理需求和对信息的容纳程度,将重点从商品转移到消费者心理研究上,使广告信息和产品信息能给消费者留下深刻的印象,并在其心里占据一个相对明显和稳定的位置。随着精神需求的日益增长、社会艺术文化形态的不断丰富、审美情趣的不断提高,人们对广告的认识已经从阅读上升到了欣赏的层次。与之相应,广告创意也要着眼于塑造消费者和社会长远的利益和目标,在内容上体现出对消费者周到的关怀和对社会利益的真诚关注。在策划、设计和制作过程中充分利用现代科技手段,采取丰富多彩的文化艺术形式,满足人们日益提高的审美水平,决不能仅仅为了促销去广而告之,这才是现代广告创意的正确方向。

4) 导优求解

在创意构思方案后,要对各种初步创意方案的有效性加以验证和讨论,从中选择出最好的方案作为最终的创意方案,并对最终的创意方案进行进一步的修正和改进。

4.1.5 网络广告创意常见方法

1) 直展法

直接展示法是指在广告中运用文字、语言、照片、影像、绘画等方法,细致刻画和着力渲染产品的质感、形态和功能用途,将产品精美的质地引人入胜地呈现出来,给人以真实、直接的现实感,使广告受众对所广告的产品产生一种亲切感和信任感。

2) 特征法

突出特征法强调广告的产品在某一(某些)方面(比如品牌、质量、性能、价格、维修服务等)的突出特征,并通过某种方式表现出来,使广告受众了解广告产品与其他产品的不同之处,并建立富有个性的产品形象,最终达到刺激广告受众购买欲望的目的。

3) 衬托法

对比衬托法是指在广告中将所要宣传的产品与其他产品进行对比,用其他产品的劣势来烘托所要宣传的产品的优势,从而彰显出该产品更加优良的性能和特点。这也是一种常见的行之有效的表现手法,但运用该方法时注意不要贬低某个具体的企业产品(那样做会使受众怀疑你的道德水平并产生厌恶感),而是将你的产品与同类产品进行泛泛的比较来突出你的特点。

4) 夸张法

合理夸张法是指在广告中对广告产品的某个(某些)品质或特性进行明显的夸大,以更鲜明地强调或揭示广告产品的特征,加深或扩大受众对这些特征的认识,获得戏剧性的广告效果。这种方法是在平淡中求新求奇,比较能引起人们的注意与兴趣。需要注意的是,让人们明白广告里的夸张是一种艺术夸张,而不是虚假欺骗。合理的夸张需要建构在人们熟悉的知识、经验和环境基础之上,使人们莞尔一笑的同时,又能对产品建立深刻而良好的印象。

5) 联想法

联想是思维的一种方式,有相似联想、接近联想和对比联想三种。相似联想是大脑受到刺激后会自然地想起与这一刺激相类似的动作、经验或事物;接近联想是大脑想起在时间或空间上与外来刺激相类似的动作、经验或事物;对比联想是大脑想起与外来刺激完全相反的经验、动作或事物,亦可说是逆反法则在联想中的作用。

在广告中引导受众开展丰富的联想,能突破时空的界限,扩大企业或产品的形象,加深广告的意境。

6) 以小见大法

以小见大法是指在广告中选取企业或产品的某个细微之处作为切入点来表达广告所要传

达的主题思想,以达到以小见大,以偏概全的效果。正所谓一叶知秋,一滴水能折射太阳的光辉。这种方法的关键点在于要能够引导广告受众对广告所描述的细微之处自我延伸、推测,联想到宏观和全部,因此选择的"点"与广告要传达的主题思想要有合理的逻辑联系。

7) 比喻法

比喻就是根据事物之间的相似点,把某一事物比作另一事物,把抽象的事物变得具体,把深奥的道理变得浅显。在广告中用比喻法描写事物,可使事物形象鲜明生动,加深受众的印象;用来说明道理,能使道理通俗易懂,使人易于理解。

8) 悬念法

悬念法就是在系列广告中充分利用人们的好奇心理,先把问题设置好,故弄玄虚,布下疑阵,引起受众的好奇心,吸引观众的兴趣和注意力,从而获得人们对广告的关注,然后到一定的时候再把答案给出来。悬念法成功的关键在于要设计能让人们感兴趣的、能引发大家讨论的、结果又让人琢磨不透的问题,最后通过解答悬念,使受众恍然大悟或茅塞顿开,产生强烈的艺术感受,实现广告的效果。

9) 幽默法

幽默能让他人轻松快乐地接受观点,言辞轻松地说服对方,不露声色地达到说服目的。在广告作品中巧妙地采用幽默法,运用饶有风趣的情节,巧妙的安排,把某种需要肯定的事物无限延伸到漫画的程度,造成一种充满情趣、引人发笑而又耐人寻味的幽默意境,可以达到出人意料,又在情理之中的广告效果。

10) 情感法

情感是人对客观事物是否满足自己的需要而产生的态度体验。情感法是指在广告的表现手法上侧重选择具有感情倾向的内容,以情动人,以美好的情感来烘托主题。如通过慈善活动,去帮助需要帮助的人,同时也实现了宣传企业与产品的目的。

11) 偶像法

偶像法是指在广告中利用人们对偶像(通常是明星、名人)的崇拜、仰慕心理,借助名人的声望来说服他们购买推销品的方法。偶像法迎合了人们求名的情感购买动机,另外由于利用了一些名人的声望,可以消除顾客的疑虑,使企业或产品在顾客的心目中产生明星效应,有力地影响了顾客的态度,因此推销效果比较理想。

12) 谐趣法

有意义的和感兴趣的事物容易记住,这是每个有记忆力的人的共同感受。谐趣法就是在广告中把平淡、枯燥的广告内容谐趣化,譬如利用谐音或者生动形象的比喻等来表达广告的主题。这种表现手法与幽默法有一定的相似之处,就是都要让人赞叹、发笑、过目不忘,从而留下奇趣的回味。

13) 迷幻法

神奇迷幻法是指在广告中运用畸形的夸张,以丰富的想象构织出神话或童话般的画面,在一种奇幻的情景中再现现实,造成与现实生活的某种距离,让广告受众有身临其境的感觉。这种充满浓郁浪漫主义、写意多于写实的表现手法,以神奇的视觉感受,极富感染力,给人一种特殊的美的感受,能满足人们在现实中难以得到满足的审美情趣的要求,从而对广告留下深刻印象。

14) 连续系列法

这种方法是利用一系列广告表现同一个主题,系列广告之间或在故事情节或内容安排等方面存在一定的联系性、完整性、有序性与变化性。系列广告的连续不断推出,能吸引人们的注意力,加深人们对广告的印象。

4.2 网络广告视觉设计原理

4.2.1 文字设计原理

1) 广告设计中对文字设计的要求

(1) 文字的易辨性　向消费者清晰地传达产品和劳务信息是广告文字的主要功能,它给人以深刻的视觉印象。

(2) 文字的个性　广告的文字设计要服从做广告的企业与产品的特征及性能的要求,要与其风格特性吻合一致,不能相互脱离,更不能相互冲突,破坏了文字的诉求效果。

根据文字字体的特性和使用类型,大约可以分为下列几种:

① 端庄典雅型:字体优美清新,格调高雅,给人以华丽高贵之感,此种个性的字体,适用于女用化妆品,女用饰品等广告主题。例如:宋体、拉丁文的新罗马体等。

② 坚固挺拔型:字体造型富于力度,给人以简洁爽朗的现代感,有较强的视觉冲击力,这种个性的字体,适合于家用电器、仪表、摄影器材等广告主题。例如:仿宋体,拉丁文的古罗马体等。

③ 深沉厚重型:字体造型规整,具有重量感,庄严雄伟,给人以不可动摇的感受,这种个性的字体,适用于工程机械、大型运载车辆等广告主题。例如:黑体、拉丁文的无饰线体等。

④ 欢快轻盈型:字体生动活泼,跳跃明快,有鲜明的节奏韵律感,给人以生机盎然的感受,这种个性的字体适用于儿童用品、旅游产品等广告主题。例如:楷书、拉丁文的意大利斜体等。

⑤ 古朴型:字体朴素无华,饱含古时之风韵,能给人一种对逝去时光的回味体验,这种个性的字体适用于传统产品,如生产历史悠久的名酒等广告主题。例如:中文书法字体、拉丁文的草书体、古罗马体等。

⑥ 新颖奇特型:字体造型设计奇妙,不同一般,个性特别突出,给人一种强烈的独特印象和刺激感,这种个性的字体适用于创新产品流行产品的广告主题。例如各种变体等。

(3) 文字的形式美　文字在视觉传达中,作为画面的形象要素之一,具有传达感情的功能,因而它必须具有视觉上的美感,能够给人以美的感受。字形设计良好,组合巧妙的文字能使消费者看后感到愉快,留下美好深刻的印象,获得良好的心理反应。

(4) 文字设计的创造性　根据广告主题的要求,极力突出文字设计的个性色彩,创造与众不同的独特字体,给人以耳目一新的感觉,将有利于企业和产品良好形象的建立。

2) 文字设计的种类和特征

各种中文软件都能提供不同大小的多种字体。从现代广告设计的表达功能和运用范围来看,应该注意以下几点。

(1) 字的大小　在各种软件中一般都是以号来区分字的大小。不同的软件所提供的字号有所不同。一般都是字号越小字越大,且是逐级变化的,便于使用者按照要求选择运用。

(2) 活字的书体　中文活字的书体有很多种(部分书体见图 4-4),常用的有宋体、黑体、仿宋体和楷书 4 种。

```
宋体：   网络广告字体设计
仿宋：   网络广告字体设计
黑体：   网络广告字体设计
楷书：   网络广告字体设计
隶书：   网络广告字体设计
彩云：   网络广告字体设计
舒体：   网络广告字体设计
新魏：   网络广告字体设计
幼圆：   网络广告字体设计
琥珀：   网络广告字体设计
```

图 4-4 中文书体

① 宋体：是我国明代定型的字体，是运用得最广泛的基本活字，其特征是横细竖粗，起落笔及笔画转折处讲求顿角装饰变化，字体均齐大方，端庄典雅，多用于平面广告的标题及重点文字。

② 黑体：横竖笔画等宽，起落笔及转折处成直方形态，粗壮笔挺，富于力度。在广告文字设计中多用于标题、副标题或强调性文字。

③ 仿宋体：是一种源于宋代的木板书体，特点是字形长方，挺拔秀美，横笔画略呈右方向左方倾斜，横笔画粗细基本相当，这种字体适用于说明书等，端庄灵秀。

④ 楷书：即中国传统文字的"正书"，特点是起落有力，粗细得宜，笔画清晰，可认性高，这种字体适用于通常的说明文字。

外文活字的书体，即拉丁文字的书体，虽然变化很多，字体繁杂，但归纳起来主要有以下几种：

① 古罗马体：是拉丁字母的古体字，古朴典雅，均称和谐，字母均为大写，字脚形态与柱头相似，有明显的起落笔走向。古罗马体运用广泛，适用于传统名牌的酒，高档化妆品等广告主题。它的庄重、朴素、典雅的格调，很能唤起消费者的信任感。

② 新罗马体：亦称现代罗马体。它的代表性字体为意大利人波多尼设计的波多尼体。字体笔画粗细对比强烈，字脚饰线细直，有明显用仪器绘出的痕迹，给人一种严肃、冷漠之感，富于节奏感和条理性，它作为主体文字和一般文字，在广告中运用也十分普遍。

③ 歌德体：亦称黑体，古歌德体是用宽笔尖书写，笔画有六角型的特征，具有一种宗教神秘感。现代歌德体简化了古体字的装饰，结构紧凑，笔画粗重，有很强的视觉力度，成为一种很有使用价值的字体。

④ 无饰线体：也有人称为黑体。它的特点是笔画粗细一样，结构紧凑，笔画无饰线处理，给人以简洁有力，端庄大方的现代感，并有很强的视觉冲击力。无饰线体是广告文字设

计中广泛应用的字体,由于它具有很强的视觉冲击力,所以在有些广告媒体设计中,能取得良好的视觉传达效果,如路牌广告和其他户外广告形式。

⑤ 意大利体:亦称为斜体字。它源于快速书写而自然形成的黑体字,明朗流畅,具有方向性的动感,因其第一套斜体活字为意大利人格列夫设计,故通常称为意大利体。这种字体潇洒自然,格调明快,在广告文字设计中,它较多地是与其他字体同时并用,造成一种对比效果,以增加广告作品生动活泼的美感。

⑥ 草书体:是类似我国汉字行书和草书的一种自由书写的字体,具有各种不同的性格特征,风格变化多样,各具风采。草书具有运用自如,节奏明快的形式美感,在广告文字设计中它常作为突出,强调和装饰重点词句,引人注目,并能加强画面的视觉表现效果。

(3) 活字设计要点　活字的设计要创造一个良好的版面效果,必须注意以下几点:

① 在视觉效果上必须具有吸引力,诱导观众进行主动地阅读。

② 版面表现内容的安排上,应有主有次,重点突出,层次分明,使读者循序渐进地阅读,很快把握住版面的中心要点。

③ 版面编排组合上要简洁生动,变化有致,富有情趣和节奏,使观众在阅读时不感到疲劳和厌倦。

3) 美术字体设计

美术字体的设计指根据广告主题和创意要求进行具有图形性的字体设计,它要求具有良好的视觉传达效果和很高的审美价值。在广告设计中对于广告标题,产品名或企业名等常采用这种文字设计(图 4-5)。

字体设计必须注意以下几点:

(1) 字体造型精炼单纯,易读耐看,可认性强,能准确地表达内容。

(2) 字体造型必须与广告的宣传内容相吻合,能很好地表达内容的品格。

(3) 字体要有个性色彩,造型新颖、独特、易记,能给人以独特的审美感受,并留下深刻印象。

(4) 必须要有时尚气息和富于审美情趣,美观大方,格调高雅,令人看后感到舒服和愉快。

图 4-5　美术字体设计一例(图片源自 http://image.baidu.com)

4) 商标文字设计要点

商标文字也称合成文字设计,它是指组合两个以上的文字,用以构成商标或标志符号,或把文字变成一种装饰图形(图 4-6)。在设计时,需注意以下几点:

(1) 字造型有个性,新颖别致,给人印象深刻。

(2) 字体适应性强,能适用于不同的场合和不同的广告媒体,并发挥最佳诉求效果。
(3) 字体造型高雅优美,具有鲜明的形式美,受到消费者的欢迎。

图 4-6　商标文字设计一例(图片源自 http://image.baidu.com)

5) 标题文字设计要点

标题文字是广告主题表达的重点,它在文字设计中占有重要地位(图 4-7)。在设计中时,需注意以下几点:

(1) 文字的字形选择必须根据广告标题的含义和广告产品的特征,选择格调相似的字体,使形式与内容能协调统一。

(2) 标题文字在广告版面上必须占有突出的地位,但字体的大小与版面的比例必须在视觉上协调,不能过大过小,保证发挥良好的诉求效果。

(3) 有力、简洁、大方,具有较强的视觉冲击力。

(4) 处于色彩画面中的标题文字,要注意底色与文字的色彩对比效果,保持较强的对比度,以产生良好的视觉传达效果。

图 4-7　标题文字设计一例(图片源自 http://image.baidu.com)

6) 装饰文字设计

装饰文字设计主要指拉丁文字中的花体文字设计,即对文字进行装饰性处理使之图案化,使之具有典雅华丽的古典风格。装饰文字在欧洲产生和流行已久,主要为上层人士所运用,如用于签名、题词(图 4-8)。

在进行装饰文字设计时,要注意以下几点:

(1) 装饰文字的设计一定要根据主题的需要,从广告的主题出发,不能主观臆断,滥用装饰文字。

(2) 装饰文字的造型可作多种变化,但造型风格的确定一定要符合特定的广告主题,不能使字体的格调与广告主题相互脱离。

(3)装饰文字的装饰图案处理,一定要有分寸,不要装饰美化过分,过多的变化会造成堆砌繁琐,会失掉字体的明快效果。

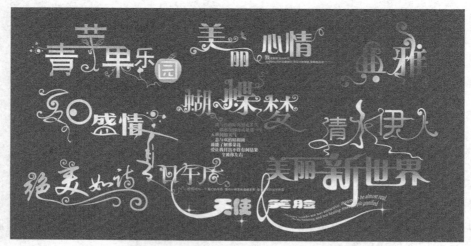

图4-8 装饰文字设计一例(图片源自http://image.baidu.com)

7)字体设计的原则

要设计出既具有视觉传达功能又具有审美价值的字体,无论是中文字体还是拉丁文,在设计时都必须把握如下几条原则。

(1)字体的统一 在进行设计时必须对字体作出统一的形态规范,这是字体设计最重要的准则,如大小、正斜、笔画粗细及变化特征等,均应完全统一,即外部形态的统一。

(2)笔画粗细的统一 字体笔画的粗细要有一定的规格和比例,如横竖笔画都为一定的粗细度,那么所有字的笔画粗细度都要一致。

(3)斜度的统一 斜度的统一在字体设计中有两层含义:一是指字体自身的斜笔画处理,每个字的斜笔画都要处理成统一的斜度,不论是向左或向右斜的笔画,以加强其统一的整体感;二是为了造成一组字体的动感,往往将一组字体统一地向左或向右斜置处理。

(4)空间的统一 字体的统一除了其大小、笔画粗细、斜度的一致外,往往还需要字体笔画空隙分配均衡。文字有简繁,笔画有多少之分,但均需注意一组字中,字距空间的大小的统一,既不能密不透风,又不能松散无力。

8)文字排列与组合

文字设计的成功与否,不仅在于字体自身的设计,同时也在于其运用的排列组合是否得当。广告版面只有文字排列组合恰当,符合视线流动的顺序,才会体现字体本身的美感,有效地表达主题,利于读者阅读,才能达到良好的视觉传达效果。

要创造良好的排列组合效果,必须注意以下几个方面:

(1)要适应人们的阅读习惯 文字排列组合的目的,是为了增强其视觉传达功能,赋予审美情趣,利于诱导人们有兴趣地进行阅读。

(2)考虑字体的形态特征 不同的字体具有不同的视觉动向,如扁体字有左右流动的动感,长体字有上下流动的动感,斜体字有向前或向斜流动的动感,因此,在文字的组合排列时,要考虑不同字体视觉动向上的特性,对具有不同视觉动感的字体进行不同的处理。

(3)要确定总的设计风格 文字排列组合的好坏,在很大程度上取决于字距间及其周围空白的处理,如字的行距应比字距大,两者处理不当就会产生视线流动的错导,使观众难以按照一定的方向和顺序进行阅读,所以必须使行间的空白大于字间的空白。

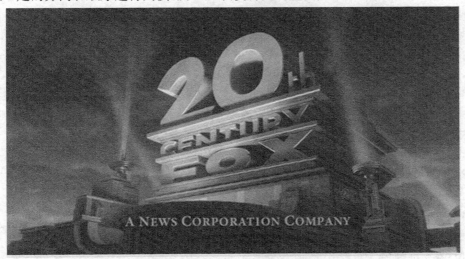

图 4-9　文字排列组合一例(图片源自 http://image.baidu.com)

4.2.2　色彩设计原理

色彩对人们的视觉有着直接的影响,合理使用色彩不仅能使广告作品看上去十分典雅、有品位,令人赏心悦目,而且能在众多的广告中脱颖而出。因此,色彩的运用在广告设计中的作用十分重要。

1) 色彩基本概念

色彩,也就是颜色,是通过眼、脑和我们的生活经验所产生的一种对光的视觉效应。颜色可以分为彩色与非彩色两大类。彩色是指除消色以外的各种颜色,如红、黄、蓝等七彩,它们各有不同的色相、亮度和饱和度。非彩色指黑色、白色和各种深浅不一的灰色。任何一种彩色具有三个属性:

(1) 色相(Hue)　也叫色泽,指色彩的相貌,如红、黄、绿,蓝等各有自己的色彩面目,是颜色的基本特征。

(2) 饱和度(Saturation)　也叫纯度,指颜色的纯洁程度。原色纯度最高,间色次之,复色纯度最低。

(3) 明度(Brightness 或 Lightness 或 Luminosity)　也叫亮度,体现颜色的深浅。

非彩色只有明度特征,没有色相和饱和度的区别。

2) 色彩的三原色

电脑屏幕的色彩是由 RGB(红、绿、蓝)三种色光所合成的,而我们可通过调整这三个基色就可以调校出其他的颜色,在许多图像处理软件里,都提供色彩调配功能,你可输入三基色的数值来调配颜色,也可直接根据软件提供的调色板来选择颜色。

3) 电脑影像的色彩

电脑影像的色彩是经由位元(BIT)的计算和组合而来,单纯的黑白图像是最简单的色彩结构,在电脑上用到 1 位元的资料,虽说只有黑色和白色,但仍能透过疏密的矩阵排列,将黑与白组合成近似视觉上的灰色调阶。

灰阶(Gray scale)的影像共有 256 个阶调,看起来类似传统的黑白照片;除黑、白二色之外,尚有 254 种深浅的灰色,电脑必须以 8 位元的资料,显示这 256 种阶调。

全彩(Fullcolor)是指 RGB 三色光所能显示的所有颜色,每一色光以 8 位元表示,各有 256 种阶调,三色光交互增减,就能显示 24BIT 的 1677 万色(256×256×256＝16 777 216),这个数值就是电脑所能表示的最高色彩,也就是通称的 RGB True Color。

8 位元色是指具有 256 种阶调,或 256 种色彩的影像,而我们在常常见到 GIF 格式的图像文件就是带有 256 种色彩的图像文件。若要把 24 位元的全彩图片转成 256 色的 8 位元,通常必须经过索引(Indexed)的步骤,也就是在原本 24 位元的 1677 万色中,先建立颜色分布表(histogram),然后再找出最常用的 256 种颜色,定义出新的调色盘,最后再以新色盘的 256 色取代原图。让我们看看每一位元色包含多少种颜色:

1 位:2 种颜色

2 位:4 种颜色

4 位:16 种颜色

8 位:256 种颜色

16 位:65536 种颜色

24 位:1677 万种颜色

32 位:1677 万种颜色和 256 级灰度值

36 位:687 亿种颜色和 4096 级灰度值

通常所称的标准 VGA 显示模式是 8 位显示模式,即在该模式下能显示 256 种颜色;而高彩色(Hi Color)显示是 16 位显示模式,能显示 65536 种颜色,也称 64K 色;还有一种真彩色(True Color)显示模式是 24 位显示模式,能显示 1677 万种颜色,也称 16M 色,这是现在一般 PC 机所能达到的最高颜色显示模式,在该模式下看到的真彩色图像的色彩已和高清晰度照片没什么差别了。

在色彩的使用中我们不能忽略的一个重要方面就是色彩所具有心理功能和生理功能,不同的色彩可以使人们产生不同的生理感觉。

4) 色彩心理功能

(1) 冷暖感　红、黄、橙色等为暖色,使人看后感到温暖;青、蓝、绿色为冷色,使人感觉清凉,甚至寒冷。

(2) 兴奋沉静感　红色、橙色、黄橙色可以使人产生兴奋的感觉;而绿色、青绿色、绿青色等可以令人沉静;黄色、青色的背景给人以安定、平稳的感觉。

(3) 膨胀收缩感　明亮度不同的色彩,可影响人们的面积感觉。凡明亮度高的色彩,看起来都有膨胀感,使人感觉面积大;而明亮度低的色彩看起来都有收缩感,使人感觉面积小。

(4) 前进后退感　色彩的明亮度和冷暖色可使人产生色彩位置的前后变化,暖色和明亮度高的色彩具有前进的感觉,而冷色和明亮度低的色彩则具有后退的感觉。

(5) 轻重软硬感　明亮度高、色相冷的色彩给人轻飘的感觉;明高度低、表面粗糙物上的颜色看起来厚重。中等纯度和中等明亮度的色彩感觉较软,单色和灰暗色感觉较硬。

5) 色彩生理功能

(1) 红色可以引起人们的注意、兴奋、激动、紧张。

(2) 黄色光感最强,所以它可以使人们产生光明,希望、灿烂、辉煌、庄重、高贵以及柔和与纯净等感觉。

（3）橙色的色性属于红色与黄色之间，因此，它可以使人有温暖、明亮、健康、向上、华美、不安的感觉。

（4）绿色的色性是中性色，对人的心理反应是平衡，因而可以用来表现和平、生命、希望、青春、活力、健康、兴旺等感情。

（5）蓝色在视网膜上成像的位置最浅，是最后退的远逝色，因此可以表现深远、崇高、沉着、冷静、神圣、纯洁以及阴郁，冷漠等情感。

（6）紫色令人产生忧郁、痛苦和不安，明亮度高的紫色可以使人产生神圣、高贵和温厚等感情。

（7）白色是光明的象征色，它可以表现纯洁、坚贞、光明、清凉、神圣、高雅、朴素等感情。

（8）黑色是无光色，因而多用来表现神秘、恐怖、阴森、忧伤、悲哀、肃穆、复古等情感。

（9）灰色对眼睛的刺激适中，因而可以产生柔和、安静、素雅、大方、谦虚、凄凉、失望、沉闷、寂寞等感情。

另外色彩还代表一些特定的含义，在图形制作片中我们也应注意：

红色：代表热情、奔放、喜悦、庆典

黑色：代表严肃、夜晚、沉着

黄色：代表高贵、富有

白色：代表纯洁、简单

蓝色：代表天空、清爽

绿色：代表植物、生命、生机

灰色：代表阴暗、消极

紫色：代表浪漫、爱情

棕色：代表土地

在具体的设计中，如果我们不是美术专业人员，我们可以在考虑所需的前提下，多试几种颜色，以求找出最佳方案。

6）色相对比

色相环上任何两种颜色或多种颜色并置在一起时，在比较中呈现色相的差异，从而形成的对比现象称之为色相对比。色彩对比的强弱程度取决于色相之间在色相环上的角度，角度越小对比越弱，反之则越强。

任何一个色相都可以自为主色，组成同类、邻近、对比或互补色相对比（图4-10）。

（1）同类色相对比 色相环上距离15度左右的对比，是一种色相的不同明度或不同纯度变化的对比，俗称姐妹色组合，属于最弱的对比。如蓝与浅蓝（蓝+白）色对比、橙与咖啡（橙+灰）色、绿与粉绿（绿+白）或墨绿（绿+黑）色对比等。对比效果感觉统一、单纯、柔和、协调，但也易产生单调、呆板的弊病。

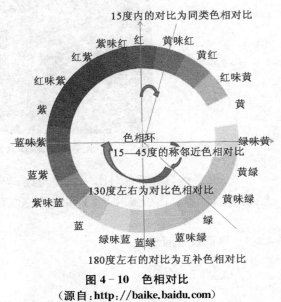

图4-10 色相对比
（源自：http://baike.baidu.com）

（2）邻近色相对比　色相环上距离大约 30 度左右，是中等的对比。色相环上相邻的二至三色对比，为弱对比类型。如红橙与橙或黄橙色对比等。效果感觉柔和、和谐、雅致、文静，但也感觉单调、模糊、乏味、无力。邻近色相对比的色相感要比同类色相对比更加明显、丰富、活泼，可一定程度弥补同类色相对比的不足，但不能保持统一、协调、单纯、雅致、柔和、耐看等优点。

（3）对比色相对比　色相环上距离 130 度左右的对比，是一种强烈的对比。对比色相对比的色相感，要比邻近色相对比更加明显、强烈、饱满、丰富，容易使人兴奋激动和造成视觉以及精神的疲劳。它不容易单调，而容易产生杂乱和过分刺激，造成倾向性不强、缺乏鲜明的个性。

（4）互补色相对比　色相环上距离 180 度左右的对比，是最强烈的色相对比。互补色相对比的色相感，要比对比色相对比更完整、更丰富、更强烈、更富有刺激性。对比色相对比会觉得单调，不能适应视觉的全色相刺激的习惯要求，互补色相对比就能满足这一要求，但它的短处是不安定、不协调、过分刺激，有一种幼稚、原始的和粗俗的感觉。

（5）无彩色对比　无彩色对比虽然无色相，但它们的组合在实用方面很有价值。如黑与白、黑与灰、中灰与浅灰，或黑与白与灰、黑与深灰与浅灰等。对比效果感觉大方、庄重、高雅而富有现代感，但也易产生过于素净的单调感。

图 4-11　无彩色对比（图片源自 http://image.baidu.com）

（6）无彩色与有彩色对比　如黑与红、灰与紫、白与黄、灰与蓝等。对比效果感觉既大方又活泼，无彩色面积大时，偏于高雅、庄重，有彩色面积大时活泼感加强。

4.2.3　平面设计原理

1）点

点最主要的作用就是吸引视线，多点可以创造生动感。

（1）点的视觉特性　单一的点具有集中凝固视线的效用，容易形成视觉中心，也是力的中心（图4－12）。

图4－12　点容易形成视觉中心（图片源自 http://image.baidu.com）

（2）点的构成方法　点可以分为实点和虚点。内部充实的点为实点，实点是完全独立的。虚点是一个空间概念，四周被图像包围，中间留下的空白变成虚点，周围环境不存在了，虚点也就消失了。

（3）点的线化和面化　由于点与点之间存在张力，点与点靠近会形成线的感觉。连续的点会产生节奏、韵律，点的大小不一的排列也容易形成空间感（图4－13）。

图4－13　点形成的空间感（图片源自 http://image.baidu.com）

单个的点在画面的位置不同，会产生不同的感觉（图4－14）。居中的位置会有平静、集中感，并且占据全部视觉空间；位置偏上，画面有下落、不稳定感；位置偏下时，较有安定感；位置中偏上，最易吸引注意力。

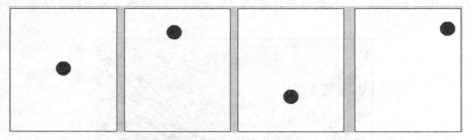

图 4-14 点的不同位置会产生不同的感觉（图片源自 http://wenku.baidu.com）

2) 线

(1) 线的视觉特性　垂直的线刚直、有升降感（图 4-15）。

图 4-15 垂直的线有升降感（图片源自 http://image.baidu.com）

水平的线静止、安定（图 4-16）。

图 4-16 水平的线静止、安定（图片源自 http://image.baidu.com）

斜线飞跃、积极(图 4-17)。

图 4-17 斜线的飞跃感(图片源自 http://image.baidu.com)

曲线优雅、动感,曲折线不安定(图 4-18)。

图 4-18 曲线动感(图片源自 http://image.baidu.com)

粗线稳重、踏实(图 4-19),有前进感;细线锐利、速度,有柔弱感。

图4-19 粗线条风景素描（图片源自 http://image.baidu.com）

（2）线的构成方法 几何线形工整、古板、冷淡（图4-20）；自由线形自由、个性分明。

图4-20 几何线形（图片源自 http://image.baidu.com）

线在立体造型中有很重要的作用，具有极强的表现力，它能决定形的方向，也可以形成形体的骨骼，成为结构体的本身。许多物体构造都由线直接完成。不同形态的线会带来不同的情绪感受,用直线制作的立体构成造型,使人产生坚硬、有力的视觉感受,但易呆板。曲线形成的造型则会令人感到幽雅、舒适,但若处理不当则容易混乱。

3)面

(1)面的属性　面是构图中常用的视觉元素,它的大小、曲直变化都在影响着页面的整体布局。在网络广告设计中,都在有意或无意地进行着面的组织和面的创造,运用着面的分割、组合、虚实交替等手法来增强广告画面的整体效果。

面是线移动的轨迹,垂直线平行移动为方形;直线回转移动为圆形;一条直线沿一条曲线移动形成边缘为曲线的曲面。

平面上的形大致可分为4大类:直线形、曲线形(几何曲线形)、自由曲线形和偶然形。每一种形都有其各自的性格。

① 直线造型具有明快、简洁、安定、有序和理性特征,容易被人理解和记忆,制作起来较为方便。

② 几何曲线形具有数理性秩序感,尤其是圆形,具有几何曲线的特征,但是正圆过于完美,会产生呆板的感觉,椭圆形则会在一定程度上富于变化,并能够产生整齐的感觉。自由曲线形不具有几何秩序,它在很大程度上充分体现了个性。

③ 自由曲线形与几何曲线形比较,显得更加复杂并富于变化、柔软和动感,它所表现出来的流动性和弹性给人以无限想象。

④ 偶然形是偶然形成的造型,是不能够随心所欲控制的,例如:颜料的泼洒形成的造型,自然形成的岩石表面造型等,表现出来的是一种自然的、无序的形态。

图4-21为直线形面,整体形态具有很强的力感、动感、空间感等形态情感因素。

图4-22为曲线形面。

图4-23为自由曲线面,形态传达的意象主要突出"慢""微动",且使人能感受到形态的空间感、力感、生命感。

图4-24为海滩边礁石的表面,是偶然形面。

图4-21　直线形面(www.lumei.edu.cn 郑紫奕)

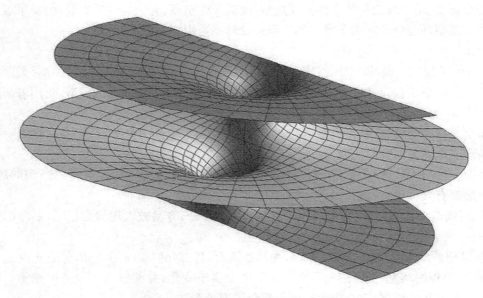

图 4-22　曲线形面（黎曼面）（图片来自 http://tupian.baike.com）

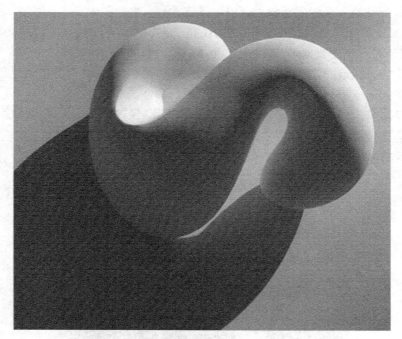

图 4-23　自由曲线形面（www.lumei.edu.cn 王迎春）

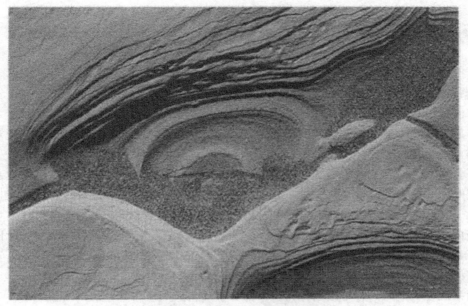

图 4-24　偶然形面(海滩礁石的表面)(图片源自 http://www.oritive.com)

（2）图与底的关系　生动的印刷图像一定是图底分明的，这样才有层次感。如白底蓝图的青花瓷（图4-25）。当然也有矛盾图形，比如太极图，分辨不出图与底，一般来讲都是要求图底分明的，也可以利用图底不分明做出一些有个性的图像来。

图 4-25　图底分明的青花瓷(图片源自 http://image.baidu.com)

4.3 网络广告文案写作

在网络广告中,虽然亮丽的色彩、精美的图片是吸引用户点击的重要因素,但广告中的文字语言也有着不容忽视的一面。广告中语言文字的主要作用是运用语言文字艺术直接或间接地向消费者传递商品或劳务信息,吸引消费者的注意力,从而引起兴趣,继而产生需求欲望。如果图片是通过视觉效果引导读者,那么文案内容就是决定广告是否能够锁定读者关注的重要因素。

广告的文字语言来源于文学艺术,但又不同于一般的文学作品。一般的文学作品人们愿意花时间和精力去研读、思考,理解其中的内在涵义,而广告文字必须能够在读者接触的最初吸引读者,继而引导读者了解其所要传达的信息。所以广告文案的写作不仅要将商品或劳务的信息表达出来,还必须运用独特的文字表现形式,使在读者第一眼接触时即被吸引。广告文案的写作在某种意义上要比单纯的文学创作还要难,美国著名作品评论家赫胥黎就曾说过:"广告是现代文学形式中最富兴趣和最难的一种。"

网络广告文案的内容可以划分为三个部分:广告标题、广告标语和广告说明文。

广告标题是文案写作中最为重要的因素,因为一般来说,标题是吸引注意的焦点,一个成功的标题不仅能吸引读者,还能促进销售。"人头马一开,好事自然来"十个字,既迎合了人们消费心理,又朗朗上口,使人们容易记忆,堪称经典之作。

广告标语又叫广告口号,是指为了强化人们对商品品牌的印象、在一定时期内反复使用的特定宣传语。例如:

诺基亚——科技以人为本。

戴比尔斯——钻石恒久远,一颗永流传。

雀巢咖啡——味道好极了。

海尔——真诚到永远。

这些优秀的广告标语不仅广泛流传,而且还能起到引导消费的作用。

广告标题、广告标语、广告说明文各有特点,在广告中所起的作用也各不相同,因此在创作时技巧也各不相同。但它们之间相互配合、相辅相成、准确传达商品或劳务信息并引导人们点击广告,阅读广告,从而进一步促进销售,提高产品的市场占有率。

4.3.1 广告标题

标题对于广告的重要性是众所周知的,在如今广告满天飞的情况下更是如此。有调查数据显示,根据各种标题效果的测试,一个出色的标题带来的销售增长最高可达 2100%。美国著名广告大师大卫·奥格威曾说过:"平均起来,人们读广告标题的次数,是读广告正文的 5 倍。"另外还有这样的说法:"要是你的广告标题做得不好,你就浪费了 90% 的广告费。"对于商业广告来说,标题是广告的生命线,这种说法一点也不为过。显而易见,标题对于广告的投放效果,有着举足轻重的影响。

1) 广告标题的表现形式

(1) 陈述式　这种表现形式一般以简明的语言不加任何描绘地直接陈述广告的主题。看似平淡,但底气十足,一般用于强化人们的品牌意识。例如:"送礼就送脑白金""要想皮肤好,早晚用大宝""一汽大众""威力洗衣机,够威够力"等。

(2) 新闻发布式　这是用新闻发布式的语言来陈述广告要点的表现方式。人们总是有关心新闻的需求,在财经动态、时事、赛事等方面,而新闻能很好地抓住人们的这种心理,例如:"鑫生珠宝推出异地等值换货服务""飞利浦4K液晶彩电全新上市","肯德基最新推出营养与饮食""治疗关节炎的突破性产品终于问世——阿斯巴膏"等。

(3) 疑问式　这类标题站在消费的位置上,提出"为什么"或"怎么办"的问题,促使消费者在购买时进行分析思量。例如:"是绕道而行,还是直通目标?""流感来了如何躲?""如何才能妙手连发,步步为'赢'?""做分类广告为什么找21CN?""想想今天的和昨天的洗发感觉有何不同?"反问式:"有头屑为什么不用采乐?"

(4) 劝导/建议式　使用恰当的语言(礼貌、恭敬、或是谦和的),用带有鼓动性的祈使句来劝诱消费者按广告的意图行事。例如:"来,一起到野外撒把野!""用功读书时,灯光不足是最大忌讳,请保护你的眼睛"(台灯广告标题)。

(5) 颂扬式　这也是使用颇多的一种方式,一般是以正面赞扬、宣传产品的优点,给人以良好的印象,从而赢取消费者。例如:"一分钟就能闻到香味的好咖啡""好吃看得见"(康师傅方便面)。

(6) 参与/测试式　通过让读者参与游戏或测试的方式来引起注意,人们有这样那样的需求,而这些测试或游戏无疑是吸引注意的好方法。

(7) 诉求式　使用劝说的方法,对消费者许诺某种利益或是附加服务,从而吸引消费者去点击广告或是继续阅读广告。这可以说是在网络广告中使用最多的一种方式。实惠、价格永远是左右消费的一个敏感因素。这种方式一般多用这样的字词:免费、促销价、打折、大奖等。例如:"大奖,大奖,中大奖!""钻石珠宝5折销售!""更多礼物免费等你拿!"

(8) 夸张式　以现实生活为基础,借助想象,抓住描写对象的某种特点加以夸大强调,突出地反映事物的特征,加强艺术效果。例如:"波导手机,手机中的战斗机"。

(9) 对比式　通过对比,突出产品的优点。这类标题用于产品本身前后的对比或者不同事物的比较,效果较好。例如:"没有最好,只有更好"(澳柯玛冰柜)。

对比式标题应避免褒己贬人之嫌,对比一般是泛比,而不指名道姓。

(10) 比喻式　用某些有类似点的事物来比拟想要说的某一事物,促人联想,让人加深对某种思想和观点的认识。比喻式标题有明喻、暗喻和借喻之分。明喻式:"清纯如同水晶"(某啤酒广告);暗喻式:"希尔顿——一个友好的世界";借喻式:"小莫小于水滴,细莫细于沙粒"(银行储蓄广告标题)。

(11) 寓意式　借助人的知识、修养和情操给消费者造就一种意境,使消费者与广告标题产生共鸣进而产生了解广告产品的欲望。例如:"长城永不倒,国货当自强"(奥妮皂角洗发浸膏)。

以上是常用的广告标题表现形式,除此之外还有其他形式。总之,广告标题的形式是多种多样的,形式上没有优劣之分,关键在于形式与内容是否匹配,是否能够吸引人们的注意,是否能够实现广告的目的。

2) 广告标题的创作原则

(1) 引人注意　做广告标题最重要是将广告受众的眼球吸引过来,才能让其有进一步阅读了解所做的广告的行为。实际的广告调查表明,有些字词很能吸引人们的注意力,例如:免费、打折、中奖、赠送、来吧、惊人、重大,等等。作为看广告的人来说,所关心的一般都是广告商品或服务能给他什么益处,而这些词汇一般都能针对消费者的消费心理,诱发人的好奇、关心和兴奋。这些词在网络广告中使用的频率是极高的,例如:"想免费去韩国看世界杯吗?""免费试用""参加100%赢奖!"另外,字体、颜色、大小及其在广告中的位置,对人的吸引程度也是不同的。

(2) 主题突出　广告标题所传达的信息应该让人一看就知道你的广告是关于哪类商品的,而不应让广告受众自己去猜测、理解。标题的诉求是什么呢?你的标题必须迅速、肯定、准确地回答这个问题,否则,广告就乏人问津。要做到这一点,首先在于要抓准并表现出你的产品(服务)给广告受众最大的益处,也就是把握准你的产品(服务)最大的诱人之处是什么;其次,就是要用准确的、简洁的、引人注意的语言文字表达出来。

(3) 简明具体　这是对广告标题文字表述上的要求:既要文字简明精炼,还要有具体实在的内容。文字简明精炼是为了符合人的记忆、视觉规律。文字太少可能很难完全地表述广告内容,而若是文字太多的话,又会让广告受众无法在瞬间读完,更谈不上对广告内容的记忆了。标题究竟多长合适呢?原则就是不要可有可无的字,体现单一诉求点。如果必须传达的广告信息是多方面的,可以考虑使用系列广告的形式。

(4) 针对特定对象　一般而言,广告都有特定目标受众,想要讨好所有的人反而会适得其反。

"如何让35岁以上的女人看起来更年轻?"这是大卫·奥格尔维为美国一家专业护肤公司制作的广告标题。这个标题开门见山,画龙点睛,给人以联想和深邃的意境,直接命中潜在顾客所关心的问题。曾有一位台湾广告专家对这则广告标题这样评价:它的创意在于击中了女性的心理弱点。可以想象,35岁以上或将近35岁的女士们看到这则标题,都会情不自禁地仔细阅读广告正文。只要消费者为标题所吸引,而愿意细读文案,广告的效果可以说已经实现了。

就这则标题而言,年轻美丽是女人一生中最重要的问题,尤其到了35岁左右的年纪,即开始担心自己是否年长色衰、芳华早逝,是否不再有女性的青春魅力?这一点大概古今中外的女人都人同此心、心同此理。所以,大卫这则广告标题,一般人看了也许会觉得平淡无奇,但是对于有切身关系的女人来说,这种诉求语言则恰恰正中要害。

4.3.2　广告说明文

广告说明文部分是对广告标题的具体解释和说明,广告受众可从中进一步地了解广告产品的相关内容,正文的长短应由具体的广告决定。不同的商品,受众从中了解的信息量及要求是不同的。例如:一些耐用消费品、大型机器设备使用的周期长,价格相对较高,很少消费者会因一时冲动而购买,在购买之前一般都想更多地了解该产品,所以这类广告说明文对产品介绍得越详细,对目标消费者就越有吸引力,他们不会因为说明得太多而没有耐心读下去。相反,对于一些生活用品、食品等冲动型消费品,消费者本身已有一定了解,太长的文字反而会令人生厌。

在写作广告说明文字时,应注意以下几点:

(1) 最吸引人的内容先说,然后再将其他内容依次展开。一般来说,读者在阅读前三段时,注意力是最集中的,若是前三段没有吸引人之处,就很难留住读者了。

(2) 正文与标题配合良好。

(3) 语言通俗易懂,尽量使用口头用语。这样的语言比较富有亲和力,适应的受众层次广泛。

(4) 开宗明意,直截了当,不能让读者看了半天还一头雾水,不明白到底说什么。

4.3.3 广告标语

广告标语也叫广告语、广告主题句、广告中心词、广告中心用语等,它是为了加强受众对企业商品的印象,长期反复使用的、口号式的、表现商品特性或企业理念的句子。在传统广告中是十分重要的,它能帮助消费者建立消费观念,培植长期的推销效果。如雪碧的广告标语:"我就是我,晶晶亮,透心凉""康师傅,好吃看得见"等。网络广告特别是横幅广告适当地使用广告标语也是增强广告效果的一种手段。广告语的表现手法有比较法、承诺法、设问法、陈述法、比喻法等。

【延伸阅读】

让人印象深刻的十大广告语

第一位:"钻石恒久远,一颗永流传"

戴比尔斯DTC的广告词,让人听起来有种淡淡的恒久的感觉,尤其是沐浴在爱河之中的人们。好多年过去了,许多人仍然记得这一句广告词。

第二位:"让心灵去旅行"

利群实业的广告词:"人生就像一场旅行,不必在意目的地,在乎的是沿途的风景和看风景的心情,让心灵去旅行……"。广告画面是西部高原上,蓝天白云,牧人羊群,一路缓慢驶来的列车,一位自由行走的男子,频频用镜头记录着沿途的美景,其意境所蕴涵的自由与美好,让人向往。尘世的琐碎与喧嚣早已让我们身心疲惫,既然无法离开自己现有的工作与生活去旅行,何不让心灵去旅行呢?

第三位:"不在乎天长地久,只在乎曾经拥有"——铁达时手表

没有在内地投放过的香港广告,但超越时空的魅力,还是征服了许多内地青年。广告升华了现代人的世纪末情怀,有震撼人心的巨大力量。后来,这句话也成为离婚、分手、朝三暮四最堂皇的借口。

第四位:"心有多大,舞台就有多大"

央视二套的广告词。给人无限启发和鼓励,让我们的世界充满追求与梦想!

第五位:"我选择,我喜欢"

安踏的广告词。口语化且简洁的语气风格,在越来越凸现个性的年代,这句话正好说出了大家尤其是年轻人的心里话。

第六位:"没有最好,只有更好"

青岛澳柯玛的广告语。一句话道出了我们对待工作的应有态度,唯有如此,才能保持旺盛的工作热情,把工作做得更好,也才能不断进步。因此,这句广告词也成了许多公司企业的口号之一。

第七位:"味道好极了"——雀巢咖啡

第八位:"服从你的渴望"——雪碧

第九位:"新一代的选择"——百事可乐

第十位:"人头马一开,好事自然来"——法国人头马

(http://column.iresearch.cn/b/201404/672313.shtml,周兴斌)

【案例分析】　　　　　　　　　杜蕾斯手机 App：Durex Baby

　　如何才能说服男人使用套套，并使用杜蕾斯套套。第一大理由一定是——"我怀孕了"，杜蕾斯出品的这款 APP 名叫"杜蕾斯宝宝"，让不负责的男人们提前感受养育小孩的烦恼。

　　杜蕾斯套套包装盒上有个二维码，可以连接到这款 APP 程序下载，只需要把两个手机前后摩擦几下，对方手机里的"孩子"就诞生了，会像真小孩一样每天烦你，你需要喂奶、逗他玩、哄他睡觉，总之你必须想办法让孩子不哭闹，它还会更新你的 Facebook 状态"我当爹啦"，各种婴儿相关活动邀请也会随之而来……而每次关闭程序时显示的"用杜蕾斯"的提醒则是这款 APP 的终极目标。

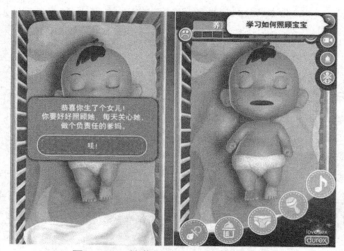

图 4-26　杜蕾斯手机 App：Durex Baby

　　（引自：http://ipad.shouyou.com/news/01292013/093328003_1.shtml 来源：福布斯）
任务 1：结合案例，谈谈网络广告创意的重要性。
任务 2：分析上述案例的创意有哪些可取之处，为什么？

【练习与思考】

1. 网络广告策划、创意与设计之间是什么关系？
2. 网络广告创意的原则有哪些？
3. 网络广告创意程序是什么？
4. 网络广告创意常见方法有哪些？
5. 请为本书的推广设计一则网络广告。

5 使用 Fireworks 制作网络 GIF 动画广告

相对静态广告而言，动画广告通过不同的移动或闪烁的画面，可以传递给浏览者更多的信息，也可以通过动画的运用加深浏览者的印象。动画广告的点击率普遍要比静态广告高，所以它是目前最主要的网络广告形式。常见的网络广告动画主要有 GIF 动画和 Flash 动画两大类型。

5.1 GIF 动画

GIF 格式自 1987 年由 CompuServe 公司引入后，因其体积小而成像相对清晰，特别适合于初期慢速的互联网，而因此大受欢迎。它采用无损压缩技术，只要图像不多于 256 色，则可既减少文件的大小，又保持成像的质量。

简单的 GIF 动画不需要投资大量的时间或资金，就能在网页上做出生动活泼的效果。而且，GIF 动画也不需要辅助的应用软件、外挂程序或 ActiveX 控制。因此，在互联网上得到了广泛应用。另外，相对于 Flash 而言，GIF 的优势在于它在众多的浏览器上都能够正常显示，而 Flash 目前还做不到这一点。本章以 Fireworks 软件为例说明 GIF 动画的制作方法。

5.2 Fireworks 简介

Fireworks CS5 作为一款网页图形设计软件，可以说是完美之至。它给网页图形设计人员和开发人员提供一个快捷、方便的制作环境。在 Fireworks 中，用户可以利用系统所提供的位图与矢量图工具创建、编辑 Web 图形与动画，利用可配置的输出和优化图像功能，将制作好的图像输出到 Dreamweaver 或其他 HTML 编辑环境中。同时，在 Dreamweaver 和 Flash 内可以直接启动与编辑 Fireworks 图形，从而使网页制作变得更加轻松自如。

在 Fireworks 中创建和编辑 GIF 动画，其原理是首先创建动画元件，然后添加到多帧上，并通过移动、缩放和旋转等动作来实现元件在屏幕上的动画效果。此外，还可以给每帧上的动画元件添加不同的滤镜特效。如图 5-1 所示为一个 GIF 动画里面不同帧的显示效果。

图 5-1 GIF 动画中不同帧的显示效果

5.3 Fireworks 的界面

启动 Fireworks 软件,打开 Fireworks 工作界面。Fireworks CS5 的工作界面非常简洁,主要由以下几个部分组成:"开始"界面、菜单栏、工具栏、"工具"面板、绘图窗口、"属性"面板和其他一些浮动面板组成,如图 5-2 所示。

图 5-2 Fireworks CS5 工作界面

5.4 制作动画组件

动画实际上是一系列连续出现的静态图像,每一幅静态图像称为"帧"。帧是动画制作过程中的一个最为重要的概念。因为动画其实就是利用人视觉上的停顿现象来实现的,所以可以把帧看作动画中的一个暂停镜头。由于每一帧与前一帧画面都有一些细微的变化,当这些帧连续、快速地显示时,就会产生运动的幻觉,这时就形成了动画效果。用 Fireworks 编辑动画其实也就是对帧的操作。所以制作动画的第一步就是首先制作出组成该动画的各个帧。

5.4.1 动画中图层的应用

动画的制作主要是在"图层"面板和"状态"面板上完成。一般地,需要先在"图层"面板中的各图层上制作出动画的画面,再在"状态"面板中设置动画的帧。

1) 使用图层

制作动画前应先把动画中需要用到的图像准备好,并适当地将动画的这些静态部分分别放在不同的图层中。如果要制作的动画所有画面都具有相同的前景、背景或某些动画组件,那么这时只需要将这些前景、背景和动画组件分别制作成不同的图层,这样就避免了为每个帧画面都绘制相同的前景、背景等,减少了工作量。那么到底什么是图层呢?

图层是 Fireworks CS5 进行图像处理的高级技术,使用图层可以为图像添加具有专业水平的艺术效果。图层就好比一层透明的玻璃纸,透过这层纸,可以看到纸后面的东西,无论在这层纸上如何涂画,都不会影响到其他层中的内容。在 Fireworks CS5 中,一幅复杂图像通常是由多个不同类型的层通过一定的组合方式自下而上叠放在一起组成的,它们的叠放顺序以及混合方式直接影响着图像的显示效果。

"图层"面板是处理图层操作的工作面板,对图层进行的编辑、管理等大部分操作都是在其中完成的。在 Fireworks CS5 的"图层"面板(见图 5-3)中,可以查看层和对象的层叠顺序,这也是图层出现在文档中的顺序。在默认状态下,Fireworks 是根据层的创建顺序来排列图层的,系统总是默认把最近创建的层放置在最上面。图层的叠放顺序决定了各层上对象之间的重叠方式,因此可以在"图层"面板中排列层的顺序及层内对象的顺序。

注意:

"图层"面板中显示文档当前状态中所有层的状态,如果要查看其他状态中的层,可以使用"状态"面板或者直接单击"图层"面板中的"当前状态"按钮,在弹出的菜单中选择所需的状态。

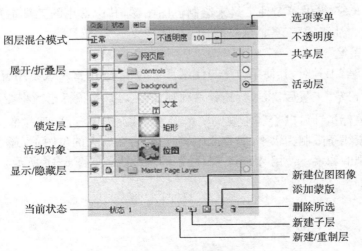

图 5-3 "图层"面板

图层把一个 Fireworks 文档分成多个不连续的平面。一个文档可以包含多个图层,而每个图层又可以包含多个对象。在"图层"面板中列出了图层和每一层所包含的对象。当前工作的图层在"图层"面板中会高亮显示,可以展开该层查看其中的所有对象的列表,对象会以缩略图的形式显示。

2) 使用共享层

在使用 Fireworks 制作动画时,可以将在所有状态内都显示的对象存放于一个层,然后将该层设置为共享层。这样当更新该层上对象时,系统会自动在所有的页面或对象中更新该对象。当希望如背景元素之类的对象出现在网站的所有页面上或动画的所有状态上时,要选择共享层。

如果要在状态之间共享所选层,可以在"图层"面板的"选项"菜单中单击"在状态中共享层"命令,或在"图层"面板的"选项"菜单中单击"新建层"命令,然后选中"在状态之间共享"复选框。在状态之间共享的层在"图层"面板中显示胶片图标 。

注意:

如果要禁用层的共享,则首选选择共享层,并在"图层"面板的"选项"菜单中取消选择"在状态之间共享"命令。

如果要在页面之间共享所选层,直接从"图层"面板的"选项"菜单中单击"将层在各页面间共享"命令即可。在页面之间共享的层在"图层"面板中显示共享页面图标 。

5.4.2 创建位图图像

位图图像也称为点阵图像,它是由许多像素点组成的,每个像素点均记录了其特定的坐标及颜色值。一幅位图图像中包含的像素总数通常是固定的,将位图图像放大,实际上也就是放大了图像中的每个像素点。

Fireworks CS5 将矢量图形处理软件中的绘图工具和位图图像处理软件中的艺术处理手段集成到一起,使得用户能够编辑位图图像中的像素区域,甚至是独立的像素。

1) 绘制位图

Fireworks CS5 提供了多种工具来绘制位图图像,其中常用的工具主要包括"铅笔"工具、"刷子"工具、"油漆桶"工具、"橡皮擦"工具和"橡皮图章"工具等。

(1) 使用"铅笔"工具

在使用"铅笔"工具时,其使用方法与使用真正的铅笔(用直尺或不用直尺)绘制线条非常相似。选中"铅笔"工具后,将鼠标指针移动到文档窗口中,鼠标指针将变为铅笔形状 ,此时直接拖动鼠标指针可以绘制不规则的单像素线条;按住 Shift 键并拖动鼠标指针可以将绘制的单像素线条限制为水平、竖直或倾斜线;如果在放大的位图上,还可以使用"铅笔"工具来编辑个别的像素。使用"铅笔"工具绘制的各种线条如图 5-4 所示。

不规则的单像素线条　　　　限制为水平、竖直或倾斜线的单像素线条

图 5-4　使用"铅笔"工具绘制的各种线条

(2) 使用"刷子"工具

在使用"刷子"工具时,首先根据需要在其属性面板中设置不同类型的笔触样式、笔尖大小、笔触颜色、边缘羽化程度、纹理样式、不透明度及混合模式,然后在文档窗口中通过单击或拖动鼠标指针,可以绘制出各种不同的效果。使用"刷子"工具绘制的各种线条如图5-5所示。

不规则的线条　　　　　　　　　限制为水平、竖直或倾斜线的线条

图5-5　使用"刷子"工具绘制的各种线条

2) 填充位图

Fireworks CS5 提供了两种填充工具,分别是"油漆桶"工具 和"渐变"工具 。使用"油漆桶"工具,可以用"填充"颜色按钮中设置的颜色来覆盖图像中大面积的相近颜色;使用"渐变"工具,以可调节的样式用不同的颜色组合来填充位图或矢量图。

大面积的颜色填充工作主要通过"油漆桶"工具完成,使用"油漆桶"工具填充图像以后的效果与原图像有密切的关系。要选择"油漆桶"工具,可以在工具箱面板中单击 按钮,此时属性面板中将显示"油漆桶"工具的设置选项,如图5-6所示。

图5-6　"油漆桶"工具的设置选项

"油漆桶"工具各主要设置选项的含义如下。

"填充选区"复选框:选中该复选框后,填充操作将被应用到整个选区;取消选中以后,填充操作会根据选区内图像原有的像素对同一颜色区域进行填充。

"保持透明度"复选框:当文档中存在透明的区域时,选中该复选框后,可以不把填充效果应用到透明区域;取消选中以后,则可以在图像的透明区域实现填充效果。

使用"油漆桶"工具之前可以先对图像创建选区,以便在特定的区域中进行填充操作,如果没有创建选区,则填充操作的范围是整个文档。使用"油漆桶"工具填充图像的效果如图5-7所示。

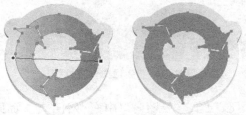

图5-7　"油漆桶"工具填充图像的效果

要选择"渐变"工具,可以在工具箱中单击 按钮,此时属性面板中将显示"渐变"工具的设置选项,如图5-8所示。

图5-8 "渐变"工具的设置选项

"渐变"工具的设置选项和"油漆桶"工具的设置选项类似,可以选择不同边缘、纹理、透明和混合效果,使用"渐变"工具填充图像的效果如图5-9所示。

图5-9 "渐变"工具填充图像的效果

3) 制作静态 Banner 效果

本节结合一个静态 Banner 实例制作过程,介绍各种绘制与编辑位图图像的工具和命令在实际应用中的使用方法。

绘制如图5-19所示的静态 Banner 效果。

(1) 选择"文件"|"新建"命令,打开"新建文档"对话框,在"宽度"文本框中输入 640 像素;"高度"文本框中输入 280 像素,"分辨率"文本框中输入 150 像素/英寸,然后单击"确定"按钮新建文档,如图5-10所示。

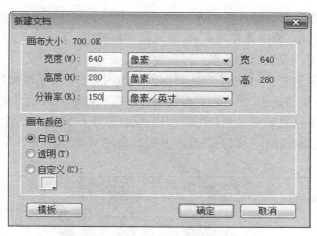

图5-10 "新建文件"对话框

(2) 选择工具箱中"矩形"工具在绘图窗口中拖动创建与页面同大的矩形。在属性面板中设置填充类型为"渐变"|"椭圆形",并设置渐变填充颜色为#0858A5 至 #F7F7F7,如图

5-11所示。

图 5-11 绘制图形

（3）在工具箱中按住"油漆桶"工具按钮，在打开的工具列表中选择"渐变"工具，显示渐变控制手柄，并调整控制手柄，如图 5-12 所示。

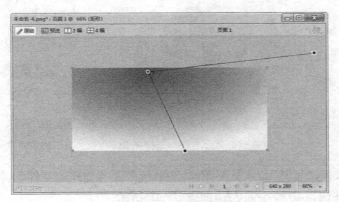

图 5-12 填充渐变

（4）选择"文件"|"打开"命令，打开"打开"对话框，选择所需的素材文件，单击"打开"按钮，打开如图 5-13 所示的图像。

图 5-13 打开图像

(5)在工具箱中单击"魔术棒"工具按钮,在其属性面板的"容差"数值框中输入10,如图5-14所示。

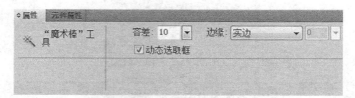

图5-14 设置"魔术棒"工具

(6)使用"魔术棒"工具在素材文件的背景中单击,选择"选择"|"反选"命令,选中建筑,如图5-15所示。

图5-15 选择图像

(7)选择"编辑"|"复制"命令复制图像,然后选中先前创建的文件,选择"文件"|"粘贴"命令,贴入图像,并调整其大小及位置,如图5-16所示。

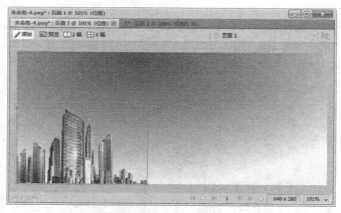

图5-16 贴入图像

(8)选择"文件"|"导入"命令,打开"导入"对话框,选择另一幅素材文件,将其导入,并调整其大小及位置,如图5-17所示。

图 5-17 导入图像

（9）在工具箱中选择"文本"工具，在其属性面板的"字体"下拉列表框中选择"方正大黑简体"选项；在"大小"文本框中输入 42；单击"文字"颜色按钮，在弹出的颜色选择框中选择白色，如图 5-18 所示。

图 5-18 设置文字属性

（10）在创建的图像的左上角输入文字内容"追求创新挑战未来"，最终效果如图 5-19 所示。

图 5-19 Banner 实例效果

5.4.3 创建矢量图像

矢量图形的基本要素是路径和点。在绘图时，矢量路径和点由软件自动生成，如果放大矢量图，也只是将其尺寸进行放大，而图形看上去和原来一模一样。与之相反，位图则是由像素矩阵形成图像，如果将其放大，位图图像就会越来越粗糙，变得模糊不可识别。

1）绘制矢量图形对象

矢量图形是用直线或者曲线来描述的，而这些曲线又是由点来构成的。因此，矢量工具主要是一些点、线绘制工具。

（1）绘制基本图形

Fireworks 提供了多种绘制基本图形的矢量工具,包括"直线"工具、"矩形"工具、"椭圆"工具以及"多边形"工具。

"直线"工具可以用来绘制不同角度的直线路径。在工具箱中选择"直线"工具后,光标会变为十字形状,按住鼠标左键并往任意方向拖动,至合适位置释放鼠标键,即可绘制一条直线,如图 5-20 所示。绘制完毕后,可以在工具箱的"颜色"选项区域中选择绘图的颜色,如图 5-21 所示。

图 5-20 绘制直线图　　　　图 5-21 设置绘图的颜色

如要绘制矩形,可以在工具箱中单击"矩形"工具按钮,然后在绘图窗口中按下鼠标左键并拖动即可。在绘制矩形时,如果按住 Shift 键可以绘制出正方形,如图 5-22 所示。

图 5-22 绘制的矩形

选择"矩形"工具后,属性面板如图 5-23 所示。可以在此属性面板中,设置矩形边框的笔触颜色、笔触宽度、笔触样式以及矩形的填充颜色等。

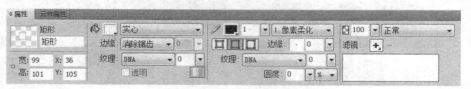

图 5-23 "矩形"工具属性面板

如要绘制椭圆,可以在工具箱中单击"椭圆"工具按钮,然后在绘图窗口中按下鼠标左键并拖动。在绘制椭圆时,按住 Shift 键,可以绘制正圆。图 5-24 所示为使用"椭圆"工具绘制的椭圆和正圆。选择"椭圆"工具后的属性面板与选择"矩形"工具后的属性面板相同,可以参照"矩形"工具属性面板进行相关设置。

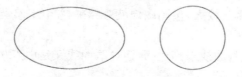

图 5-24 绘制椭圆和正圆

如要绘制多边形图形,可以在工具箱中单击"多边形"工具按钮,然后在绘图窗口中按下鼠标左键并拖动即可。在绘制多边形时,可以在"多边形"工具属性面板中的"边"文本框中设置不同的数值,来绘制不同边数的多边形。图 5-25 所示为绘制的五边形和六边形图形。

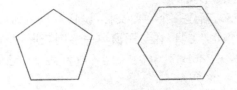

图 5-25 绘制不同边数的多边形

(2) 绘制扩展图形

Fireworks CS5 提供了一组扩展矢量图形绘制工具,使用它们可以绘制更多的几何图形。在 Fireworks CS5 中,在工具箱中的"矩形"工具按钮上按下鼠标左键不放,即可打开工具组菜单。在工具组菜单中,可以选择绘制 L 形、圆角矩形、斜切矩形、斜面矩形、箭头、螺旋线、连接线形等图形的工具,如图 5-26 所示。

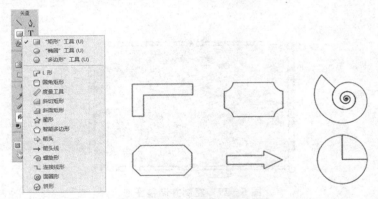

图 5-26 绘制扩展矢量图形

(3) 绘制不规则图形

在 Fireworks CS5 中可以绘制不规则图形,所谓不规则图形主要是指通过路径构成的图形。使用 Fireworks CS5 提供的"钢笔"工具可以轻松绘制各种样式的路径。

选择工具箱中的"钢笔"工具,在绘图窗口中单击确定起始节点,再选择合适的位置单击确定第 2 个节点,这时 Fireworks 会在起点和第 2 个节点之间自动连接一条直线。如果在创建第 2 个节点时按下鼠标左键并拖动,会改变连接两节点直线的曲率,使直线变为曲线,如图 5-27 所示。重复上述步骤,即可创建带有多个节点的连续曲线。

图 5-27 使用"钢笔"工具绘制曲线

2）制作动画组件实例

通过制作一个笔记本电脑图形实例,来讲述在 Fireworks CS5 中绘制和编辑路径的方法,其中路径的运算在绘制路径中最为常用。

绘制如图 5-44 所示的图形实例。

(1) 启动 Fireworks CS5,新建一个空白文档,设置背景色为白色。

(2) 选择工具箱中的"矩形"工具,在绘图窗口中绘制矩形,并在属性面板中设置填充颜色为♯E8E8E3,笔触颜色为♯736B67,笔尖"大小"数值为 2,"笔尖类型"为"1 像素硬化","圆度"数值为 25%,如图 5-28 所示。

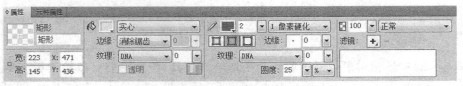

图 5-28　绘制矩形

(3) 按 Shift+Ctrl+D 组合键复制图形,选择工具箱中"缩放"工具调整图形大小,如图 5-29 所示。

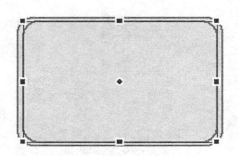

图 5-29　复制并调整图形

(4) 在属性面板中,设置填充类别为"渐变"|"线性",渐变填充颜色为♯578DBE 至♯70C7C7,笔触颜色为♯1B0E82,如图 5-30 所示。

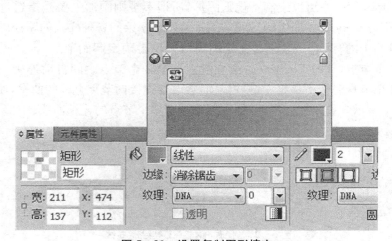

图 5-30　设置复制图形填充

(5) 选择工具箱中的"指针"工具选中复制的矩形,并调整线性渐变效果,如图5-31所示。

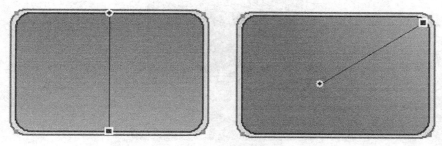

图5-31 调整渐变效果

(6) 使用"指针"工具选中步骤(2)绘制的矩形,并按 Shift+Ctrl+D 组合键复制图形,选择"修改"|"排列"|"移到最后"命令,在属性面板中设置填充颜色为#58504C,笔触颜色为无,然后使用键盘方向键微移图形,如图5-32所示。

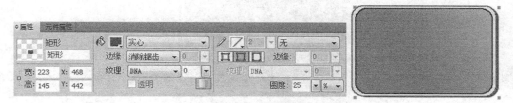

图5-32 复制并调整图形

(7) 使用"指针"工具选中步骤(2)绘制的矩形,并按 Shift+Ctrl+D 组合键复制图形,并在属性面板中设置笔触大小为3,然后使用键盘上方向键向下移动图形,如图5-33所示。选择工具箱中的"扭曲"工具,并调整复制图形形状,如图5-34所示。

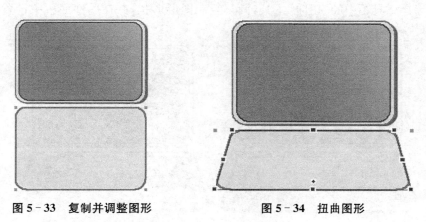

图5-33 复制并调整图形　　　　图5-34 扭曲图形

(8) 使用"指针"工具选中步骤(7)绘制的矩形,并按 Shift+Ctrl+D 组合键复制图形,选择"修改"|"排列"|"移到最后"命令,在属性面板中设置填充颜色为#58504C,笔触颜色为无,然后使用键盘方向键微移图形,如图5-35所示。

图 5-35　复制并调整图形

(9) 使用"指针"工具选中步骤(7)绘制的矩形,并按 Shift+Ctrl+D 组合键复制图形。选择工具箱中的"缩放"工具,并调整复制图形形状,如图 5-36 所示。

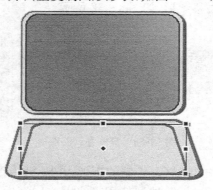

图 5-36　缩小图形

(10) 选择工具箱中的"扭曲"工具,调整复制图形形状,并在属性面板中设置填充颜色为♯CDC9C1,如图 5-37 所示。

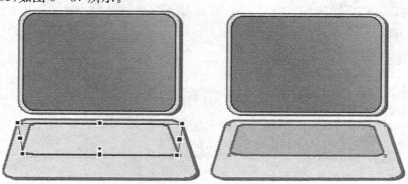

图 5-37　调整图形

(11) 使用"指针"工具选中步骤(3)创建的矩形,并按 Shift+Ctrl+D 组合键复制图形,然后选择"缩放"工具调整复制图形的大小及位置,如图 5-38 所示。

图 5-38 复制并调整图形

(12) 在属性面板中,设置笔触"大小"数值为 2,"圆度"数值为 40%,并使用"矩形"工具在文档中拖动绘制矩形,然后使用"指针"工具选中步骤(11)中复制的矩形和刚绘制的矩形,选择"修改"|"组合路径"|"打孔"命令,调整图形如图 5-39 所示。

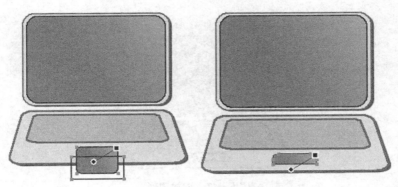

图 5-39 组合路径

(13) 使用"指针"工具选中步骤(12)创建的矩形,并按 Shift+Ctrl+D 组合键复制图形,选择"修改"|"排列"|"下移一层"命令,在属性面板中设置填充颜色为♯58504C,笔触颜色为无,然后使用键盘方向键微移图形,如图 5-40 所示。

图 5-40 复制并调整图形

(14) 选择"椭圆"工具并按 Shift 键同时在文档中拖动绘制圆形,然后在属性面板中设置填充颜色为无,笔触颜色为#749AC8,笔触大小为4,如图5-41所示。

图5-41 绘制圆形

（15）使用"指针"工具选中刚创建的圆形,并按Shift+Ctrl+D组合键复制图形,然后选择"缩放"工具调整复制图形的大小及位置,如图5-42所示。

图5-42 缩放图形

（16）使用"指针"工具选中所有圆形,选择"刀子"工具切割圆形,并将多余路径删除,如图5-43所示。得到最终效果如图5-44所示。

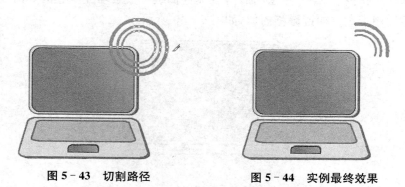

图5-43 切割路径　　　　　　图5-44 实例最终效果

5.4.4 动画文字制作

文本是动画中重要的组成元素之一,可以起到表述内容以及美化内容的作用。

Fireworks CS5 的文本处理功能强大,拥有许多典型的桌面出版软件的文本特性。在 Fireworks CS5 中可以结合不同的笔触、填充、效果和样式,以不同的字体、字号创建文本,并调整字距、间隔、颜色和基线位移等属性。当对文本应用了特效之后,仍可以随时对文本进行编辑,如更正拼写错误、复制带有文本的对象,以及改变每一个副本中的文本。使用垂直文本、附加到路径的文本、转换为路径的文本等功能,更能扩展文本在图像设计中的应用范围。

要在图像中输入文本,可以单击工具箱中"文本"工具按钮 T,当鼠标指针变为 I 形状后,可以直接在图像中单击生成自动扩展行宽的单行文本框(如图 5-45 所示),或者在图像中拖动鼠标指针生成固定行宽的自动扩展行数的多行文本框(如图 5-46 所示)。

图 5-45 单行文本框

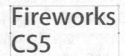
图 5-46 多行文本框

文本框创建完成后,则自动进入文本输入状态,可以在文本框中任意输入文本。如果在没有输入任何内容的情况下,选择了其他工具或进行了其他操作,则空白文本框将自动消失,即放弃创建的文本框。当退出文本编辑状态后,使用鼠标指针 I 在文本框上单击,或者使用"指针"工具在文本框上双击,可以再次进入文本编辑状态。在工具箱中单击 T 按钮选中"文本"工具后,属性面板中将显示"文本"工具的设置选项,如图 5-47 所示。

图 5-47 "文本"工具的设置选项

5.5 制作动画

Fireworks 不仅可以制作精美的静态图像,还能方便地创建动画。在创建动画时,首先制作动画元件,然后随时间改变动画元件的属性。元件的每一个动作都存放在对应的状态中。按一定顺序播放这些状态就能产生动画效果。通过 Fireworks CS5 的优化面板可以方便地将编辑好的动画元件导出为 GIF 文件或 SWF 文件。

5.5.1 规划动画

动画中称每个独立的画面为一个状态。将静态状态不断地连续显示,当状态与状态之间的时间间隔小于人眼存在的视觉暂留时间时,就可以产生动画效果。利用 Fireworks 可以构建多种动画,例如,通过连续状态的内容,可以使一个对象呈现出横越画布、逐渐变大或变小、旋转、改变颜色、淡入淡出、改变形状等效果。合理运用这些技巧,还可以构建成一个非常复杂的动画。此外,如果一幅图像中只有一小部分是活动的,还可以利用切片技术,将那一小部分的图像制作成切片动画,这样可以极大减小图像文件的大小,加快下载速度。在绘制动画之前,应该对动画进行合理的规划。这包括在动画中需要表达些什么,需要使用什么样的技术和参数能实现这种需求。

明确动画内容:这样便于确定动画图像中需要出现的对象和其他元素。对象可以自己绘制,也可以采用导入的方式获得。合理地利用样式和实例的技术,可以大大提高效率。

规划状态:了解描述内容后,还需要知道动画中应该使用多少状态。需要描述比较细腻流畅的动画,应该用较多的状态,并且状态与状态之间的图像差异应减小。如果对动画流畅性的要求并不高,则可以减小状态的数量,或加大两个状态图像之间的差异。

状态的数目越多,图像文件大小就越大;状态的数目越少,图像文件大小就比较小。所以,应该在确保合理描述动画内容的前提下,尽量减少状态的数目。合理权衡图像大小、状态数目和动画的流畅程度,是构建动画时比较基本的事情。

动画的播放速度:决定了动画的流畅程度,并且影响动画的表现力。状态与状态间的显示速度并不固定,可以改变。通过控制不同状态之间的延迟时间,可以实现一些非常的效果。

合理使用图层:Fireworks 中将图层和状态结合起来,更方便动画图像的编辑操作。动画文档中设置的多个图层,可以出现在相应的同一个状态上。

5.5.2 管理状态

创建和管理动画的操作可以通过"状态"面板来完成。单击"窗口"|"状态"命令,打开"状态"面板,如图 5-48 所示。

图 5-48 "状态"面板

1) 添加空白状态

动画必须包含 2 个或 2 个以上的状态才能在图像中显示动态效果。若文档中只有一个状态,它实际上是之前介绍的静态图像。所以,创建新的动画图像时,首要任务是在文档中添加状态。

在文档中添加一个新的空白状态的操作如下所示:

单击"状态"面板底部的"新建/重制状态"按钮,即可在文档中添加一个新的空白状态。

添加的空白状态放置到"状态"面板中当前选中状态的后面。

单击"编辑"|"插入"|"状态"命令,或按 Shift+F 键,即可自动添加一个空白状态。

在指定位置添加指定数量的空白状态。

（1）打开"状态"面板选项菜单,选择"添加状态"命令,打开"添加状态"对话框。在对话框中的"数量"区域,输入要添加的状态的数量;在"插入新状态"区域,选择要插入的新状态所出现的位置,如图5-49所示。

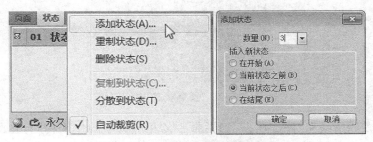

图5-49　设置添加指定数量状态

（2）设置完毕,单击"确定"按钮将需要数量的状态插入到指定的位置上,如图5-50所示。

图5-50　添加状态

2）复制现有状态

在制作连续的动画时,可以通过复制现有的状态,然后再在其上进行编辑修改,生成最终的动态效果。

复制状态的方法很简单,只需要在"状态"面板中选中需要复制的状态,然后按住鼠标左键,将其拖动到底部的"新建/重制状态"按钮上即可。图5-51所示为复制"状态2"获得的"状态3"。

图5-51　复制状态

在规划好状态操作后,可以在指定的位置复制所需的状态,只要单击"状态"面板右上角的 按钮,在弹出的菜单中选择"重制状态"命令,打开"重制状态"对话框,如图5-52所示。

图 5-52 "重制状态"对话框

该对话框中的选项和"添加状态"对话框中的相应选项的作用相同,在此不重复介绍。设置相应选项后,单击"确定"按钮,即可将选择的状态复制到指定的位置。

3) 改变状态的播放顺序

状态的播放顺序由它在"状态"面板上的顺序确定,播放时先播放位于上端的状态,然后再播放位于下端的状态。要改变状态的播放顺序,先在"状态"面板中单击要改变顺序的状态,再用鼠标将其拖动到所需的位置上,此时目标位置会出现一条闪烁黑线。释放鼠标即可将状态移动到相应的位置上。

对状态重新排序后,Fireworks 自动对所有的状态重新排列,并且状态的名称也会根据新的顺序改变,如图 5-53 所示。

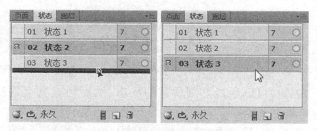

图 5-53 改变状态的顺序

4) 删除状态

在"状态"面板中可以非常方便地删除选中的状态,只要按住鼠标左键,将该状态拖动到右下角的"删除状态"按钮 上,然后释放鼠标即可。也可以先选中需要删除的状态,然后单击"状态"面板右上角的 按钮,在弹出的菜单中选择"删除状态"命令,同样能够删除该状态。

5.5.3 在状态中编辑对象

Fireworks 中,因为每个状态都可作为一个完整的图像文档,所以可以在"状态"面板中编辑选中的对象,并且在一个状态中编辑对象,不会影响另一个状态中的内容。

1) 在状态之间复制或移动对象

使用"状态"面板可以很便捷地将某个对象从一个状态复制或移动到另一个状态中。

在文档窗口中选中要复制的对象,此时在"状态"面板上该对象所在状态的右边会显示选中图标 ,按住 Alt 键将该选中图标拖动到目标状态上,此时鼠标指针右下角带有+号,同时目标状态位置会出现黑色闪烁块。若要移动对象,直接将该选中图标拖动到目标状态上即可。释放鼠标,选中的对象就被复制或移动到目标状态上。

此外,还可以将对象复制到指定状态或多个状态上。单击"状态"面板右上角的 按钮,在弹出的菜单中选择"复制到状态"命令,打开"复制到状态"对话框,如图 5-54 所示。在对话框中,选择需要的目标位置。设置完毕后,单击"确定"按钮完成对象的复制。

图 5-54 "复制到状态"对话框

在该对话框中,各选项的作用如下。
"所有状态"单选按钮:将选中的对象复制到所有状态中。
"前一状态"单选按钮:将选中的对象复制到该状态的上一状态。
"下一状态"单选按钮:将选中的对象复制到该状态的下一状态。
"范围"单选按钮:将选中的对象复制到指定范围的状态中,选中该单选按钮后,下面的文本框变成可输入状态,在其中输入状态的范围。

注意:
在动画设计中,可以使用层来组织作为动画背景一部分的对象。如果希望某个对象出现在动画的每一状态中,可以将其放置到层上,然后利用"图层"面板跨状态共享层。这样就可以编辑状态中位于共享层上的对象,而这些编辑会影响所有其他状态。

2) 分散到状态

若在一个状态中绘制了多个对象,可以使用分散到状态的操作,将创建的许多对象分别放入不同的状态中。在文档中选中要分散到不同状态中的多个对象。在"状态"面板上单击"分散到状态"按钮 ;或打开面板菜单,选择"分散到状态"命令。

通过使用分散到状态的方法,制作箭头从一个标志移动到另一标志的动画效果。

(1) 新建一个文件,选择"文件"|"导入"命令,在打开的"导入"对话框中导入 sign-1 图像,然后移动到文件的左侧位置,如图 5-55 所示。

图 5-55 导入图像

(2) 选择"文件"|"导入"命令,在打开的"导入"对话框中导入 sign-2 图像,然后移动到

文件的右侧位置,如图5-56所示。

图5-56 导入图像

(3) 由于sign-1和sign-2和在整个动画过程中保持不变。所以选中"层1",单击"图层"面板中右上角的"选项"按钮,在弹出的菜单中选择"在状态中共享层"命令,将该层共享,此时的"图层"面板如图5-57所示。

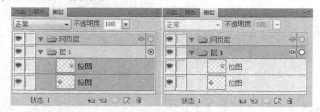

图5-57 "层"面板

(4) 单击"图层"面板中的"新建/重制层"按钮,创建新的层。然后在新的层中选择"文件"|"导入"命令,导入sign-3图像文件,并移动到适当位置,如图5-58所示。

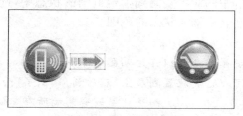

图5-58 导入箭头图像

(5) 选中sign-3图像,按住Alt键同时拖动,可以移动复制出多个箭头,并且将这些箭头按移动路线排列好,如图5-59所示。

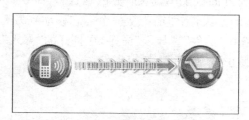

图5-59 复制箭头并排列

(6) 按住Shift键,选中所有的箭头,然后单击"状态"面板中的"分散到状态"按钮,即可根据箭头的数量自动创建多个状态,并且这些箭头按照在"图层"面板中的排列顺序分散到相应的状态中,如图5-60所示。

图 5-60　将图像分散到状态

(7) 在"状态"面板中,将每个状态的状态延时设置为 5/100 秒,如图 5-61 所示。此时动画制作完成,单击文档窗口下方的"播放/停止"按钮即可预览到箭头在两个标志之间移动的动画效果。

图 5-61　设定状态延时

注意:

如果希望对象在动画中持续出现,可将其放置在同一个层上,然后利用"在状态中共享层"命令在状态间共享该层。当某一层在状态间共享时,该层中的所有对象在每个状态中都是可见的。

3) 将多个图像文件打开到不同状态中

若已经存在多个图像,并希望将这些图像组合起来形成一个动画图像,可以选择"文件"|"打开"命令,打开"打开"对话框。在对话框中选中多个文件,并选中"以动画打开"复选框,然后单击"打开"按钮,即可打开选中的多个文档,并将它们放入不同的状态中。

通过以动画打开的方式,制作试管颜色变化的动画效果。

(1) 选择"文件"|"打开"命令,在打开的"打开"对话框中,选择需要打开的文件,并且选中下方的"以动画打开"复选框,如图 5-62 所示。

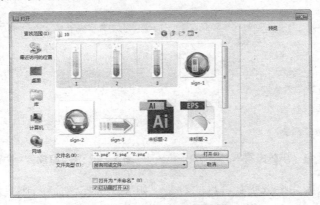

图 5-62　以动画方式打开多个文件

(2) 单击"打开"按钮，关闭该对话框，Fireworks 会把这些文件在一个文件中打开，并将每个文件放入到独立的状态中。图 5-63 显示打开 3 个文件，且每个文件在一个状态中的情况。

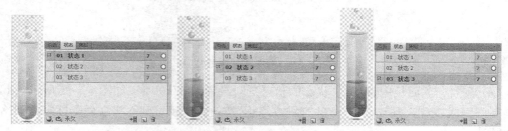

图 5-63　打开的 3 个文件位于独立的状态中

(3) 单击文档窗口下方的"播放/停止"按钮，即可播放动画。在播放动画的时候，"播放"按钮变为"停止"按钮，单击该按钮可停止动画的播放。

4) 洋葱皮技术

洋葱皮技术是指同时在文档中查看多个状态中的内容。洋葱皮是传统动画制作的术语，主要是指在半透明的描图纸上绘制动画状态，以便透过纸张看到其他状态中的内容，便于了解两个状态或多个状态之间图案的相差程度，以掌握动画的流畅性。

默认状态下，文档窗口只能看到当前一个状态的内容。利用洋葱皮技术可以使各个状态之间呈半透明状态，所以在当前状态中就可以看到其他状态中的图像，方便了解动画的整个流程。"洋葱皮"打开后，当前状态之前或之后的状态中的对象会变暗，以便与当前状态中的对象区别开来。

单击"状态"面板中的"洋葱皮"按钮，打开洋葱皮菜单，如图 5-64 所示。其中包含如下一些菜单项：

无洋葱皮：关闭洋葱皮技术，只显示当前状态的内容。

显示下一状态：显示当前状态和下一状态的内容。

显示前后状态：显示当前状态和前后相邻状态的内容。

显示所有状态：显示所有状态的内容。

自定义：选择该命令后，会打开"洋葱皮"对话框，如图 5-65 所示。在其中可以设置显示的状态数、洋葱皮的透明度等。

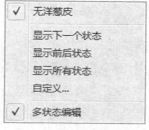

图 5-64　洋葱皮菜单

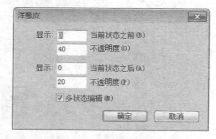

图 5-65　"洋葱皮"对话框

多状态编辑：选择并编辑所有可见的对象。如果不选择该命令，则只能够选择和编辑当前状态中的对象。

5.5.4 控制动画

在创建了动画的各个状态之后，Fireworks 允许动画的流程进行相应的设置。如设置动画的循环次数，以及在播放动画时每个状态显示的时间等。

1) 设置动画的循环播放次数

单击"状态"面板下方的"GIF 动画循环"按钮 打开循环控制菜单，如图 5-66 所示。通过选择该菜单中相应的命令，可以设置动画在第一次播放后重复回放的次数。例如，选择菜单中的 4，则动画一共会播放 5 次。

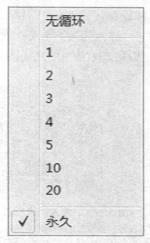

图 5-66 设定动画播放次数

注意：
如果选择该菜单中的"无循环"选项，不循环播放动画，动画图像在载入网页时只播放一次。如果选择"永久"命令，则可以设定动画无限次播放。

2) 控制状态延迟时间

在播放动画中，可以控制状态与状态之间的时间间隔来改变动画的节奏。设定状态之间的时间间隔的方法非常简单，只要在"状态"面板中选中状态，在显示状态延时的列上双击，弹出如图 5-67 所示的面板。在其中的"状态延时"文本框中输入相应的数值，即可设置状态延时。

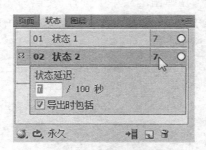

图 5-67 设置状态延时的面板

此外，如果多个状态的状态延时相同，可以先同时选中这些状态，然后单击"状态"面板

右上角的 ≡ 按钮,在弹出的菜单中选择"属性"命令,同样会弹出如图 5-67 所示的面板,在"状态延时"文本框中输入相应的数值,即可为选中的这些状态设置状态延时。

5.5.5 补间动画的制作

补间动画是指主要的动画制作者只绘制关键状态(其中具有重大改动的状态),而关键状态之间的状态由其助手来完成。在 Fireworks CS5 中,在编辑过补间动画的关键状态之后,中间的状态由计算机自动生成。在生成补间动画的过程中,可以自定义中间状态的数量。下面通过一个练习来说明如何制作补间动画。

利用导入的位图元件,制作补间动画。

(1) 新建一个文件,选择"文件"|"导入"命令导入图像对象,并在"图层"面板中单击右上角"选项"按钮,在弹出的菜单中选择"在状态中共享层"命令,如图 5-68 所示。

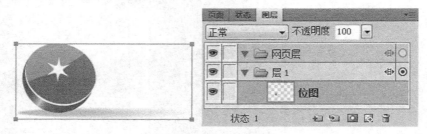

图 5-68 导入图像

(2) 在"图层"面板中,单击"新建/重制层"按钮,新建"层 2"。选择"文件"|"导入"命令,导入图形对象,如图 5-69 所示。

图 5-69 导入图像

(3) 右击导入的图形对象,在弹出的菜单中选择"转换为元件"命令。在打开的"转换为元件"对话框的"名称"文本框中输入"电波",在"类型"选项区中选中"图形"单选按钮,然后单击"确定"按钮,如图 5-70 所示。

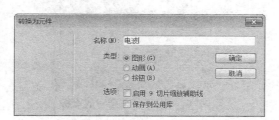

图 5-70 转换为元件

（4）选中"电波"元件，按住 Alt 键移动复制该元件，并调整复制元件的大小和位置，结果如图 5-71 所示。

图 5-71　复制、调整元件

（5）选中这两个实例。右击第一个实例，在弹出的快捷菜单上选择"元件"|"补间实例"命令，打开"补间实例"对话框。选中该对话框中的"分散到状态"复选框，步骤数为 3，然后单击"确定"按钮，如图 5-72 所示。制作完成后，可以单击文档窗口下方的"播放/停止"按钮，浏览补间动画的效果。

图 5-72　"补间实例"对话框

5.5.6　导出动画

在创建和设计完动画之后，在 Web 中使用时，需要将动画导出为动画 GIF 格式。动画的导出同普通图像的导出操作类似。在导出为 GIF 格式的动画图像时，需要对要导出的对象进行优化。

1）优化、导出动画

在制作完动画后，可以将动画导出供以后使用。在导出动画之前，必须先进行一些设置，从而使导出的动画更容易在网页中下载和观看。下面通过一个练习来具体说明如何导出动画。

将制作的补间动画导出。

（1）选择"文件"|"打开"命令，打开上一练习中创建的动画文件。

（2）选择"窗口"|"优化"命令，在打开的"优化"面板中将文件设置为"GIF 动画"文件，如图 5-73 所示。

图 5-73 "优化"面板

（3）选择"文件"|"导出向导"命令，打开"导出向导"对话框，为了导出动画，选择"选择导出格式"单选按钮，然后单击"继续"按钮，如图 5-74 所示。

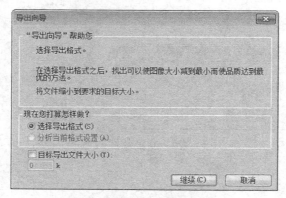

图 5-74 "导出向导"对话框

（4）在显示的对话框中选择"GIF 动画"单选按钮，如图 5-75 所示。

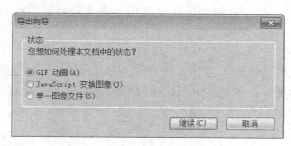

图 5-75 选择 GIF 动画方式

（5）单击"继续"按钮，打开"图像预览"对话框，如图 5-76 所示。

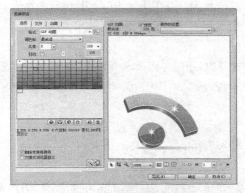

图 5-76 "图像预览"对话框

（6）在该对话框中对图像进行优化设置，设置完成后，单击"导出"按钮，打开"导出"对话框，如图 5-77 所示。

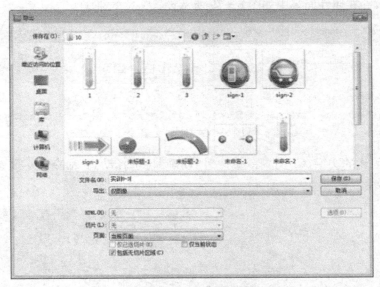

图 5-77 "导出"对话框

（7）在该对话框中选择导出文件的路径和文件名，然后单击"导出"按钮，即可完成导出动画的工作。

2）预览动画

可以在 Fireworks 的文档窗口中预览动画效果，也可以在浏览器中对动画进行预览。单击 Fireworks 工作界面中状态栏上的动画播放按钮，可以在文档窗口中直接预览动画的播放效果，如图 5-78 所示。

图 5-78 动画播放按钮

选择"文件"|"在浏览器中预览"|"在 Iexplorer 中预览"命令,可以直接在 IE 浏览器中预览。此时也可以直接按 F12 键打开 IE 浏览器。

注意:

在"优化"面板中必须选择"GIF 动画"作为"导出"文件格式,否则在浏览器中预览文档时将看不到动画。即使打算将动画以 SWF 文件或 Fireworks PNG 文件导入到 Flash 中,也必须这样做。

5.6 制作文字变化动画

本节将利用动画元件来创建动态文字,通过练习该实例,用户可以进一步熟悉利用元件制作动画的基本步骤。

绘制如图 5-84 所示的图形。

(1) 新建一个文件,画布大小保持默认值。单击工具栏中的"文本"工具按钮,在画布中创建文字内容,并在属性面板中如图 5-79 所示设置文字效果。

图 5-79　添加文字

(2) 选中创建的文字,然后选择"修改"|"动画"|"选择动画"命令,打开"动画"对话框,如图 5-80 所示。

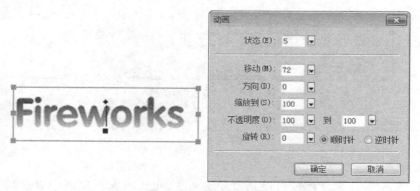

图 5-80　"动画"对话框

(3) 按照图 5-81 所示设置各参数。设置完成后,单击"确定"按钮,打开如图 5-82 所示的提示对话框,提示是否添加新的状态。

图5-81 设置动画参数

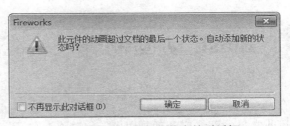
图5-82 提示添加新状态的对话框

(4) 单击"确定"按钮关闭该提示对话框。此时该文本对象作为动画元件显示在"库"面板中。此时,"状态"面板中新添加了4个状态,如图5-83所示。

图5-83 添加的新状态

(5) 单击工作区下方的"播放"按钮,即可预览到动画效果。该实例的动画效果为文字逐渐放大,并且不断变淡,如图5-84所示。

图5-84 动画效果

【练习与思考】

1. GIF动画制作的原理是什么?
2. 简述规划动画的一般步骤。
3. 利用分散到状态制作如图5-85所示的动画效果。
4. 制作如图5-86所示的补间动画效果。

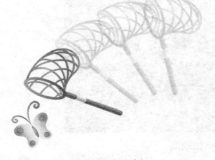
图5-85 动画制作实例

图5-86 动画制作实例

6 Flash 动画制作

目前常见的网络广告动画以 Flash 动画为主,Flash 是目前最为流行的矢量动画制作软件之一。该软件凭借其诸多的优点,广泛用于互联网、广告以及游戏软件制作等领域。Flash 既可以做成单独的动画,也可以嵌入网页文件,如网页弹出广告窗口等。而且,Flash 采用"流"式传输方式,用它制作出来的动画可以边下载边进行播放,从而保证播放质量,打破网络速度的束缚。本章将主要介绍如何利用 Flash CS5 软件制作 Flash 动画。

6.1 Flash 动画简介

Flash 动画是一种以 Web 应用为主的二维动画形式,它不仅可以通过文字、图片、视频以及声音等综合手段展现动画意图,还可以通过强大的交互功能实现与观众之间的互动。

6.1.1 Flash 动画应用领域

Flash 动画凭借生成文件小、动画画质清晰、播放速度流畅等特点,在以下诸多领域中都得到了广泛的应用。

1) 制作多媒体动画

Flash 动画的流行正是源于网络,其诙谐幽默的演绎风格吸引了大量的网络观众。另外,Flash 动画比传统的 GIF 动画文件要小很多,在网络带宽局限的条件下,它更适合网络传输。如图 6-1 所示为使用 Flash 制作的多媒体动画短片。

图 6-1 多媒体动画

2) 制作 Flash 游戏

Flash 动画有别于传统动画的重要特征之一在于其互动性,观众可以在一定程度上参与或控制 Flash 动画的进行,该功能得益于 Flash 拥有较强的 ActionScript 动态脚本编程语言。用户可以利用 Flash 制作出各种有趣的 Flash 游戏。图 6-2 即为使用 Flash 制作的游戏。

图 6-2　Flash 游戏

3) 制作教学课件

为了摆脱传统的文字式枯燥教学,远程网络教育对多媒体课件的要求非常高。一个基础的课件需要将教学内容播放成为动态影像,或者播放教师的讲解录音;而复杂的课件更是在互动性方面有着更高的要求,它需要学生通过课件融入到教学内容中。利用 Flash 制作的教学课件,能够很好地满足这些需求。

4) 制作网站动态元素

广告是大多数网站的收入来源,任意打开一个浏览量较大的网站都可以发现站内嵌套着很多定位或不定位广告。网站中的广告不仅要求具有较强的视觉冲击力,而且为了不影响网站正常运作,广告占用的空间应越小越好,Flash 动画正好可以满足这些条件,如图 6-3 所示为使用 Flash 制作的网站广告。

图 6-3　网站广告

5) 制作 Flash 网站

Flash 不仅仅是一种动画制作技术，它同时也是一种功能强大的网站设计技术，现在大多数网站中都加入了 Flash 动画元素，借助其高水平的视听影响力吸引浏览者的注意。设计者可以使用 Flash 制作网页动画，甚至制作出整个网站。如图 6-4 所示为使用 Flash 制作的一个网站。

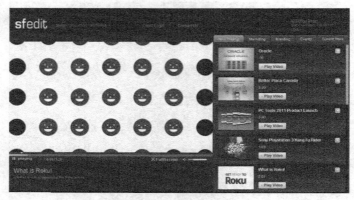

图 6-4　Flash 网站

6.1.2　Flash 动画制作流程

Flash 动画的制作需要经过很多环节的处理，每个环节都相当重要。如果处理或制作不好，会直接影响到动画的效果。

要构建 Flash 动画应用程序，通常需要执行下列基本步骤。

计划应用程序：确定应用程序要执行哪些基本任务。

添加媒体元素：创建并导入媒体元素，如图像、视频、声音和文本等。

排列元素：在舞台上和时间轴中排列这些媒体元素，以定义它们在应用程序中显示的时间和显示方式。

应用特殊效果：根据需要应用图形滤镜（如模糊、发光和斜角）、混合和其他特殊效果。

使用 ActionScript 控制行为：编写 ActionScript® 代码以控制媒体元素的行为方式，包括这些元素对用户交互的响应方式。

测试并发布应用程序：进行测试以验证应用程序是否按预期工作，查找并修复所遇到的错误。

6.2　Flash 动画的基本工具

Flash CS5 的工作界面中包括标题栏、菜单栏、工具箱、【时间轴】面板、设计区、【属性】面板及面板集等界面元素。用户可以在这些界面上绘制和编辑 Flash 动画。

6.2.1 Flash 工作界面

Flash CS5 的工作界面包括如图 6-5 所示的各种元素。

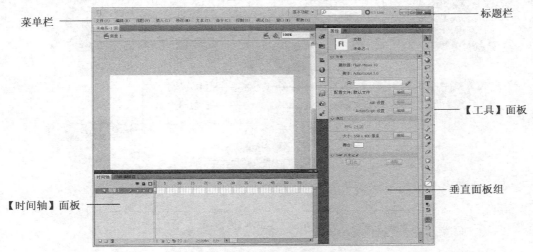

图 6-5 Flash CS5 的默认工作界面

1)标题栏

Flash CS5 的标题栏包括应用程序栏、设计区切换按钮、在线帮助、窗口管理按钮等界面元素。

2)菜单栏

Flash CS5 的菜单栏包括【文件】、【编辑】、【视图】、【插入】、【修改】、【文本】、【命令】、【控制】、【调试】、【窗口】与【帮助】菜单,如图 6-6 所示。

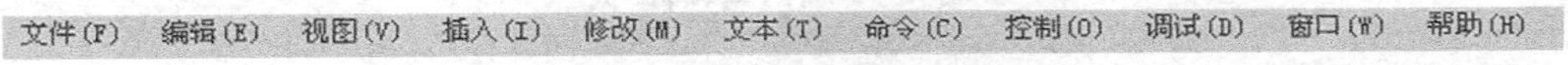

图 6-6 菜单栏

3)【工具】面板

Flash CS5 的【工具】面板包含了用于创建和编辑图像、图稿、页面元素的所有工具。该面板根据各个工具功能的不同,可以分为【绘图】工具、【视图调整】工具、【填充】工具和【选项设置】工具等 4 大部分,使用这些工具可以进行绘图、选取对象、喷涂、修改及编排文字等操作。如图 6-7 所示为【工具】面板中各个工具及工具下拉菜单的介绍。

4)【时间轴】面板

【时间轴】面板是 Flash 界面中十分重要的部分,用于组织和控制影片内容在一定时间内播放的层数和帧数。与电影胶片一样,Flash 影片也将时间长度划分为帧。图层相当于层叠在一起的幻灯片,每个图层都包含一个显示在舞台中的不同图像。时间轴的主要组件是图层、帧和播放头,如图 6-8 所示。

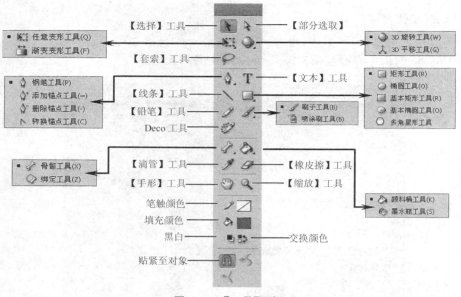

图 6-7 【工具】面板

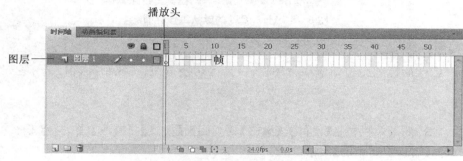

图 6-8 【时间轴】面板

5) 面板集

面板集用于管理 Flash 面板,它将所有面板都嵌入到同一个面板中。通过面板集,用户可以对工作界面的面板布局进行重新组合,以适应不同的工作需求。

6.2.2 使用 Flash 绘图工具

Flash CS5 提供了很多简单而强大的绘图工具来绘制矢量图形,熟练运用这些工具就能绘制出更多样式的图形图像,使 Flash 动画效果更加精彩。

1)【线条】工具

在 Flash CS5 中,【线条】工具主要用于绘制不同角度的矢量直线。在【工具】面板中选择【线条】工具，将光标移动到舞台上,会显示为十字形状＋,按住鼠标左键向任意方向拖动,即可绘制出一条直线。按住 Shift 键,然后按住鼠标左键向左或向右拖动,可以绘制出水平线条;向上向下拖动,可以绘制出垂直线条,如图 6-9 所示;斜向拖动可以绘制出以 45°为角度增量倍数的直线,如图 6-10 所示。

图 6-9　绘制垂直线条　　　　图 6-10　绘制 45°角线条

2)【铅笔】工具

在 Flash CS5 中,使用【铅笔】工具可以绘制任意线条。在工具箱中选择【铅笔】工具后,在所需位置按下鼠标左键拖动即可。在使用【铅笔】工具绘制线条时,按住 Shift 键,可以绘制出水平或垂直方向的线条。

选择【铅笔】工具后,在菜单栏里选择【窗口】|【属性】命令,打开【属性】面板,在该【属性】面板中可以设置铅笔的填充颜色以及笔触样式、大小等参数选项。如图 6-11 所示,用【铅笔】工具并设置其【属性】面板,绘制出笔触颜色为红色、笔触高度为 20、笔触样式为【斑马线】的线条。

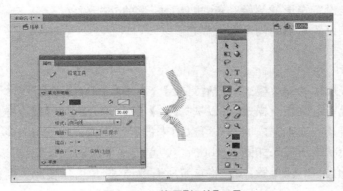

图 6-11　使用【铅笔】工具

选择【铅笔】工具后,在【工具】面板中会显示【铅笔模式】按钮。单击该按钮,会打开模式选择菜单。在该菜单中,可以选择【铅笔】工具的绘图模式,如图 6-12 所示。

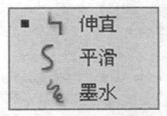

图 6-12　【铅笔模式】选择菜单

3)【矩形】工具

【矩形】工具可以绘制矩形类图形,选择【工具】面板中的【矩形】工具,在设计区中按住鼠标左键拖动,即可开始绘制矩形。如果按住 Shift 键,可以绘制正方形图形。

选择【矩形】工具后,打开【属性】面板,如图 6-13 所示。其中一些参数选项的作用与

【线条】工具属性面板中类似,以下是关于【矩形】工具属性面板中一些主要参数选项的具体作用。

图 6-13 【矩形】工具属性面板

【笔触颜色】:设置矩形的笔触颜色,也就是矩形的外框颜色。
【填充颜色】:设置矩形的内部填充颜色。
【笔触】:设置矩形的笔触大小。
【样式】:设置矩形的笔触样式。
【缩放】:设置矩形的缩放模式,包括【一般】、【水平】、【垂直】、【无】等4个选项。
【端点】:设置矩形的端点样式,可以选择【无】、【圆角】或【方型】端点样式。
【矩形选项】:其中文本框内的参数可以用来设置矩形的4个直角半径,正值为正半径,负值为反半径,绘制矩形效果如图 6-14 所示。单击最下面的 ⚭ 按钮,可以为矩形的4个角设置不同的角度值。单击【重置】按钮将重置所有数值,即角度值还原为默认值0。

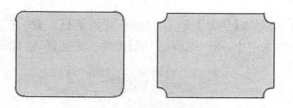

图 6-14 绘制正半径和反半径矩形

4)【基本矩形】工具

使用【基本矩形】工具 ▫,可以绘制出更加易于控制和修改的矩形形状。在工具箱中单击【矩形】工具按钮,会弹出下拉菜单,在其中选择【基本矩形】工具选项,在设计区中按下鼠标左键并拖动,即可绘制出基本矩形图。绘制完成后,选择【工具】面板中的【部分选取】工具 ▸,可以调节矩形图形的角半径,如图 6-15 所示。使用【基本矩形】工具绘制出矩形图形后,用户可以在其【属性】面板中【位置和大小】选项栏里设置矩形的大小和在设计区中的位置。

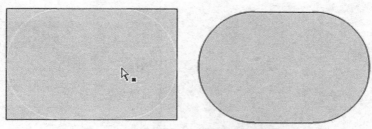

图 6-15 使用【部分选取】工具调节矩形

5)【椭圆】工具

单击【工具】面板中的【矩形】工具按钮,在弹出的下拉菜单中选择【椭圆】工具 ,如图 6-16 所示,然后在设计区中按住鼠标拖动,即可绘制出椭圆。按住 Shift 键,可以绘制一个正圆图形。如图 6-17 所示为使用【椭圆】工具绘制的椭圆和正圆图形。

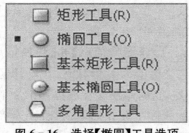

图 6-16 选择【椭圆】工具选项

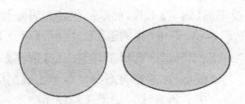

图 6-17 绘制正圆和椭圆

6)【基本椭圆】工具

单击【工具】面板中的【椭圆】工具按钮,在弹出的下拉菜单中选择【基本椭圆】工具 。与【基本矩形】工具的属性类似,使用【基本椭圆】工具可以绘制出更加易于控制和修改的椭圆形状。

选择【工具】面板中的【部分选取】工具 ,拖动基本椭圆圆周上的控制点,可以调整完整性,如图 6-18 所示。

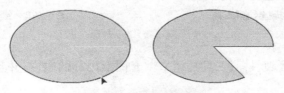

图 6-18 调整椭圆圆周

7)【多角星形】工具

使用【多角星形】工具 可以绘制多边形图形和多角星形图形,这些图形经常应用到实际动画制作过程中。

选择【多角星形】工具 后,将鼠标光标移动到设计区的舞台上,按住鼠标左键拖动绘制出五边形,如图 6-19 所示。

选择【多角星形】工具 后,打开其【属性】面板,该面板中的大部分参数选项与之前介绍的图形绘制工具相同,单击【工具设置】选项卡中的【选项】按钮,可以打开【工具设置】对话框,设置绘制的多角星形样式、边数、顶点大小等,如图6-20所示。

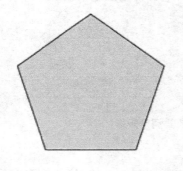

图6-19 绘制五边形

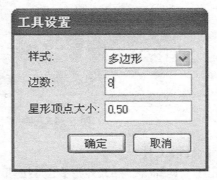

图6-20 【工具设置】对话框

8)【钢笔】工具

路径由一个或多个直线段和曲线段组成,线段的起始点和结束点由锚点标记。使用【工具】面板中的【钢笔】工具,可以创建和编辑路径,以便绘制出需要的图形。

在Flash CS5中的【钢笔】工具分为【钢笔】、【添加锚点】、【删除锚点】和【转换锚点】工具,如图6-21所示。选择工具箱中的【钢笔】工具 ,当光标变为 形状时,在设计区中单击确定起始锚点,再选择合适的位置单击确定第2个锚点,这时系统会在起点和第2个锚点之间自动连接一条直线。如果在创建第2个锚点时按下鼠标左键并拖动,会改变连接两锚点直线的曲率,使直线变为曲线,如图6-22所示。重复上述步骤,即可创建带有多个锚点的连续曲线。

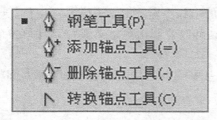

图6-21 选择【钢笔】工具

图6-22 绘制曲线

9)【颜料桶】工具

在Flash CS5中,【颜料桶】工具是用来填充图形内部的颜色,并且可以使用纯色、渐变色以及位图进行填充。

选择【工具】面板中的【颜料桶】工具 ,打开【属性】面板,如图6-23所示,在该面板中可以选择【填充颜色】。

选择【颜料桶】工具,单击【工具】面板中的【空隙大小】按钮 ,在弹出的菜单中可以选择【不封闭空隙】、【封闭小空隙】、【封闭中等空隙】和【封闭大空隙】等4个选项,如图6-24所示。

图 6-23 【颜料桶】工具属性面板

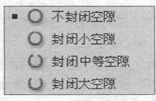

图 6-24 空隙模式菜单

10)【橡皮擦】工具

【橡皮擦】工具就是一种擦除工具,可以快速擦除舞台中的任何矢量对象。在使用该工具时,可以在工具箱中自定义擦除模式,以便只擦除笔触、多个填充区域或单个填充区域;还可以在工具箱中选择不同的橡皮擦形状。

选择【工具】面板中的【橡皮擦】工具 ,在【工具】面板中会显示【橡皮擦】模式按钮 、【水龙头】按钮 和【橡皮擦形状】按钮 ,如图 6-25 所示。单击【橡皮擦模式】按钮 ,可以在打开的【模式选择】菜单中选择橡皮擦模式,如图 6-26 所示。

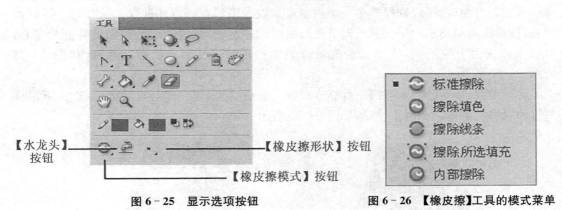

图 6-25 显示选项按钮　　　　　　　　　图 6-26 【橡皮擦】工具的模式菜单

6.2.3 使用 Flash 选取工具

Flash CS5 中的选择工具可以分为【选择】工具 、【部分选取】工具 和【套索】工具 ,分别用来抓取、选择、移动和调整曲线,调整和修改路径和自由选定要选择的区域。

1)【选择】工具

选择【工具】面板中的【选择】工具 ,在【工具】面板中显示了【贴紧至对象】按钮 、【平滑】按钮 和【伸直】按钮 ,其各自的功能如下。

【贴紧至对象】按钮:选择该按钮,在进行绘图、移动、旋转和调整操作时将和对象自动对齐。

【平滑】按钮:选择该按钮,可以对直线和开头进行平滑处理。

【伸直】按钮:选择该按钮,可以对直线和开头进行平直处理。

2)【部分选取】工具

【部分选取】工具 主要用于选择线条、移动线条和编辑节点以及节点方向等。它的使用方法和作用与【选择】工具 类似,区别在于,使用【部分选取】工具选中一个对象后,对象的轮廓线上将出现多个控制点,如图 6-27 所示,表示该对象已经被选中。

在使用【部分选取】工具选中路径之后,可对其中的控制点进行拉伸或修改曲线,具体操作如下:

移动控制点:选择的图形对象周围将显示出由一些控制点围成的边框,用户可以选择其中的一个控制点,此时光标右下角会出现一个空白方块 ,拖动该控制点,可以改变图形轮廓,如图 6-28 所示。

图 6-27 显示控制点

图 6-28 移动控制点

改控制点曲度:可以选择其中一个控制点来设置图形在该点的曲度。选择某个控制点之后,该点附近将出现两个在此点调节曲形曲度的控制柄,此时空心的控制点将变为实心,可以拖动这两个控制柄,改变长度或者位置以实现对该控制点的曲度控制,如图 6-29 所示。

移动对象:使用【部分选取】工具靠近对象,当光标显示黑色实心方块的时候,按下鼠标左键即可将对象拖动到所需位置,如图 6-30 所示。

图 6-29 修改控制点曲度

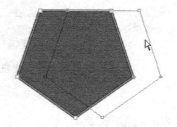
图 6-30 移动对象

3)【套索】工具

【套索】工具 也是在编辑对象的过程中比较常用的一个工具,主要用于选择图形中的不规则区域或相连的相同颜色的区域。

选择【工具】面板中的【套索】工具 后,在【工具】面板中显示了【魔术棒】按钮 、【魔术棒设置】按钮 和【多边形模式】按钮 等 3 个按钮,如图 6-31 所示。使用【套索】工具可以选择图形对象中的不规则区域、图形对象中相同颜色的区域等,如图 6-32 所示。

图 6-31 【套索】工具显示按钮　　图 6-32 选择不规则区域

6.3 帧、图层、元件

在 Flash 动画中，帧是 Flash 动画的长度单位，使用图层可以将动画中的不同对象与动作区分开，元件是存放在库中可被重复使用的图形、按钮或者动画。

6.3.1 使用帧

在 Flash CS5 中用来控制动画播放的帧具有不同的类型，选择【插入】|【时间轴】命令，在弹出的子菜单中显示了普通帧、关键帧和空白关键帧等 3 种类型帧。

6.3.2 使用图层

通过图层可以方便地组织文档中的内容，而且，当在某一图层上绘制和编辑对象时，其他图层上的对象不会受到影响。在默认状态下，【图层】面板位于【时间轴】面板的左侧，如图 6-33 所示。

图 6-33 显示图层

在 Flash CS5 中，图层共分为 6 种类型，即一般图层、遮罩图层、被遮罩图层、传统运动引导图层、静态引导层、被引导图层，如图 6-34 所示。

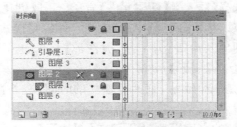

图 6-34 图层类型

有关图层类型的详细说明如下：

① 一般图层：指普通状态下的图层，这种类型图层名称的前面将显示普通图层图标 。

② 遮罩层：指放置遮罩物的图层，当设置某个图层为遮罩层时，该图层的下一图层便被默认为被遮罩层。这种类型的图层名称的前面有一个遮罩层图标 。

③ 被遮罩层：被遮罩层是与遮罩层对应的、用来放置被遮罩物的图层。这种类型的图层名称的前面有一个被遮罩层的图标 。

④ 传统运动引导层：在传统运动引导层中可以设置运动路径，用来引导被引导层中的对象依照运动路径进行移动。当图层被设置成引导层时，在图层名称的前面会出现一个传统运动引导层图标 。

⑤ 被引导层：被引导层与其上面的引导层相辅相成，当上一个图层被设定为引导层时，这个图层会自动转变成被引导层，并且图层名称会自动进行缩排。这种类型的图层名称的前面有一个图层图标 。

⑥ 静态引导层：该图层在绘制时能帮助对齐对象，该引导层不会导出，因此不会显示在发布的 SWF 文件中，任何图层都可以作为静态引导层，该图层名称前面有一个引导层图标 。

6.3.3 使用元件

元件是存放在库中可被重复使用的图形、按钮或者动画。在 Flash CS5 中，元件是构成动画的基础，凡是使用 Flash 创建的一切功能，都可以通过单个或多个元件来实现。

1）元件类型

选择【插入】|【新建元件】命令，或按下 Ctrl+F8 组合键，打开【创建新元件】对话框，如图 6-35 所示，单击【高级】按钮，可以展开高级设置对话框。

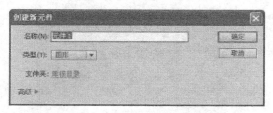

图 6-35 【创建新元件】对话框

在【创建新元件】对话框中的【类型】下拉列表中可以选择创建的元件类型，有【图形】【影片剪辑】和【按钮】3 种类型元件可供选择。

2）创建元件

要创建【图形】元件，选择【插入】|【新建元件】命令，打开【创建新元件】对话框，在【类型】下拉列表中选择【图形】选项，单击【确定】按钮，打开元件编辑模式，在该模式下进行元件制作，可以将位图或者矢量图导入到舞台中转换为【图形】元件，也可以使用工具箱中的各种绘图工具绘制图形再将其转换为【图形】元件。

【影片剪辑】元件可以是一个动画，它拥有独立的时间轴，并且可以在该元件中创建按钮、图形甚至其他影片剪辑元件。创建【影片剪辑】元件的方法与【图形】元件方法类似。

【按钮】元件是一个 4 帧的交互影片剪辑，选择【插入】|【新建元件】命令，打开【创建新元

件】对话框,在【类型】下拉列表中选择【按钮】选项,单击【确定】按钮,打开元件编辑模式。【按钮】元件编辑模式中的【时间轴】面板如图6-36所示。

图6-36 【按钮】元件编辑模式的【时间轴】面板

在【按钮】元件编辑模式中的【时间轴】面板中显示了【弹起】、【指针】、【按下】和【点击】等4个帧,每一帧都对应了一种按钮状态。

新建一个文档,创建【按钮】元件。

(1) 新建一个 Flash 文档,选择【插入】|【新建元件】命令,打开【创建新元件】对话框,在【类型】下拉列表中选择【按钮】选项,创建一个名为【按钮】的按钮元件,如图6-37所示。

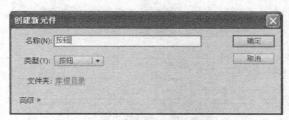

图6-37 新建【按钮】元件

(2) 导入一个图像到【库】面板中,将图像拖至设计区中,转换为矢量图形,组合图形,如图6-38所示。

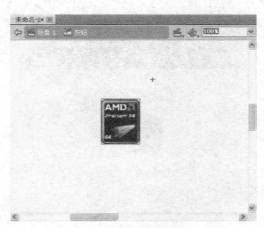

图6-38 组合图形

(3) 右击【时间轴】面板中的【指针经过】帧,在弹出的快捷菜单中选择【插入关键帧】命令,插入关键帧,如图6-39所示。

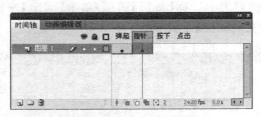

图 6-39　插入关键帧

（4）在工具面板中选择【矩形】工具，在其【属性】面板中设置笔触颜色为红色，填充颜色为透明，笔触高度为2，然后在汽车图形上绘制一个矩形框，在工具箱中选择【文本】工具，在图像的右侧添加一个静态传统文本，并输入"AMD芯片"文字，效果如图6-40所示。

图 6-40　【指针经过】帧

（5）右击【时间轴】面板中的【按下】帧，在弹出的快捷菜单中选择【插入关键帧】命令，插入关键帧。

（6）在舞台上去掉文本，然后用【选择】工具和【任意变形】工具，调整按钮图形的大小，如图6-41所示。

图 6-41　【按下】帧

（7）单击【场景1】返回场景，将【汽车】元件从【库】面板中拖动到舞台上，按下 Ctrl＋Enter 组合键，测试动画效果，如图6-42所示。

图 6-42 测试按钮元件

6.4 制作基础动画

Flash 的基础动画都是一些比较简单的制作动画流程,主要包括逐帧动画、补间动画、引导层动画、遮罩层动画等。

6.4.1 逐帧动画

逐帧动画,也叫【帧帧动画】,是最常见的动画形式,最适合于图像在每一帧中都在变化而不是在舞台上移动的复杂动画。

新建一个文档,制作逐帧动画。

(1) 启动 Flash CS5,选择【文件】|【新建】命令,新建一个 Flash 文档。

(2) 选择【文件】|【导入】|【导入到库】命令,打开【导入到库】对话框,选择一组图片文件,单击【打开】按钮将其导入到库,如图 6-43 所示。

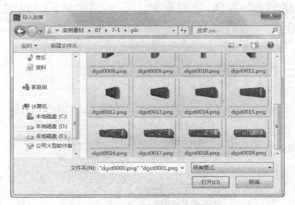

图 6-43 选择文件导入到库

(3) 在时间轴上选中第 1 帧,然后选择【插入】|【时间轴】|【关键帧】命令,使第 1 帧成为关键帧,然后将【库】面板中的第 1 幅位图拖入舞台中央,如图 6-44 所示。

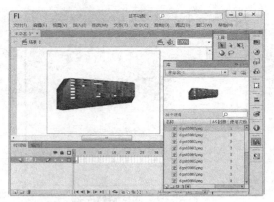

图 6-44 拖入位图

(4) 在时间轴上选中第 2 帧,然后选择【插入】|【时间轴】|【关键帧】命令,使第 2 帧成为关键帧,然后将【库】面板中的第 2 幅位图拖入舞台中央,如图 6-45 所示。

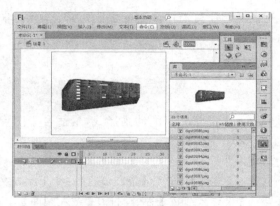

图 6-45 拖入位图

(5) 依此类推重复之前的步骤,在时间轴上不断创建新的关键帧并导入【库】面板中的位图到舞台,效果如图 6-46 所示。

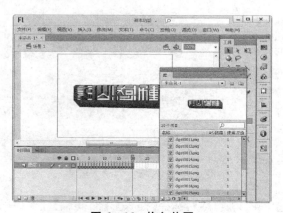

图 6-46 拖入位图

(6) 在舞台上分别选中各个帧里的图形,然后打开其【属性】面板,在【位置和大小】组里设置【X】值为85,【Y】值为150,使每张图片在舞台位置一致,如图6-47所示。

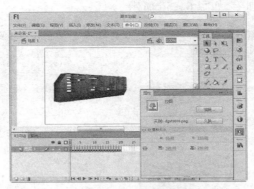

图6-47 设置位置

(7) 按下Ctrl+Enter快捷键即可观看逐帧动画的播放效果,如图6-48所示。

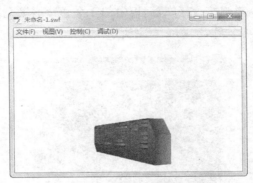

图6-48 播放动画效果

6.4.2 形状补间动画

形状补间动画是一种在制作对象形状变化时经常被使用的动画形式。其制作原理是通过在两个具有不同形状的关键帧之间指定形状补间,从而表现中间变化过程。

新建一个文档,制作形状补间动画。

(1) 启动Flash CS5,选择【文件】|【新建】命令,新建一个Flash文档,并将舞台背景颜色设置为黑色,如图6-49所示。

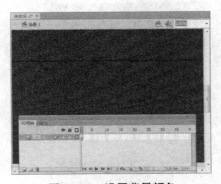

图6-49 设置背景颜色

(2)选择【文件】|【导入】|【导入到库】命令,打开【导入到库】对话框,选择元件文件,单击【打开】按钮将其导入到库,如图6-50所示。

图 6-50 导入元件到库

(3)在时间轴上选中第1帧,将【库】面板中的4个影片剪辑元件都拖入到舞台中,然后调整合适的位置,使其中心一致,如图6-51所示。

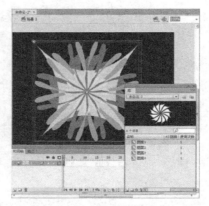

图 6-51 调整元件位置

(4)在时间轴上选中第30帧,然后选择【插入】|【时间轴】|【关键帧】命令,使第30帧成为关键帧,此时30帧和第1帧的图案保持不变,如图6-52所示。

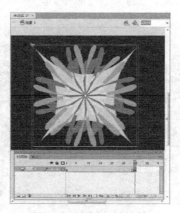

图 6-52 插入关键帧

(5) 用同样的方法,在时间轴上选中第 60 帧、第 90 帧上插入关键帧,然后在第 1 帧、第 30 帧、第 60 帧、第 90 帧上各保持不同的一张图案,如图 6-53 所示。

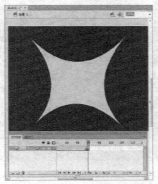

图 6-53 保留不同图案

(6) 各自选中第 1 帧、第 30 帧、第 60 帧、第 90 帧上的四种图案的影片剪辑元件,然后选择 2 次(或 2 次以上)【修改】|【分离】命令,将这 4 个元件分离成填充图形。

(7) 右击第 1 帧至 30 帧之间任意一帧,在弹出的菜单中选择【创建补间形状】命令,使第 1~30 帧之间创建形状补间动画,如图 6-54 所示。

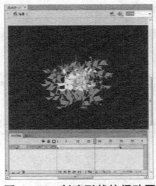

图 6-54 创建形状补间动画

(8) 使用相同方法,分别在第 30~60 帧、第 60~90 帧之间创建形状补间动画,如图 6-55 所示。

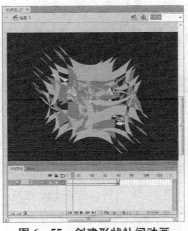

图 6-55 创建形状补间动画

(9) 按下 Ctrl+Enter 快捷键即可观看形状补间动画的播放效果,如图 6-56 所示。

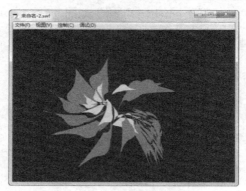

图 6-56　形状补间动画效果

6.4.3　传统补间动画

传统补间动画可以用于补间实例、组和类型的位置、大小、旋转和倾斜,以及表现颜色、渐变颜色切换或淡入淡出效果。

新建一个文档,制作传统补间动画。

(1) 新建一个文档,选择【文件】|【导入】|【导入到舞台】命令,导入一幅位图图像到舞台,如图 6-57 所示。

图 6-57　导入图形

(2) 选择【修改】|【转换为元件】命令。在打开的【转换为元件】对话框中,将其转换为【影片剪辑】元件并为元件设置名称,然后单击【确定】按钮,如图 6-58 所示。

图 6-58　【转换为元件】对话框

(3) 选中【时间轴】面板上的第 10 帧和第 20 帧,分别按下快捷键 F6 插入一个关键帧,如图 6-59 所示。

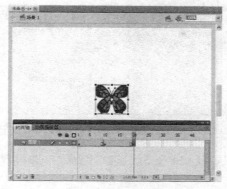

图 6-59　插入帧

(4) 在工具箱中选择【任意变形】工具，选中第 10 帧,将舞台上的元件旋转缩小并向右移动一段距离,如图 6-60 所示。

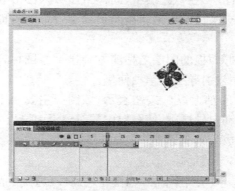

图 6-60　在第 10 帧变形元件

(5) 选中第 30 帧,将舞台上的元件放大并向上移动一段距离,如图 6-61 所示。

图 6-61　在第 20 帧变形元件

(6) 在设置完成后,分别右击第 1~10 帧和第 10~20 帧中的任意一帧,在弹出的快捷菜单中选择【创建传统补间】命令。此时,在【时间轴】面板上,开始关键帧和结束关键帧之间,将出现一个黑色箭头和一段淡紫色背景,如图6-62所示。

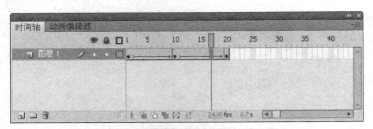

图6-62 创建传统补间

(7) 动画制作完成后,选择【控制】|【测试影片】命令,即可看到元件在移动的同时并放大缩小的动画效果。

6.4.4 引导层动画

引导层是一种特殊的图层,在该图层中,同样可以导入图形和引入元件,但是最终发布动画时引导层中的对象不会被显示出来。按照引导层发挥的功能不同,可以分为静态引导层和运动引导层两种类型。

静态引导层在【时间轴】面板的图层名称前方会显示 图标,该图层主要用于辅助静态对象定位,并且可以不使用被引导层而单独使用。

传统运动引导层在时间轴上以 按钮表示,该图层主要用于绘制对象的运动路径,可以将图层链接到同一个运动引导层中,使图层中的对象沿引导层中的路径运动,这时该图层将位于运动引导层下方并成为被引导层。

新建一个文档,制作引导层动画。

(1) 新建一个文档,选择【文件】|【导入】|【导入到舞台】命令,将一张名为"背景"的位图导入到舞台上,如图6-63所示。

图6-63 导入位图

(2) 新建【图层2】图层,选择【文件】|【导入】|【导入到舞台】命令,将一张名为【汽车】的位图导入到舞台上,如图6-64所示。

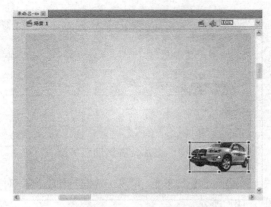

图 6-64　新建图层并导入位图

（3）将【图层1】和【图层2】分别重命名为"背景"和"汽车"图层，然后右击"汽车"图层，在弹出的菜单中选择【添加传统运动引导层】命令，添加引导层，如图6-65所示。

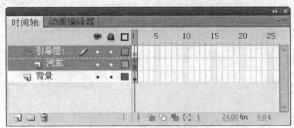

图 6-65　添加传统运动引导层

（4）选择传统运动引导层，选择【线条】工具，设置为平滑模式，绘制运动直线，如图6-66所示。

图 6-66　绘制运动路线

（5）分别选中【引导层】、【汽车】、【背景】图层，按F5键直至添加到30帧。在【汽车】图层里第30帧处创建插入关键帧，然后在1～30帧之间右击弹出菜单，选择【创建传统补间】命令，在【汽车】图层上创建传统补间动画，如图6-67所示。

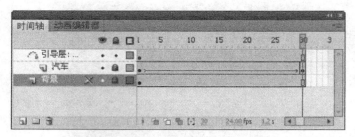

图 6-67 添加传统运动引导层

（6）锁定【引导层】图层，然后在【汽车】图层第 1 帧处拖动汽车对象到直线的起始端，使其紧贴在引导线上，如图 6-68 所示。

图 6-68 绘制运动路线

（7）在【汽车】图层第 30 帧处拖动汽车对象到直线的终点端，使其紧贴在引导线上，然后选择【任意变形】工具，调整汽车对象，使其变大，产生一种由远及近的视觉效果，如图 6-69所示。

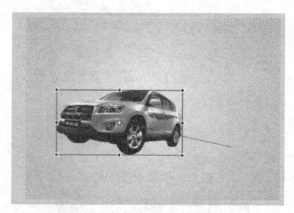

图 6-69 添加传统运动引导层

（8）新建名为【文字】的图层，使用【文本】工具在图层上输入字母 TOYOTA，如图6-70所示。

图 6-70 输入文本

(9) 在【文字】图层第 30 帧处创建关键帧,然后在 1~30 帧之间右击弹出菜单,选择【创建传统补间】命令,在【文字】图层上创建传统补间动画,在 30 帧处将文字拖拉到舞台左侧,此时的【时间轴】面板如图 6-71 所示。

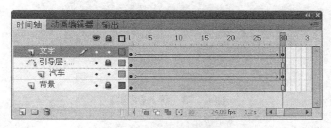

图 6-71 【时间轴】面板

(10) 最后按 Ctrl+Enter 键,即可预览该动画,如图 6-72 所示。

图 6-72 预览动画

6.4.5 遮罩层动画

Flash 中的遮罩层是制作动画时非常有用的一种特殊图层,它的作用就是可以通过遮罩层内的图形看到被遮罩层中的内容,利用这一原理,制作者可以使用遮罩层制作出多种复杂的动画效果。

新建一个文档,制作遮罩层动画。

(1) 新建一个文档,打开其【属性】面板,设置【尺寸】为 300×500 像素,【帧频】为 10fps,然后选择【文件】|【导入】|【导入到舞台】命令,将一张名为【背景】的位图导入到舞台中,如图 6-73 所示。

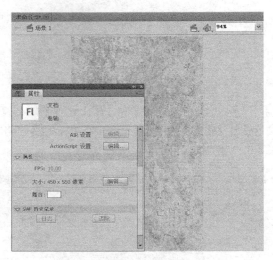

图 6-73 导入【背景】

(2) 新建图层,选择【文件】|【导入】|【导入到舞台】命令,将一张名为"画"的位图导入到舞台上,使用工具调整在舞台上的位置,如图 6-74 所示。

图 6-74 导入【画】

(3) 在【画】图层内选择【矩形】工具绘制白色矩形,处于画的下方,作为画的边框,然后选择两者,选择【修改】|【转换为元件】命令,转换为图形元件,如图 6-75 所示。

图 6-75　绘制画框

（4）新建【画轴1】图层，使用上述方法，导入名为【画轴】的元件，拖到画的顶端，然后再新建【画轴2】图层，复制画轴元件，并拖到画的底端，如图 6-76 所示。

图 6-76　导入【画轴】元件

（5）在所有图层的第 50 帧处插入关键帧，右击【卷轴2】图层中的任意 1 帧，在弹出的菜单中选择【创建传统补间】命令，如图 6-77 所示。

图 6-77　创建传统补间动画

（6）在【画】图层上新建遮罩层，然后在【遮罩层】图层中两个画轴直接绘制一个矩形，填充色为绿色，如图 6-78 所示。

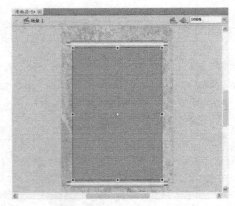

图 6-78　新建遮罩层

(7) 选择【画轴 2】图层中的第 1 帧,将画轴元件移动到顶端画轴的下方紧贴,如图 6-79 所示。

图 6-79　调整【画轴 2】图层

(8) 右击【遮罩层】图层中的任意 1 帧,在弹出的菜单中选择【创建补间形状】命令,创建补间形状动画,如图 6-80 所示。

图 6-80　创建补间形状动画

(9) 锁定【遮罩层】图层,即可完成卷轴动画,其【时间轴】面板如图 6-81 所示。

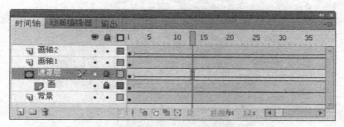

图 6-81 锁定遮罩层

(10) 按 Ctrl+Enter 键即可预览该动画,效果如图 6-82 所示。

图 6-82 预览动画

【练习与思考】

1. Flash CS5 中的图层有哪几种类型?各有什么作用?
2. 简述形状补间动画和传统补间动画的各自特点?
3. 制作海鸥飞翔的逐帧动画,如图 6-83 所示。
4. 利用引导层,制作蝴蝶飞舞的动画,如图 6-84 所示。

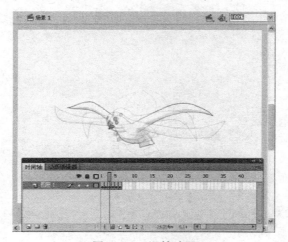

图 6-83 逐帧动画

图 6-84 引导层动画

7 网络广告的互动技术

互动广告是一种新型的网络广告,它是一种运用多媒体技术、具有复杂交互功能的广告形式。ActionScript 是 Flash 的动作脚本语言,在 Flash 中使用动作脚本语言可以与 Flash 后台数据库进行交流,结合庞大的数据库系统和脚本语言,从而可以制作出交互性强、动画效果更加绚丽的 Flash 影片。本章将主要介绍 ActionScript 脚本在 Flash 软件中的应用。

7.1 ActionScript 脚本语言基础

ActionScript 是 Flash 与程序进行通信的方式。可以通过输入代码,让系统自动执行相应的任务,并询问在影片运行时发生的情况。这种双向的通信方式,可以创建具有交互功能的影片,也使得 Flash 能优于其他动画制作软件。

7.1.1 使用【动作】面板

在 Flash CS5 中,要进行动作脚本设置,首先选中关键帧,然后选择【窗口】|【动作】命令,打开【动作】面板,如图 7-1 所示,该面板主要由工具栏、脚本语言编辑区域、动作工具箱和对象窗口组成。

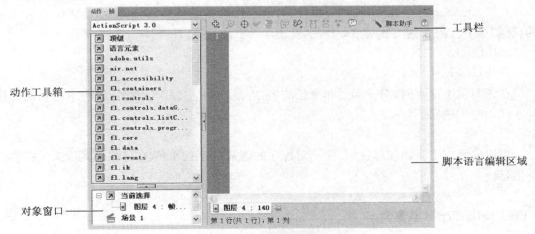

图 7-1 【动作】面板

7.1.2 ActionScript 基本语法

ActionScript 语法是 ActionScript 编程中最重要环节之一,ActionScript 的语法相对于

其他的一些专业程序语言来说较为简单。ActionScript 动作脚本具有语法和标点规则,这些规则可以确定哪些字符和单词能够用来创建含义及编写它们的顺序。

1) 点语法

在动作脚本中,点(.)通常用于指向一个对象的某一个属性或方法,或者标识影片剪辑、变量、函数或对象的目标路径。点语法表达式是以对象或影片剪辑的名称开始,后面跟一个点,最后以要指定的元素结束。

例如,MCjxd 实例的 play 方法可在 MCjxd 的时间轴中移动播放头,如下所示:

MCjxd.play();

在 ActionScript 中,点(.)不但可以指向一个对象或影片剪辑相关的属性或方法,还可以指向一个影片剪辑或变量的目标路径。

2) 大括号

在 AcrtionScript 中,大括号({ })用于分割代码段,也就是把大括号中的代码分成独立的一块,用户可以把括号中的代码看作是一句表达式,例如如下代码中,_MC.stop();就是一段独立的代码。

On(release) {
  _MC.stop();
}

3) 小括号

在 AcrtionScript 中,小括号用于定义和调用函数。在定义函数和调用函数时,原函数的参数和传递给函数的各个参数值都用小括号括起来,如果括号里面是空,表示没有任何参数传递。

4) 分号

在 ActionScript 中,分号(;)通常用于结束一段语句。

5) 字母大小写

在 ActionScript 中,除了关键字以外,对于动作脚本的其余部分,是不严格区分大小写的,例如如下代码表达的效果是一样的,在 Flash 中都是执行的同样过程。

ball.height =100;

Ball.Height=100;

在编写脚本语言时,对于函数和变量的名称,最好将它首字母大写,以便于在查阅动作脚本代码时识别它们。

6) 注释

可以向脚本中添加注释说明,便于对程序的理解,常用于团队合作或向其他人员提供范例信息。

7.1.3 ActionScript 数据类型

数据类型用于描述变量或动作脚本元素可以存储的数据信息。在 Flash 中包括两种数据类型,即原始数据类型和引用数据类型。原始数据类型包括字符串、数字和布尔值,都有一个常数值,因此可以包含它们所代表元素的实际值。

1) 字符串

字符串是由诸如字母、数字和标点符号等字符组成的序列。在 ActionScript 中,字符串必须在单引号或双引号之间输入,否则将被作为变量进行处理。例如,在下面的语句中,"JXD24"是一个字符串。

favoriteBand= "JXD24";

可以使用加法(+)运算符连接或合并两个字符串。在连接或合并字符串时,字符串前面或后面的空格将作为该字符串的一部分被连接或合并。如果要在字符串中包含引号,可在其前面使用反斜杠字符(\),这称为字符转义。

2) 数值型

数值类型是很常见的数据类型,它包含的都是数字。所有的数值类型都是双精度浮点类,可以用数学算术运算符来获得或者修改变量,例如加(+)、减(-)、乘(*)、除(/)、递增(++)、递减(--)等对数值型数据进行处理;也可以使用 Flash 内置的数学函数库,这些函数放置在 Math 对象里,例如,使用 sqrt(平方根)函数,求出 90 的平方根,然后给 number 变量赋值。

number=Math.sqrt(90);

3) 布尔值

布尔值是 true 或 false 值。动作脚本会在需要时将 true 转换为 1,将 false 转换为 0。布尔值在控制脚本流的动作脚本语句中,经常与逻辑运算符一起使用。例如下面代码中,如果变量 i 值为 flase,转到第 1 帧开始播放影片。

  if (i = flase) {
  gotoAndPlay(1);
  }

4) 对象

对象是属性的集合,每个属性都包含有名称和值两部分。属性的值可以是 Flash 中的任何数据类型。可以将对象相互包含或进行嵌套。要指定对象和它们的属性,可以使用点(.)运算符。例如,在下面的代码中,hoursWorked 是 weeklyStats 的属性,而 weeklyStats 又是 employee 的属性:

employee.weeklyStats.hoursWorked

可以使用内置的动作脚本对象访问和处理特定种类的信息。例如,在下面代码中,Math 对象的一些方法可以对传递给它们的数字进行数学运算。

Root=Math.sqrt(90);

在 Flash 中,也可以自己创建对象来组织影片中的信息。要使用动作脚本添加交互操作,就需要不同的信息,比如用户姓名、年龄、性格、联系方式等。创建对象可以将这些信息分组、简化编写动作脚本过程。

5) 影片剪辑

影片剪辑是对象类型中的一种,它是 Flash 影片中可以播放动画的元件,是唯一引用图形元素的数据类型。影片剪辑数据类型允许用户使用 MovieClip 对象的方法对影片剪辑元件进行控制。用户可以通过点(.)运算符调用该方法。例如:

mc1.startDrag(true);

6) 空值与未定义

空值数据类型只有一个值即 null,表示没有值,缺少数据,它可以在以下几种情况下使用:

① 表明变量还没有接收到值。
② 表明变量不再包含值。
③ 作为函数的返回值,表明函数没有可以返回的值。
④ 作为函数的一个参数,表明省略了一个参数。

7.1.4　常量和变量

变量是动作脚本中可以变化的量。在动画播放过程中可以更改变量的值,还可以记录和保存用户的操作信息、记录影片播放时更改的值或评估某个条件是否成立等。常量在程序中是始终保持不变的量。

1) 变量

变量中可以存储诸如数值、字符串、布尔值、对象或影片剪辑等任何类型的数据;也可以存储典型的信息类型,如 URL、用户姓名、数学运算的结果、事件发生的次数或是否单击了某个按钮等。

对变量进行命名必须遵循以下规则:

必须是标识符,即必须以字母或者下划线开头,例如 JXD24、365games 等都是有效变量名。

不能和关键字或动作脚本同名,例如 true、false、null 或 undefined 等。

在变量的范围内必须是唯一的。

在 Flash 中,当给一个变量赋值时,会同时确定该变量的数据类型。例如,表达式"age =24",24 是变量 age 的值,因此变量 age 是数值型数据类型变量。如果没有给变量赋值,该变量则不属于任何数据类型。

2) 常量

常量在程序中是始终保持不变的量,它分为数值型、字符串型和逻辑型。

数值型常量:由数值表示,例如"setProperty(yen,_alpha,100);"中,100 就是数值型常量。

字符串型常量:由若干字符构成的数值,它必须在常量两端引用标号,但并不是所有包含引用标号的内容都是字符串,因为 Flash 会根据上下文的内容来判断一个值是字符串还是数值。

逻辑型常量:又称为布尔型,表明条件成立与否,如果条件成立,在脚本语言中用 1 或 ture 表示,如果条件不成立,则用 0 或 flase 表示。

7.1.5　关键字

在 ActionScript 中保留了一些具有特殊用途的单词便于调用,这些单词称为关键字。ActionScript 中常用的关键帧如表 7-1 所示。在编写脚本时,要注意不能再将它们作为变量、函数或实例名称使用。

表 7-1　动作脚本关键字

break	else	Instanceof	typeof	delete
case	for	New	var	in
continue	function	Return	void	this
default	if	Switch	while	with

7.1.6　运算符

ActionScript 中的表达式都是通过运算符连接变量和数值。运算符是在进行动作脚本编程过程中经常会用到的元素,使用它可以连接、比较、修改已经定义的数值。ActionScript 中的运算符分为:数值运算符、赋值运算符、逻辑运算符、等于运算符等。

1) 运算符的优先顺序

在一个语句中使用两个或两个以上运算符时,各运算符会遵循一定的优先顺序进行运算。比如运算符加(+)和减(—)的优先顺序最低,运算符乘(*)和除(/)的优先顺序较高,而括号的优先顺序最高。

如果一个表达式中包含有相同优先级的运算符时,动作脚本将按照从左到右的顺序依次进行计算;当表达式中包含有较高优先级的运算符时,动作脚本将按照从左到右的顺序,先计算优先级高的运算符,然后再计算优先级较低的运算符;当表达式中包含括号时,则先对括号中的内容进行计算,然后按照优先顺序依次进行计算。

2) 数值运算符

数值运算符可以执行加、减、乘、除及其他算术运算。动作脚本数值运算符如表 7-2 所示。

表 7-2　数值运算符

运算符	执行的运算
+	加法
*	乘法
/	除法
%	求模(除后的余数)
—	减法
++	递增
——	递减

3) 比较运算符

比较运算符用于比较表达式的值,然后返回一个布尔值(true 或 false),这些运算符常用于循环语句和条件语句中。动作脚本中的比较运算符如表 7-3 所示。比较运算符通常用于循环语句及条件语句中。例如,在下面的示例中,若变量 i 的值小于 10,则开始影片的播放;否则停止影片播放。

```
If(I< 10){
    stop();
}else{
    play();
}
```

表 7-3　比较运算符

运算符	执行的运算
<	小于
>	大于
<=	小于或等于
>=	大于或等于

4）字符串运算符

加(+)运算符处理字符串时会产生特殊效果,它可以将两个字符串操作数连接起来,使其成为一个字符串。若加(+)运算符连接的操作数中只有一个是字符串,Flash会将另一个操作数也转换为字符串,然后将它们连接为一个字符串。

5）逻辑运算符

逻辑运算符是对布尔值(true 和 false)进行比较,然后返回另一个布尔值,动作脚本中的逻辑运算符如表 7-4 所示,该表按优先级递减的顺序列出了逻辑运算符。

表 7-4　逻辑运算符

运算符	执行的运算
&&	逻辑与
||	逻辑或
!	逻辑非

6）按位运算符

按位运算符会在内部对浮点数值进行处理,并转换为 32 位整型数值。在执行按位运算符时,动作脚本会分别评估 32 位整型数值中的每个二进制位,从而计算出新的值。动作脚本中按位运算符如表 7-5 所示。

表 7-5　按位运算符

运算符	执行的运算
&	按位与
|	按位或
^	按位异或
~	按位非
<<	左移位
>>	右移位
>>>	右移位填零

7) 等于运算符

等于(==)运算符一般用于确定两个操作数的值或标识是否相等,动作脚本中的等于运算符如表7-6所示。它会返回一个布尔值(true 或 flase),若操作数为字符串、数值或布尔值将按照值进行比较;若操作数为对象或数组,按照引用进行比较。

表7-6 等于运算符

运算符	执行的运算
==	等于
===	全等
!=	不等于
!==	不全等

8) 赋值值运算符

赋值(=)运算符可以将数值赋给变量,或在一个表达式中同时给多个参数赋值。例如如下代码中,表达式 asde=5 中会将数值5赋给变量 asde;在表达式 a=b=c=d 中,将 a 的值分别赋予变量 b,c 和 d。

asde = 5;
a = b = c = d;

使用复合赋值运算符可以联合多个运算,复合运算符可以对两个操作数都进行运算,然后将得到的值赋予第一个操作数。例如,下面两条语句将得到相同的结果:

x -= 5;
x = x-5;

动作脚本中的赋值运算符如表7-7所示。

表7-7 赋值运算符

运算符	执行的运算
=	赋值
+=	相加并赋值
-=	相减并赋值
*=	相乘并赋值
%=	求模并赋值
/=	相除并赋值
<<=	按位左移位并赋值
>>=	按位右移位并赋值
>>>=	右移位填零并赋值
^=	按位异或并赋值
|=	按位或并赋值
&=	按位与并赋值

9) 点运算符和数组访问运算符

使用点运算符(.)和数组访问运算符([])可以访问内置或自定义的动作脚本对象属性，包括影片剪辑的属性。点运算符的左侧是对象的名称，右侧是属性或变量的名称。例如：

mc.height = 24;

mc.= "ball";

要注意的是，属性或变量名称不能是字符串或被评估为字符串的变量，必须是一个标识符。

7.1.7 函数

在 ActionScript 中，函数是一个动作脚本的代码块，可以在任何位置重复使用，减少代码量，从而提高工作效率，同时也可以减少手动输入代码时引起的错误。在 Flash 中可以直接调用已有的内置函数，也可以创建自定义函数，然后进行调用。将值作为参数传递给函数，它将对这些值进行操作。函数常用于复杂和交互性较强的动作制作中。

1) 内置函数

内置函数是一种语言在内部集成的函数，它已经完成了定义的过程。当需要传递参数调用时，可以直接使用。它可用于访问特定的信息以及执行特定的任务。例如，获取播放影片的 Flash Player 版本号(getVersion())。

2) 自定义函数

可以把执行自定义功能一系列语句定义为一个函数。自定义的函数同样可以返回值、传递参数，也可以任意调用它。

函数跟变量一样，附加在定义它们的影片剪辑的时间轴上。必须使用目标路径才能调用它们。此外，也可以使用_global 标识符声明一个全局函数，全局函数可以在所有时间轴中被调用，而且不必使用目标路径。这和变量很相似。

要定义全局函数，可以在函数名称前面加上标识符_global。例如：

_global.myFunction = function (x) {

return (x * 2)+3;

}

要定义时间轴函数，可以使用 function 动作，后接函数名、传递给该函数的参数，以及指示该函数功能的 ActionScript 语句。例如，以下语句定义了函数 areaOfCircle，其参数为 radius。

function areaOfCircle(radius) {

return Math.PI * radius * radius;

}

7.2 ActionScript 代码和语句

在 ActionScript 3.0 环境下，按钮或影片剪辑不再可以被直接添加代码，只能将代码输入在时间轴上，或者将代码输入在外部类文件中。但在 ActionScript 2.0 环境下，可以给【按钮】元件或【影片剪辑】元件添加 ActionScript，可以根据动画实际要实现的效果，选择方便快捷的 ActionScript 环境。ActionScript 语句就是动作或者命令，动作可以相互独立地运行，也可以在一个动作内使用另一个动作，从而达到嵌套效果，使动作之间可以相互影响。

7.2.1 输入 ActionScript 代码

Flash CS5 可以在图层中的某个关键帧上、场景中的某个对象以及外部对象上输入 ActionScript 代码。

1) 在时间轴上输入代码

在 Flash CS5 中，可以在时间轴上的任何一帧中添加代码，包括主时间轴和影片剪辑的时间轴中的任何帧。输入时间轴的代码，将在播放头进入该帧时被执行。

在时间轴上选中要添加代码的关键帧，选择【窗口】|【动作】命令，或者直接按下 F9 快捷键即可打开【动作】面板，在动作面板的【脚本编辑窗口】中输入代码即可。

2) 在外部 AS 类文件上输入代码

需要组件较大的应用程序或者包括重要的代码时，就可以创建单独的外部 AS 类文件并在其中组织代码。

要创建外部 AS 文件，应首先选择【文件】|【新建】命令打开【新建文档】对话框，如图7-2所示。在该对话框中选中【ActionScript 文件】选项，然后单击【确定】按钮即可，如图7-3 所示。和在【动作】面板类似，可以在创建的 AS 文件的【脚本】窗口中书写代码，完成后将其保存即可。

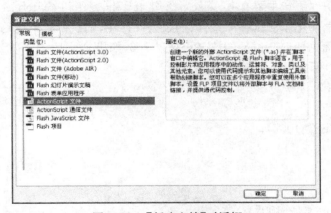

图 7-2 【新建文档】对话框

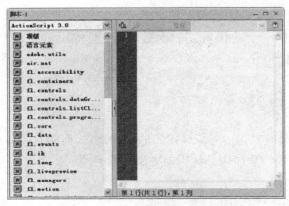

图 7-3 创建 AS 文件

3）在元件中输入代码

在 ActionScript 2.0 环境下,可以在【按钮】和【影片剪辑】元件中添加代码。在元件中直接添加代码,可以针对该元件,执行动作。

在【按钮】元件中添加 ActionScript,在单击该按钮或者鼠标经过该按钮时,能执行指定的动作脚本动画。选中要添加代码的按钮,按下 F9 键,或者右击该按钮,在弹出的快捷菜单中选择【动作】命令,打开【动作】面板,在编辑区域中输入代码即可。

要在【影片剪辑】中插入动作脚本,方法与在【按钮】元件中添加代码方法类似。选中要添加脚本的【影片剪辑】元件,打开【动作】面板,在编辑区域中输入代码即可。

7.2.2 输入 ActionScript 语句

ActionScript 语句就是动作或者命令,动作可以相互独立地运行,也可以在一个动作内使用另一个动作,从而达到嵌套效果,使动作之间可以相互影响。条件判断语句及循环控制语句是制作 Flash 动画时较常用到的两种语句,使用它们可以控制动画的进行,从而达到与用户交互的效果。

1）条件语句

条件语句用于决定在特定情况下才执行命令,或者针对不同的条件执行具体操作。在制作交互性动画时,使用条件语句,只有当符合设置的条件时,才能执行相应的动画操作。在 Flash CS5 中,条件语句主要有 if...else...语句、if...else...if 和 switch...case 3 种。

if...else 条件语句用于测试一个条件,如果条件存在,则执行一个代码块,否则执行替代代码块。例如,下面的代码测试 x 的值是否超过 100,如果是,则生成一个 trace()函数,否则生成另一个 trace()函数。

```
if (x >100)
{
trace("x is >100");
}
else
{
trace("x is <= 100");
}
```

2）循环语句

循环语句主要控制一个动作重复的次数,或是在特定的条件成立时重复动作。在 Flash CS5 中可以使用 while、do...while、for、for...in 和 for each...in 动作创建循环。

7.3 处理对象和类

ActionScript 3.0 是一种面向对象(OPP)的编程语言,面向对象的编程仅仅是一种编程方法,它与使用对象来组织程序中的代码的方法并没有差别。

7.3.1 属性

属性是对象的基本特性,如影片剪辑元件的位置、大小、透明度等。它表示某个对象中绑定在一起的若干数据块的一个。例如:

myExp.x=100

//将名为 myExp 的影片剪辑元件移动到 x 坐标为 100 像素的地方

myExp.rotation=Scp.rotation;

//使用 rotation 属性旋转名为 myExp 的影片剪辑元件以便与 Scp 影片剪辑元件的旋转相匹配

myExp.scaleY=5

//更改 Exp 影片剪辑元件的水平缩放比例,使其宽度为原始宽度的 5 倍

通过以上语句可以发现,要访问对象的属性,可以使用"对象名称(变量名)+句点+属性名"的形式书写代码。

7.3.2 方法

方法是指可以由对象执行的操作。如果在 Flash 中使用时间轴上的几个关键帧和基本动画制作了一个影片剪辑元件,则可以播放或停止该影片剪辑,或者指示它将播放头移动到特定的帧。例如:

myClip.play();

//指示名为 myClip 的影片剪辑元件开始播放

myClip.stop();

//指示名为 myClip 的影片剪辑元件停止播放

myClip.gotoAndstop(15);

//指示名为 myClip 的影片剪辑元件将其播放头移动到第 15 帧,然后停止播放

myClip.gotoAndPlay(5);

//指示名为 myClip 的影片剪辑元件跳到第 5 帧开始播放

通过以上的语句可以总结如下规则:

以"对象名称(变量名)+句点+方法名"可以访问方法,这与属性类似。

小括号中指示对象执行的动作,可以将值或者变量放在小括号中,这些值被称为方法的"参数"。

7.3.3 事件

事件是用于确定执行哪些指令以及何时执行的机制。事实上,事件就是指发生的、ActionScript 能够识别并可响应的事情。许多事件与用户交互动作有关,如用户单击按钮或按下键盘上的键等操作。

1) 基本事件处理

无论编写怎样的事件处理代码,都会包括事件源、事件和响应等 3 个元素,其具体含义

如下所示。

事件源：是指发生事件的对象，也被称为"事件目标"。

响应：是指当事件发生时执行的操作。

事件：指将要发生的事情，有时一个对象可以触发多个事件。

2）语法结构

在编写事件代码时，应遵循一下基本结构：

```
function eventResponse(eventObject:EventType):void
{
// 此处是为响应事件而执行的动作。
}
eventSource.addEventListener(EventType.EVENT_NAME, eventResponse);
```

此代码执行两个操作。首先，定义一个函数 eventResponse，这是指定为响应事件而要执行的动作的方法。接下来，调用源对象的 addEventListener() 方法，实际上就是为指定事件"订阅"该函数，以便当该事件发生时，执行该函数的动作。而 eventObject 是函数的参数，EventType 则是该参数的类型。

7.3.4 对象实例

在 ActionScript 中使用对象之前，必须确保该对象的存在。创建对象的一个步骤就是声明变量，我们已经学会了其操作方法。但仅声明变量，只表示在电脑内创建了一个空位置，所以需要为变量赋一个实际的值，这样的整个过程就成为对象的"实例化"。除了在 ActionScript 中声明变量时赋值之外，其实用户也可以在【属性】面板中为对象指定对象实例名。

除了 Number、String、Boolean、XML、Array、RegExp、Object 和 Function 数据类型以外，要创建一个对象实例，都应将 new 运算符与类名一起使用。

例如：

Var myday:Date=new Date(2008,7,20);

//以该方法创建实例时，在类名后加上小括号，有时还可以指定参数值

7.3.5 编写常用类

ActionScript 3.0 中的类有许多种，本节将介绍一些常用的类，并通过例题掌握类的使用方法。

熟悉 ActionScript 2.0 的用户，对于 include 类一定不陌生，在 ActionScript 3.0 中，使用 Include 指令依然可以用来导入外部代码。

新建一个文档，应用 Include 类，使用鼠标选中物体后，可以移动物体。

（1）新建一个文档，选择【文件】|【导入】|【导入到库】命令，导入 2 个 PSD 文件图像到【库】面板中，拖动一个图像到【图层 1】图层的第 1 帧处，调整图像合适大小。

（2）在【图层 1】图层下方新建【图层 2】图层，拖动一个图像到该图层第 1 帧处，调整图像合适大小，如图 7-4 所示。

图7-4 导入图像

(3) 选择【修改】|【文档】命令,打开【文档属性】对话框,选中【内容】单选按钮,如图7-5所示,设置文档大小。

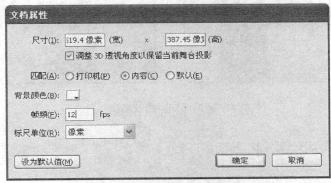

图7-5 设置【文档属性】对话框

(4) 选中【图层2】图层的图像,选择【修改】|【转换为元件】命令,打开【转换为元件】对话框,转换为beckham影片剪辑元件。

(5) 选中beckham影片剪辑元件,打开【属性】面板,在【实例名称】文本框中输入实例名称为rw。

(6) 选择【文件】|【新建】命令,打开【新建文档】对话框,新建一个ActionScript文件,在【脚本】窗口中输入如下代码。

```
rw.buttonMode = true;
//设置当光标移到rw元件上时显示手形光标形状
rw.addEventListener(MouseEvent.MOUSE_DOWN,onDown);
rw.addEventListener(MouseEvent.MOUSE_UP,onUp);
//侦听事件
function onDown(event:MouseEvent):void{
rw.startDrag();
}
//定义onDown事件
function onUp(event:MouseEvent):void{
rw.stopDrag();
```

}
//定义 onUp 事件

（7）保存 ActionScript 文件名为【脚本】，返回文档，新建【图层 3】图层，右击该图层第 1 帧，在弹出的快捷菜单中选择【动作】命令，打开【动作】面板，输入如下代码，应用 include 类调用外部 AS 文件，保存文件为【拖动封面】，将文件与【脚本.as】文件保存在同一个文件夹中。

include"脚本.as"

（8）按下 Ctrl+Enter 键，测试动画效果，如图 7-6 所示。

图 7-6　测试效果

7.4　使用 Flash 组件

组件是一种带有参数的影片剪辑，它可以帮助用户在不编写 ActionScript 的情况下，方便而快速地在 Flash 文档中添加所需的界面元素，譬如单选按钮或复选框等控件。在 Flash 中的组件主要分为按钮、复选框、列表框等。

7.4.1　认识【组件】面板

Flash 中的组件都显示在【组件】面板中，选择【窗口】|【组件】命令，打开【组件】面板，如图 7-7 所示。在该面板中可查看和调用系统中的组件，Flash CS5 的组件包括 Flex 组件、UI 组件和视频 Video 组件等 3 大类，各组件大类中包含的组件如图 7-8 所示。

图 7-7　【组件】面板

图 7-8　各组件大类中的组件

值得注意的是,从 Flash CS5 开始,组件的参数设置不再在【属性检查器】中进行,而是在【属性】面板中的【属性检查器】中进行具体的参数设置。

7.4.2　常用 UI 组件

在 Flash CS5 的组件类型中,User Interface(UI)组件用于设置用户界面,并实现大部分的交互式操作,因此在制作交互式动画方面,UI 组件应用最广,也是最常用的组件类别之一。下面分别对几个较为常用的 UI 组件进行介绍。

1) 按钮组件【Button】

按钮组件 Button 是一个可使用自定义图标来定义其大小的按钮,它可以执行鼠标和键盘的交互事件,也可以将按钮的行为从按下改为切换。

在【组件】面板中选择【User Interface】|【Button】命令,拖动到设计区中即可创建一个按钮组件的实例。选中按钮组件实例后,在其【属性】面板中会显示【属性检查器】面板,用户可以在此修改其参数。在按钮组件的【属性检查器】面板中有很多复选框,只要选中复选框即可代表该项的值为 true,取消选中则为 false。

使用按钮组件 Button 创建一个可交互的应用程序。

(1) 新建一个文档,选择【窗口】|【组件】命令,打开【组件】面板,将按钮组件 Button 拖到舞台中创建一个实例。

(2) 在该实例的【属性】面板中,输入实例名称为【aButton】,然后打开【组件参数】面板,为 label 参数输入文字"开始",如图 7-9 所示。

图 7-9　设置按钮组件名称及参数

（3）从【组件】面板中拖动拾色器组件 ColorPicker 到舞台中，然后将该实例命名为 aCp，如图 7-10 所示。

图 7-10 设置拾色器组件名字

（4）在时间轴上选中第 1 帧，然后打开【动作】面板输入如下代码：

aCp.visible = false;
aButton.addEventListener(MouseEvent.CLICK，clickHandler);
function clickHandler(event:MouseEvent):void {
switch(event.currentTarget.label) {
case "开始":
aCp.visible = true;
aButton.label = "黑";
break;
case "黑":
aCp.enabled = false;
aButton.label = "白";
break;
case "白":
aCp.enabled = true;
aButton.label = "返回";
break;
case "返回":
aCp.visible = false;
aButton.label = "开始";
break;
}
}

（5）按下 Ctrl+Enter 组合键，预览影片效果，可以看到一个可控的应用程序，点击按钮会显示效果，如图 7-11 所示。

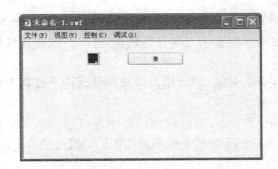 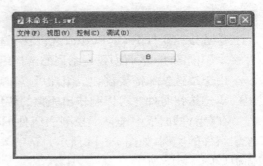

图 7-11 预览动画效果

2) 复选框组件【CheckBox】

复选框 CheckBox 是一个可以选中或取消选中的方框,它是表单或应用程序中常用的控件之一,当需要收集一组非互相排斥的选项时都可以使用复选框。

在【组件】面板中选择复选框组件 CheckBox,将其拖到舞台中即可创建一个复选框组件的实例,如图 7-12 所示。

图 7-12 创建复选框组件实例

选中舞台中的复选框组件实例后,其【属性检查器】面板如图 7-13 所示。

图 7-13 复选框组件的【属性检查器】面板

3) 单选按钮组件【RadioButton】

单选按钮组件 RadioButton 允许在互相排斥的选项之间进行选择，可以利用该组件创建多个不同的组，从而创建一系列的选择组。

由于单选按钮需要创建成组才可以实现单选效果，因此用户应至少使用两个或两个以上的单选按钮组件才可以制作出完整的应用程序。

在【组件】面板中选择下拉列表组件 RadioButton，将其拖到舞台中即可创建一个单选按钮组件的实例，如图 7-14 所示。选中舞台中的下拉列表框组件实例后，其【属性检查器】面板如图 7-15 所示。

图 7-14　创建单选按钮组件实例

图 7-15　单选按钮组件的【属性检查器】面板

4) 文本区域组件【TextArea】

文本区域组件 TextArea 用于创建多行文本字段，例如，可以在表单中使用 TextArea 组件创建一个静态的注释文本，或者创建一个支持文本输入的文本框。另外，通过设置 HtmlText 属性可以使用 HTML 格式来设置 TextArea 组件，同时可以用星号遮蔽文本的形式创建密码字段。

在【组件】面板中选择文本区域组件 TextArea,将它拖动到设计区中即可创建一个文本区域组件的实例,如图 7-16 所示。选中舞台中的文本区域组件实例后,打开【属性检查器】面板,如图 7-17 所示。

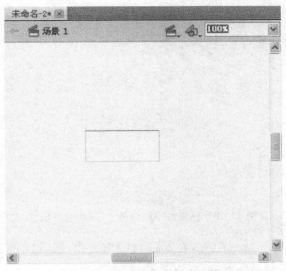

图 7-16　创建文本区域组件实例

图 7-17　文本区域组件的【属性检查器】面板

使用文本区域组件 TextArea 创建两个可输入的文本框,使第 1 个文本框中只允许输入数字,第 2 个文本框中只允许输入字母,且在第 1 个文本框中输入的内容会自动出现在第 2 个文本框中。

(1) 新建一个文档,选择【窗口】|【组件】命令,打开【组件】面板,拖动两个文本区域组件 TextArea 到舞台中,如图 7-18 所示。

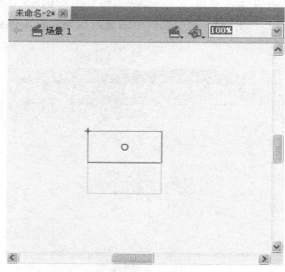

图 7-18　在舞台中放置两个 TextArea 组件

（2）选中上方的 TextArea 组件，在其【属性】面板中，输入实例名称 aTa；选中下方的 TextArea 组件，输入实例名称为 bTa，如图 7-19 所示。

图 7-19　分别输入实例名称

（3）在时间轴上选中第 1 帧，然后打开【动作】面板输入如下代码：

import flash.events.FocusEvent;
aTa.restrict = "0-9";
bTa.restrict = "a-z";
aTa.addEventListener(Event.CHANGE, changeHandler);
aTa.addEventListener(FocusEvent.KEY_FOCUS_CHANGE, k_m_fHandler);
aTa.addEventListener(FocusEvent.MOUSE_FOCUS_CHANGE, k_m_fHandler);
function changeHandler(ch_evt:Event):void {
bTa.text = aTa.text;
}
function k_m_fHandler(kmf_event:FocusEvent):void {
kmf_event.preventDefault();
}

（4）按下 Ctrl+Enter 组合键，预览应用程序，并在文本框内输入数字和字母进行测试，效果如图 7-20 所示。

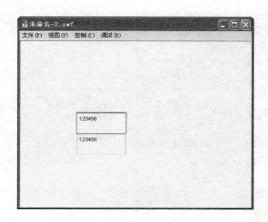 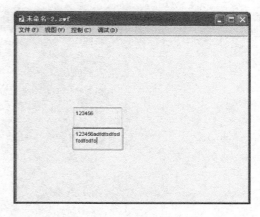

图 7‑20 测试效果

7.4.3 视频组件

除了 UI 组件之外，在 Flash CS5 的【组件】窗口中还包含了 Video 组件，即视频组件。该组件主要用于控制导入到 Flash CS5 中的视频。

Flash CS5 的视频组件主要包括了使用视频播放器组件 FLVplayback 和一系列用于视频控制的按键组件。通过 FLVplayback 组件，可以将视频播放器包含在 Flash CS5 应用程序中，以便播放通过 HTTP 渐进式下载的 Flash 视频（FLV）文件，如图 7‑21 所示。选中舞台中的视频组件实例后，打开【属性检查器】面板，如图 7‑22 所示。

图 7‑21 FLVplayback 组件效果

图7-22 【属性检查器】面板

用户可以通过设置FLVplayback组件参数的方法来创建视频播放器,也可以仅插入FLVplayback组件,然后通过脚本语言来实现播放器的各种设置。下面将通过一个实例说明视频组件的应用方法。

新建文档,使用FLVplayback组件制作播放器动画。

(1)新建一个文档,选择【窗口】|【组件】命令,打开【组件】面板,在Video组件列表中拖动FLVplayback组件到舞台中央,如图7-23所示。

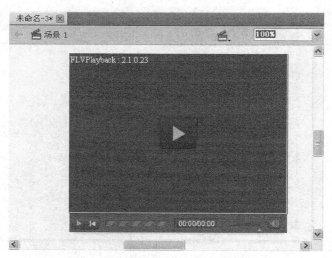

图7-23 创建FLVplayback组件实例

(2)选中舞台中的组件,打开【属性】面板,单击【Skin】选项右侧的按钮,打开【选择外观】对话框,如图7-24所示。

图 7-24 【属性】面板

（3）在该对话框中打开【外观】下拉列表框，选择所需的播放器外观后，单击【确定】按钮，如图 7-25 所示。

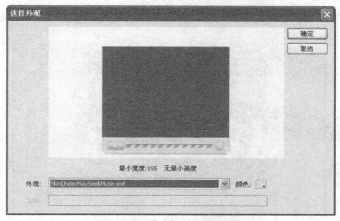

图 7-25 【选择外观】对话框

（4）返回【属性】面板，单击 source 选项右侧的 ⁄ 按钮，打开【内容路径】对话框，如图 7-26 所示。

图 7-26 【属性】面板

(5) 在文本框中输入播放路径：http://www.helpexamples.com/flash/video/water.flv，并选中【匹配源尺寸】复选框，单击【确定】按钮，如图 7‐27 所示。

图 7‐27 【内容路径】对话框

(6) 按下 Ctrl+Enter 键预览动画的效果，在播放时用户可通过播放器上的各按钮控制影片的播放，如图 7‐28 所示。

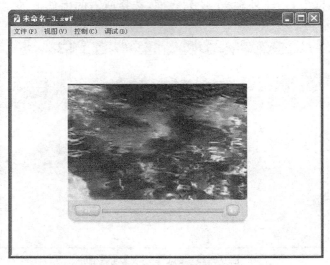

图 7‐28 预览动画

【练习与思考】

1. ActionScript 3.0 中点语法主要有什么作用？分号的作用是什么？
2. ActionScript 有哪些常用语句？
3. 简述方法与属性的不同之处。
4. 使用组件制作注册界面，如图 7‐29 所示。
5. 添加 Video 组件，制作视频播放器，如图 7‐30 所示。

图 7-29 注册界面

图 7-30 视频播放器

8 网络广告发布

【导读案例】　　　　　　　微信的定向

微信广告平台发布新的产品功能,其后台增加定向条件"兴趣标签",广告主可更精准实施定向投放。

微信广告平台根据用户基础属性、短期行为以及长期兴趣等维度对用户进行分析,提炼出17个用户兴趣标签,具体包含有教育、旅游、金融、汽车、房产、家居、服饰鞋帽箱包、餐饮美食、生活服务、商务服务、美容、互联网/电子产品、体育运动、医疗健康、孕产育儿、游戏以及政法,现已经开放给全部广告主选择使用。广告主还可以自定义用户的兴趣标签。

与此同时,通过新上线的渠道包功能,广告主可以在后台自助上传多个渠道包,将安卓版APP推广的效果细化到每个广告位、每个素材,甚至每条广告,以完成推广效果的闭环追踪,并且可以从数据效果得出广告投放的优化方向。

(案例资料源自《京华时报》,作者廖丰)

8.1 网络广告受众

网络人口甚众,作为企业来说,你的目标消费者是否在其中?在网络的什么位置?投放广告要给谁看?要制作什么形式、什么风格的广告?这一系列要解决的问题都要建立在对网络用户信息充分了解、分析的基础之上。

8.1.1 网上受众与传统受众的区别

受众一词是对观众、听众和读者的统称。在网络传播时代,网上受众与传统受众的概念有明显区别:

(1)由单向传播中的接受者到双向、互动传播中的传受者不分。在传统的传播活动中,信息传输方式是由传播者到受众的一对多、点对面的单向传播。但在网络传播中,信息的流动既可以是一对多、一对少,也可以是一对一、多对多,还可以多对一、少对一。网络的交互性带来了传播方式的多样化。在这种双向传播过程中,传、受者的界限日趋模糊。

(2)由传播者的信息"推入"到接收者的"拉出"信息。在传统大众传播活动中,单向的传播定势使传受双方客观上形成不平等关系。受众总是被动地接受大众传媒传递的信息。在信息传递过程中,主要是以传播者为主导的信息"推入"方式。但在网络传播时,受众的自主权扩大了,受众可随时随地选择自己需要的新闻;可以根据个性化的需要,选择类似"读者点题"形式的栏目,得到网络提供的个性化的周到服务。这就变原来传播者规定菜单式为受众自主点菜式,变呆板的从上到下的"推送"信息为受众自由地"拉出"信息。一推一拉,反映了两种截然不同的受众观。

（3）由单一的接受功能到多重权利的拥有。在传统大众传播过程中，受众只有单一的接受功能，即使反馈也是零散的、间接的和延迟的。但在网络空间，受众不仅能主动地获取信息，而且能主动地报道甚至发布信息。受众可随时同传播者在媒介上直接进行面对面的视频、音频对话，与传播者完全处于平等的地位。同时，网络、多媒体等新技术、新媒介将使得受众可以通过网络同新闻工作者一样容易地、直接地获得新闻事件的第一手材料，从而获得依据第一手材料进行分析、解释、评论、报道权，由此打破了过去新闻工作者对新闻的垄断报道。受众的声音不仅发出来了，而且越来越趋多样化。

由此可见，传统大众传播学中的"受众"这一特定术语在网络传播时代已经赋予新的意义。网上受众已经不仅仅是信息的"接收者"，同时也是信息的"发布者"，具有强烈的互动性。

8.1.2 网民结构分析

网络用户这一庞大的群体究竟是一个什么样的组合？而这一群体中看广告的人在哪里？回答这些问题首先要对这一群体做出全面的分析。通过观察用户的上网习惯，对于上网频率、时间的研究，能够在用户中筛选出对于特定产品感兴趣的直接受众。如果广告主能充分利用互联网的特性，将广告直接指向目标客户，则既可以节省费用又可以收到较好的效果。

以下是CNNIC（中国互联网络信息中心）2015年6月的调查结果：

1) 中国网民年龄结构

由图8-1可以看出，我国网民以10～39岁年龄段为主要群体，比例合计达到78.1%。其中20～29岁年龄段的网民占比最高，达31.5%。

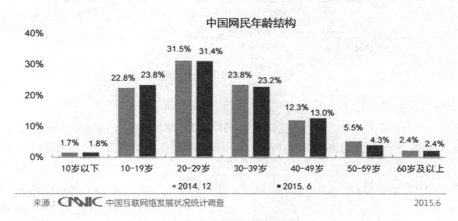

图8-1 中国网民年龄结构

2) 中国网民性别结构

截至2015年6月，中国网民男女比例为55.1：44.9，如图8-2所示，女性网民占比相比2014年底提升了1.3个百分点。

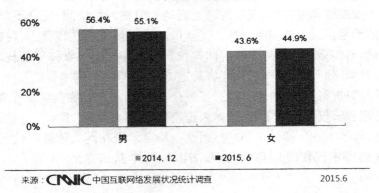

图 8-2 中国网民性别结构

3) 中国网民学历结构

截至 2015 年 6 月,各学历阶段网民占比如图 8-3 所示。网民中,小学及以下学历人群的占比为 12.4%,较 2014 年底上升 1.3 个百分点。与此同时,大专及以上人群占比下降 0.8 个百分点,中国网民继续向低学历人群扩散。

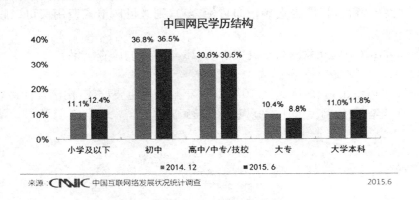

图 8-3 中国网民学历结构

4) 中国网民职业结构

截至 2015 年 6 月,网民中学生群体的占比最高,为 24.6%,其次为个体户/自由职业者,比例为 22.3%,企业/公司的管理人员和一般职员占比合计达到 17.0%,如图 8-4 所示。

5) 中国网民收入结构

截至 2015 年 6 月,网民中月收入在 2 001~3 000、3 001~5 000 元的群体占比最高,分别为 21.0% 和 22.4%,如图 8-5 所示。与 2014 年相比,网民的收入水平有一定的提升,一方面是由于城镇网民的增幅高于农村网民,另一方面与社会经济的快速发展、人民收入水平持续提高密不可分。

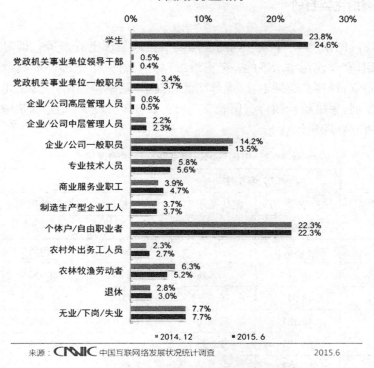

图 8-4 中国网民职业结构

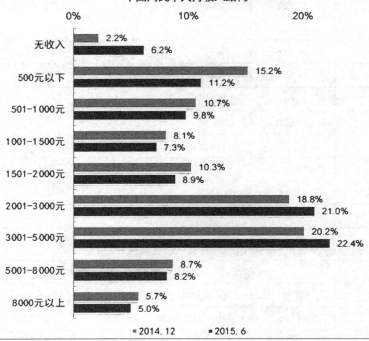

图 8-5 中国网民收入结构

8.1.3 用户上网的主要目的

在移动互联网的推动下,个人互联网应用发展整体呈现上升态势。即时通信作为网民第一大上网应用,在高使用率水平的基础上继续攀升;微博、电子邮件等其他交流沟通类应用使用率持续走低;博客社交性退化,媒体功能凸显,使用率呈现回升态势;电子商务类应用依然保持快速发展,手机旅行预订应用表现突出。表8-1、表8-2分别是中国网民各类互联网应用和手机互联网应用状况。

表 8-1 中国网民各类互联网应用的使用率

应用	2015年6月		2014年12月		半年增长率
	用户规模(万)	网民使用率	用户规模(万)	网民使用率	
即时通信	60 626	90.8%	58 776	90.6%	3.1%
网络新闻	55 467	83.1%	51 894	80.0%	6.9%
搜索引擎	53 615	80.3%	52 223	80.5%	2.7%
网络音乐	48 046	72.0%	47 807	73.7%	0.5%
博客/个人空间	47 457	71.1%	46 679	72.0%	1.7%
网络视频	46 121	69.1%	43 298	66.7%	6.5%
网络游戏	38 021	56.9%	36 585	56.4%	3.9%
网络购物	37 391	56.0%	36 142	55.7%	3.5%
微博客	20 432	30.6%	24 884	38.4%	-17.9%
网络文学	28 467	42.6%	29 385	45.3%	-3.1%
网上支付	35 886	53.7%	30 431	46.9%	17.9%
电子邮件	24 511	36.7%	25 178	38.8%	-2.6%
网上银行	30 696	46.0%	28 214	43.5%	8.8%
旅行预订	22 903	34.3%	22 173	34.2%	3.3%
团购	17 639	26.4%	17 267	26.6%	2.2%
论坛/bbs	12 007	18.0%	12 908	19.9%	-7.0%
网上炒股或炒基金	5 628	8.4%	3 819	5.9%	47.4%
互联网理财	7 849	11.8%	7 849	12.1%	0.0%

表 8-2 中国网民各类手机互联网应用的使用率

应用	2015年6月		2014年12月		半年增长率
	用户规模(万)	网民使用率	用户规模(万)	网民使用率	
手机即时通信	54 018	91.0%	50 762	91.2%	6.4%
手机搜索	45 434	76.5%	42 914	77.1%	5.9%
手机网络新闻	45 959	77.4%	41 539	74.6%	10.6%

续 表

应用	2015年6月		2014年12月		半年增长率
	用户规模(万)	网民使用率	用户规模(万)	网民使用率	
手机网络音乐	38 556	65.0%	36 642	65.8%	5.2%
手机网络视频	35 434	59.7%	31 280	56.2%	13.3%
手机网络游戏	26 699	45.0%	24 823	44.6%	7.6%
手机网络购物	27 041	45.6%	23 609	42.4%	14.5%
手机网络文学	24 908	42.0%	22 626	40.6%	10.1%
手机网上支付	27 579	46.5%	21 739	39.0%	26.9%
手机网上银行	21 471	36.2%	19 813	35.6%	8.4%
手机微博客	16 227	27.3%	17 083	30.7%	−5.0%
手机邮件	14 228	24.0%	14 040	25.2%	1.3%
手机旅行预订	16 772	28.3%	13 422	24.1%	25.0%
手机团购	12 906	21.7%	11 872	21.3%	8.7%
手机论坛/bbs	7 662	12.9%	7 571	13.6%	1.2%
手机炒股或炒基金	3 695	6.2%	1 947	3.5%	89.8%

8.2 网络广告发布途径

广告主通过互联网发布企业广告,比较常见的有以下几种方式:

8.2.1 主页形式

企业建立自己的主页并以此作为自己网络宣传的阵地。通过主页,企业不仅能发布自己产品、服务方面的广告信息,而且还可以以一定形式的创意风格向用户全方位展示自己企业文化及团队精神。这不但是一种企业形象的树立,也是宣传产品的良好工具。在互联网上有许多广告形式如:黄页、工业名录、免费的互联网服务广告、网上报纸、新闻组等,但若是想让用户成为消费者,并与之进一步沟通就必须建立自己的主页,通过链接让点击自己广告的用户到达自己的页面。

8.2.2 专类销售网

这是一种专类产品直接在互联网上进行销售的方式。现在有越来越多的这样的网络出现,著名的如 Automobile Buyer's Network、AutoBytel 等。以 Automobile Buyer's Network 为例,消费者只要在一张表中填上自己所需汽车的类型、价位、制造者、型号等信息,然后轻轻按一下 Search(搜索)键,计算机屏幕上就可以马上出现完全满足你所需要的汽车的各种细节,当然还包括何处可以购买到此种汽车的信息。另外,消费者考虑购买汽车时,很有可能首先通过此类网络先进行查询,所以,对于汽车代理商和销售商来说,这是种很有效的互联网广告方式。汽车商只要在网上注册,那么他所销售的汽车细节就进入了网络的数据库中,也就有可能被消费者查询到。与汽车销售网类似,其他类别产品的代理商和销售商也可以连入相应的销售网络,从而无需付出太大的代价就可以将公司的产品及时地呈现在世界各地的用户面前。

8.2.3 黄页形式

在互联网上有一些专门的用以查询检索服务的网络服务商的站点如 Yahoo!、Infoseek、Excite 等。这些站点就如同电话黄页一样,按类别划分便于用户进行站点的查询。广告主可以购买在其页面内部留出的广告空间。在这些页面上做广告的好处是:
(1) 针对性好,在查询的过程中都是以关键字区分的,所以广告的针对性较好;
(2) 醒目,处于页面的明显处,较易为正在查询相关问题的用户所注意,容易成为用户浏览的首选。

8.2.4 企业名录

一些互联网服务提供者(ISP)或政府机构会将一些企业信息融入他们的主页中。如香港商业发展委员会(Hong Kong Trade Development Council)的主页中就融有汽车代理商、汽车配件商的名录。只要用户感兴趣,就可以直接通过链接,进入相应行业代理商(或者配件商)的主页上。

8.2.5 网上报纸或杂志

在互联网日益发展的今天,新闻界也不落人后,一些世界著名的报纸和杂志,如美国的《华尔街日报》《商业周刊》,国内的如《人民日报》《文汇报》《中国日报》等,纷纷将触角伸向了互联网,在互联网上建立自己的 Web 主页。而更有一些新兴的报纸与杂志,干脆脱离了传统的"纸"的媒体,完完全全地成为了一种"网上报纸或杂志",反响非常好,每天访问的人数不断上升。可以预计,随着计算机的普及与网络的发展,网上报纸与杂志将如同今天的报纸与杂志一般,成为人们必不可少的生活伴侣。对于注重广告宣传的公司,在这些网上杂志或报纸上做广告也是一个较好的传播渠道。

8.2.6 新闻组(Newsgroup)

新闻组也是一种常见的互联网服务,它与公告牌相似。人人都可以订阅它,成为新闻组的一员。成员可以在其上阅读大量的公告,也可以发表自己的公告,或者回复他人的公告。新闻组是一种很好的讨论与分享信息的方式。对于一个公司来说,选择在与本公司产品相关的新闻组上发表自己的公告将是一种非常有效的、传播自己的信息的渠道。

参加某一新闻组的人们有着共同兴趣,或关心特定主题,利用新闻组可有效地推广你的网站,但必须遵守"国际惯例":
(1) 首先,要寻找那些与你的产品或服务相关的新闻组。

(2)"潜伏"在某个新闻组,观察这个新闻组一段时间。

(3)粘贴的文章要言简意赅,提出自己独到的见解,不要发表与主题不符的文章。

(4)不要在文章中给你的产品或服务做广告,这样很容易引起反感,你可以在文章末尾说明一下你的网站提供某产品或服务有价值的信息或解决方案。

(5)成为大家熟知的参与者,经常回答一些问题,树立公司良好形象。

(6)不要忘记在每篇文章中包含你的署名。

(7)如果有足够的兴趣,你也可以建造自己的新闻组。

投稿的新闻媒体应该是全方位的,不仅仅是在线媒体,还应利用传统媒体。作为网站总体策划的一部分,新闻稿应该与网站同时发布。

当向媒体发送稿件时,应遵守以下几条基本规则:

(1)缩小目标范围,要质量而不是数量,要根据你所在行业来选择目标媒体,不要向不相关的媒体广泛发表你的新闻稿。

(2)在你写稿之前思考写稿要达到什么目的,并转换一下位置,以读者的身份阅读你的新闻稿。

(3)言简意赅。对于在线媒体,新闻稿篇幅应保持在1到2屏。

(4)要使内容紧扣主题,主题应足够吸引人,具有报道价值和时效性。围绕相关的技术、产品或服务提出解决方案,不失为很好的策略。

(5)要符合媒体的写作方式。可以申请一个免费的媒体制作工具软件,索取媒体的杂志样本,研究媒体的形式及内容,然后以他们喜欢的方式撰写文稿。

(6)要忠实地对待媒体及读者,不要虚伪地谎报你的产品性能,不要试图做"有偿新闻",要努力让编辑们感兴趣,并主动要求更多的信息。

(7)不要忘记你自己也要订购一份期刊,这样可知道媒体是否刊登了你的文章,并可直观地看一下效果。

8.2.7 友情链接

建立友情链接要本着平等的原则。平等有着广泛的含义,网站的访问量,在搜索引擎中的排名位置,相互之间信息的补充程度,链接的位置,链接的具体形式(图像还是文本方式,是否在专门的 resource 网页,或单独介绍你的网站)等,这些都是在建立友情链接时需考虑的事情:

1) 发出邀请函

(1)礼貌地开头,尽可能地找到对方网站管理员的名字,用他们的名字与其联系。称赞他的网站提出的某个观点,这样你可以抓住对方的注意力,使他们立刻感到温暖。

(2)告诉他们你已经有一个链接指向贵方的网站,并且给出那个网页的 URL 地址,如果你给对方一个有价值的链接,也许加上对网站的简单介绍,那么你可能得到更多。

不一定用你的网站首页建立友情链接,任何一个子网页都可以(这要看对方网站提供友情链接的形式),用户可从你的子网页"跳到"你的首页。

(3)告诉对方你的网站提供什么产品或服务,你已经浏览过他们的网站,并知道贵方的网站访问者对什么感兴趣,与他们建立链接的理由就是你的网站与他们有着相同或相近的主题,也就是说,可以提供其他有价值的信息给贵方的访问者。

2) 向谁发函

你需要与那些访问量大的网站建立链接,一个有效的办法就是在搜索引擎中查找网站,然后浏览结果列表前面的网站,这些就是你所需要的,选择与你的主题相似或互补的网站。你希望链接的网站有着很好的排名位置,也就意味着,他们选择对象是非常苛刻的,实际上,他们想要建立友情链接的网站是他们认为有用的站点,所以不要总是不厌其烦地要求,除非你提供大量免费的、有价值的资讯。

3) 选择对方网站

如果你为了增加网站访问量而敞开你的大门,与任意网站建立友情链接,这样不会给你带来任何的好处,建立友情链接不仅仅是为了增加访问量,还应对你的网站内容起补充的作用,以便更好地服务你的用户,如果你链接了大量低水平的网站,用户将不会再来了。

4) 信守承诺

互惠链接的一个基本的原则就是诚实,事实上,网站管理员很少有时间来查看已建立互惠链接的网站,他们信任其他的网站管理员,所以,不要把人家的链接随意地删除,维护人家的利益的同时,也保护了你自己。

8.2.8 使用电子邮件和电子邮件列表发布广告

在互联网中到处都充满了商机,就像传统广告中的邮寄广告一样,网络世界中另外一种广告发布形式正在被更多的商家所利用,即电子邮件广告。传统的邮寄广告是广告主把印制或书写的信息,包括商品目录、货物说明书、商品价目表、展销会请柬、征订单、明信片、招贴画、传单等,直接通过邮政系统寄达选定的对象的一种传播方式。电子邮件广告是广告主将广告信息以 E-mail 的方式发送给有关的网上用户。

互联网还有一种可供使用的资源,就是电子邮件列表。电子邮件列表非常流行,在互联网上有非常多的邮件列表,如果要使用电子邮件列表,可以有两种选择。

一种是建立自己的邮件列表服务器。邮件列表服务器可以生成相当于大宗邮件的电子邮件。假定你的公司在一个有 3 000 名客户所在的地区新建了一个办事处,现在想把这个消息发送给这些客户,就可以使用电子邮件列表:向自己的电子邮件列表服务器发送一个消息,服务器就会把这一消息和该地区 3 000 名客户的 3 000 个电子邮件地址混合在一起并发出 3 000 个地址相互独立的电子邮件消息。

另一种方式是租借其他公司的电子邮件列表。利用电子邮件列表需要收集足够的电子邮件地址,这往往要花费很多时间和精力,一种越来越大众化的获得电子邮件地址的捷径是从其他公司租借电子邮件列表。这种列表是最常用的商业广告列表,他们可以使你发送的电子邮件相当于传统广告中的直接邮寄广告。有的公司提供的电子邮件列表常常是那些自愿加入的、想要接收特定主题的电子邮件广告的人。如果能租借到这样的电子邮件列表,就可以向目标客户发送电子邮件广告,而不用担心会激怒他人,并且所花费的费用要比采用普通邮寄广告方式廉价得多。

8.2.9 利用网上 IP 电话和网上传真发布广告

IP 是英文"Internet Protocol"的缩写,我国标准的译名叫"网际协议",是利用网络进行通信交流必须遵守的网上通信协议。IP电话就是以IP为基础的网络电话。目前所称的IP电话严格讲就是Internet电话,主要有四种方式:电脑对电脑、电脑对电话、电话对电脑、电话对电话。

IP电话与普通电话虽然原理不同,本质有别,但功能却是相同的。IP电话的传输方式主要是借助网关服务器或电脑软件将语音信号转换为数字信号在互联网上传输。这种传输方式与普通电话的语音信号通过双绞线接入程控交换机再进入对方电话机的传输方式不同,但是都能达到通话的目的。

使用IP电话首先要确定租用哪一家的IP电话网,中国联通、中国电信还是其他公司,然后到指定的地点购买IP电话卡。拨打电话时要先拨电话网的代码,中国电信网是17900,中国联通是17910。拨通后按"1",输入用户代号,再按"♯"结束。然后接着 输入用户密码,按"♯"结束,再连续输入对方电话号码,等待对方接听、通话。

目前开通IP电话的几家公司能够拨叫的区域范围有所不同,有关企业可以根据本单位的业务覆盖范围决定选择使用哪一家电话网。

网络传真是通过互联网络使传真件发送到普通传真机上或对方的E-mail信箱中的服务,这种服务的开通为Internet用户提供了便捷的通讯方式,而且传真通讯费用降至普通传真的70%左右。

网络传真除了具有价格优势以外,与普通传真相比还具有灵活方便的特点。一般在使用普通传真时,如果遇到对方不在或占线,往往需要进行令人烦恼的不停地拨叫,而使用网上传真就可以免去等待,只要把传真内容、传真号码交代清楚,以后的工作就由Internet来做了。

网上传真的一种形式是以E-mail方式发送。当用户将包含有传真内容的电子邮件发送到离传真目的地最近的一台网络服务器(这是由提供服务的公司来考虑的)后,网络服务商就会利用自己与公共电话或其他方式的连接将用户的传真内容发送到所要求的普通传真机上。这种方式是从E-mail to Fax。

第二种方式是在Web页面发送传真。一般各FAX公司在自己的页面上都为用户准备了一种简单方式,只要按要求正确填入内容,就可以发送了。例如在TPC公司发送传真的页面上,提供了"Send a fax from your Web Browser"和"Send a fax from your E-mail software"两种方式。第一种方式是在TPC公司的网页上,按格式填写,然后发送。第二种方式是用E-mail软件发送。这类站点的缺点是作为英文站点,它不支持中文FAX。但是TPC公司在中国设立了代理,如"瑞得在线"就是其中之一。在"瑞得在线"主页上的"特色与经典"栏目里 可以找到"免费网上传真",可以试着在这里发送免费的传真。

第三种方式是使用专门的软件发送传真。为了使用户的网上传真业务更加便捷,各FAX公司纷纷推出自己的专用软件,如TPC公司提供的HQFax传真软件、Symantec公司提供的Winfax传真软件、FAXSAV公司提供的FaxSav Fax Launcher传真软件、天赞公司提供的天赞Scan中文传真软件等。

8.2.10 利用微信发布广告

微信(WeChat)是腾讯公司于2011年1月21日推出的一个为智能终端提供即时通信服务的免费应用程序,支持跨通信运营商、跨操作系统平台,通过网络快速发送(需消耗网络流量)语音短信、视频、图片和文字,同时,也可以使用通过共享流媒体内容的资料和基于位置的社交插件"摇一摇""漂流瓶""朋友圈""公众平台""语音记事本"等。

微信提供公众平台、朋友圈、消息推送等功能,用户可以通过"摇一摇""搜索号码""附近的人"、扫二维码方式添加好友和关注公众平台,将内容分享给好友以及将用户看到的精彩内容分享到微信朋友圈。

微信广告是伴随着微信的火热而兴起的一种网络广告方式。微信不存在距离的限制,用户注册微信后,可与周围同样注册的"朋友"形成一种联系,订阅自己所需的信息,商家通过提供用户需要的信息,推广自己的产品,从而实现点对点的营销。

商家通过微信公众平台二次开发系统展示商家微官网、微会员、微推送、微支付、微活动、微 CRM、微统计、微库存、微提成、微提醒等,已经形成了一种主流的线上线下微信互动广告方式。

8.2.11 利用博客、微博发布广告

博客,最初的名称是 Weblog,由 web 和 log 两个单词组成,按字面意思为网络日记,后来喜欢新名词的人把这个词的发音故意改了一下,读成 we blog,由此,blog 这个词被创造出来,中文意思即网志或网络日志。

许多博客作者专注评论特定的课题或新闻,其他则作为个人日记。一个典型的博客结合了文字、图像、其他博客或网站的超链接及其他与主题相关的媒体。能够让读者以互动的方式留下意见,是许多博客的重要因素。大部分的博客内容以文字为主,仍有一些博客专注于艺术、摄影、视频、音乐、播客等各种主题。以企业名义开设的博客称为企业博客,常作为其宣传产品和公关的窗口。

微博(microblog),是一种允许用户即时更新简短文本(通常少于 140 字)并可以公开发布的微型博客形式。它允许任何人阅读或者只能由用户选择的群组阅读。随着发展,这些消息可以被很多方式发送,包括短信、实时消息软件、电子邮件或网页。一些微博也可以发布多媒体,如图片或影音剪辑。

利用博客、微博发布广告有多种形式:

(1) 同一般的网络广告一样,在博客、微博网站上刊登广告。

(2) 企业募集专业写手,在博客、微博网站上发表和企业产品相关的具有较强知识性、专业性的博客、微博日志。

(3) 企业建立企业或行业专题,由博客、微博网站负责版面的设计、注释、链接和其他功能的设置,企业负责内容的提供。

(4) 企业利用个人博客、微博的"人气"资产在个人博客、微博上投放广告,并且付给博客、微博所有人广告费。这类博客、微博的内容基本上与广告无关,企业更多的是利用个人所聚敛的人气来增强广告效应。

8.2.12 利用手机 APP 发布广告

App(Application 的缩写,应用程序)广告,是指智能手机和平板电脑这类移动设备中第三方应用程序内置广告,属于移动广告的子类别。

App 广告兴起得益于其载体 App 的风行。平板电脑和大屏触摸手机等硬件的普遍使用，WiFi、3G、4G 对流量限制的解放以及 APPLE 苹果公司 App Store 生态系统带来的全新交互体验促使 App 受众和 App 开发者大幅度增加。对于 App 开发者，需要一种方式将流量变现，而对于品牌企业，广告投放需要随消费者注意力迁移，因此，App 内置广告应运而生。

App 能否获得广大用户下载和注册使用是 App 广告最终成功的重要因素。App 广告的渠道包括应用商店、广告联盟、手机应用媒体、手机应用论坛等。

随着硬件基础服务的不断优化，智能终端的突破性普及为移动互联网奠定了庞大的用户基础，各种精彩纷呈的应用为移动互联网发展提供了动力源泉。据调研机构的数据分析，手机用户花在游戏、社交等新型应用上的时间占使用总时间的 47%，平均每一个用户手机上已经超过 20 款的应用程序。

8.2.13 利用社区论坛发布广告

论坛 BBS，全称为 Bulletin Board System（电子公告板）或者 Bulletin Board Service（公告板服务），是互联网上的一种电子信息服务系统。它提供一块公共电子白板，每个用户都可以在上面书写，可发布信息或提出看法。它是一种交互性强、内容丰富而及时的 Internet 电子信息服务系统，用户在 BBS 站点上可以获得各种信息服务，发布信息，进行讨论、聊天等。

论坛一般由站长（创始人）创建，并设立各级管理人员对论坛进行管理，包括论坛管理员（Administrator）、超级版主（Super Moderator，有的称"总版主"）、版主（Moderator，俗称"斑猪""斑竹"）。超级版主是低于站长（创始人）的第二权限（不过站长本身也是超级版主、超级管理员），一般来说，超级版主可以管理所有的论坛版块，普通版主只能管理特定的版块。

各种论坛几乎涵盖了人们生活的各个方面，几乎每一个人都可以找到自己感兴趣或者需要了解的专题性论坛。论坛就其专业性可分为以下两类：

(1) 综合类　综合类论坛包含的信息比较丰富和广泛，能够吸引几乎全部的网民来到论坛，但是由于广便难于精，所以这类论坛往往存在着弊端即不能全部做到精细和面面俱到。通常大型的门户网站有足够的人气和凝聚力以及强大的后盾支持，能够把门户类网站做到很强大，但是对于小型规模的网络公司或个人建立的论坛网站，就倾向于选择专题性的论坛来做到精致。

(2) 专题类　专题类论坛能够吸引真正志同道合的人一起来交流探讨，有利于信息的分类整合和搜集，专题性论坛对学术科研教学都起到重要的作用。例如购物类论坛、军事类论坛、情感倾诉类论坛、电脑爱好者论坛、动漫论坛，这样的专题性论坛能够在单独的一个领域里进行版块的划分设置，甚至有的论坛把专题性直接做到最细化，这样往往能够取到更好的效果。

利用论坛的超高人气，可以有效地为企业提供广告传播服务。而由于论坛话题的开放性，企业所有的广告诉求几乎都可以通过论坛传播得到有效的实现。

8.3 定向广告

广告界流传着这么一句"笑话":谁都知道广告投放有一半浪费掉了,但谁都不知道浪费的是哪一半。大众广告的广告商投放广告之后并不知道谁看了他的广告,也无从查询到广告受众的具体情况。有了定向广告后情况就大不一样了。你不仅可以根据产品不同的属性,选择不同的受众,进行广告定向投放,还可以随时查询广告被阅次数、时间和地点等具体情况。所有纪录即时更新,每一分每一秒的统计结果都可能不同,极大增强了广告投放的目的性和准确性,投放效果也会大大好于非定向广告。

8.3.1 定向广告的含义

定向广告是根据不同类型广告主的不同需求,准确地收集并判断受众的行为特征,选择最合适的网民投放相关广告,从而最大限度地提高广告的到达率与点击率。"定向"实际上是对受众的筛选,即根据访问者的不同情况决定广告的显示。先进的广告管理系统能够提供多种多样的定向方式,比如按访问者的地理区域选择不同的广告出现,根据一天或一周中不同的时间出现不同性质厂商的广告,根据用户所使用的操作系统或浏览器版本选择不同旗帜广告格式,等等。

随着相关信息技术的快速发展,企业不仅能准确地了解客户的历史活动信息即历史行为,还可以及时了解客户的当前活动状态即当前行为。对客户行为的及时、全面和准确地了解可以支持企业根据客户行为将不同需求、不同偏好的异质型消费者区分开来,实现产品广告的定向投放。例如,亚马逊能通过自动检索目标网页内容,向正在浏览网页的客户发送或呈现与网页内容相关的广告;新浪、DoubleClick 等能通过分析用户的网页浏览历史行为,针对不同类型的客户进行广告的定向投放;一些社交网站、团购网站可以根据网络用户的 IP 地址实时呈现与之密切相关的广告。相比传统的不区分或不筛选顾客、片面强调广告受众广泛性的大众广告,定向广告克服了其很难解决的针对性和准确性差、投资浪费严重的问题。

8.3.2 定向广告的方法

目前,在国际网络广告界比较常见的定向方法多达十几种,常用的定向包括:

1) 内容定向

内容定向是最常用的定向方法,也是广告管理软件最基本的功能之一。内容定向就是将相关广告投放到各种各样的与之相关的内容页面,如同报纸的分类广告。网站分类页面的访问者一般已经有了明显的内容偏好倾向,在上面投放相关内容的广告更容易引起访问者的注意和点击。内容定向是最直接的一种定向,其被广泛用也就不足为奇。

2) 时间定向

正如儿童食品常常在下午六点左右的动画片前后投放电视广告一样,网络媒体更能方便地通过计算机系统时间来决定广告投放内容。一般来说,商务类的广告适合在白天上班时间出现,休闲娱乐类的广告适合在晚上出现。甚至有一部分广告适合在某些特定时刻出现,比如一些通过网络订购快餐的服务最适合出现在午间和晚间用餐的时间。而有些时效性更强的广告就更需要时间定向了,比如限时抢购活动等。

3) 地域定向

由于一些网络媒体受众是通过固定 ISP 拨号上网的,这就意味着他们的 IP 地址是相对稳定的,根据国内各 ISP 所属网段,可以很方便地根据访问者 IP 地址判断他所属的地域。比如上海热线的拨号用户的 IP 地址是以 202.96.xxx.xxx 的形式开头的,凡符合以上规律的 IP 地址基本可认为是来自上海的访问者。有了这个功能,我们就可以做针对某一地区的广告。

4) 广告出现频率定向

为了让单个的广告暴露给更多的人,广告主往往希望自己的广告不要在某一个人眼中重复太多次数,据调查资料显示,单个的广告重复 4 次以后,广告效率开始下降。应该多使用频率定向的功能,不要让广告在某一个人眼中重复太多次数,而是应尽量让单个的广告暴露给更多的人。因此频率定向工具应能够通过在用户计算机的 Cookie 目录中存放记录文件来判断这个用户是否应该继续接受这个广告。

5) 域名定向

在国际上,对访问者域名的判断一般集中在 .com 和 .edu 两类上,前者主要定向商务人士、公司白领;后者主要定向大学生。目前困扰国内网络界的一大问题就是很大一部分网络用户是缺乏消费力的学生,一些广告主也因为有这样的顾虑而不愿意投入较多的广告费用,其实,通过对 .edu 域名的排除就可以很方便地解决这个问题,当大学生来访时,这些广告就不会出现,这些广告主也不会因为这样的访问而付钱,而学生访客可以被定向去接收那些新书广告、技术产品广告。

6) 操作系统与浏览器定向

此类定向方法是根据操作系统或浏览器的不同来对网络广告发布进行定向,例如,由于一部分横幅广告(Banner)使用了 Rich Media 形式,不是所有的浏览器都能顺利查看,这部分广告就需要特别定向给那些使用较高版本浏览器的访问者,以避免广告资源的浪费和广告主的损失。

7) 人群定向

人群定向其实就是目标人群定向。在营销学中,产品定位以及人群细分是非常重要的理念,这种理念已经得到了市场的认可,因此每一种产品在设计、生产之初就已经确定了自己的目标人群。从广告投放、市场宣传来讲,一定是希望能对目标人群进行,花费在目标人群之外的推广都是浪费。

在互联网时代,通过技术的力量,可以无限地接近、近乎准确地判断每一个人的属性,从而为广告主目标群体定向服务。但是,互联网也只是无限地接近,而不能确切地标出个人的属性。

【案例分析】　　　　　　我买网提升重定向转化的秘密

作为国内首屈一指的食品类 B2C 电子商务网站,世界 500 强企业中粮集团(COFCO)旗下的我买网供应包括休闲食品、粮油、果汁饮料、调味品、酒类和茶叶在内的数百种商品,为消费者在线选购提供了极大的便利,但同时也给我买网的站外运营推广带来了难题。

首先,常规的重定向营销 Campaign(指广告主在一段明确的期间里,推出一系列拥有共同主题或讯息的广告,以期建立广告讯息的累积效果)通常都有明确主题,比如进口食品专辑、假日特产精选,但食品行业消费者的购买需求分散且经常发生变化,这些Campaign主题很难保证与之完全匹配,特别是那些购买诉求相对明确的消费者。这就意味着广告主投放出去的大量曝光被白白浪费,更重要的是错失了这些曝光背后的潜在消费者及其购买力。

其次,每次Campaign执行都是一个漫长的过程,从选题讨论到创意制作再到投放设置,通常需要两周时间,并且广告主的运营和市场部门、广告公司的客户和创意部门为此投入大量人力资源,这严重降低了执行效率,导致合适的选题往往无法及时上线,使得站外投放的转化一直停留在偏低水平。

带着这些问题,我买网找到了MediaV,希望能有一套理想的解决方案。在讨论中,MediaV广告人员发现,很多消费者都在网站上留下各种行为线索,比如搜索、浏览、收藏、注册和购买,而其中浏览是占比最高的动作。根据一个访客的浏览记录基本可以分析出他的兴趣点和近期关注意向;另外,商品的一个重要特征就是可以通过结构化的标签数据进行标记,比如商品名称、所属类目和价格,有些强调精细化运营的网站甚至会提供库存数量和市场价格等更加详尽的属性,而所有结构化的数据本身就已经构成了最基础的创意元素,配以品牌LOGO和推广主题文案,可以通过创意模板的形式自动生成海量创意。个性化重定向的核心正是基于这两个方向的研究,而MediaV深厚的技术背景可以使得访客分析在1分钟内完成,创意动态拼接和投放展现跟随每个广告请求,响应速度在5毫秒之内。

从2012年四季度开始,我买网全面使用MediaV的个性化重定向产品,结果令人惊喜。2012年12月之前进入我买网的用户购买率较低,经常是在浏览多个页面后将商品放进购物车之后就离开了网站,自从尝试了MediaV的个性化重定向投放,由于可以和每个用户的行为兴趣深度结合,订单转化效率明显提升,销量大幅增长。

MediaV广告代理部门高级客户总监郭华表示:目前重定向已成为强调精准营销的互联网广告公司标准策略,各家产品及服务同质化现象严重,而个性化重定向能够在切割精准度方面持续下沉,更细粒度地实现"找到人"。同时,借助强大的创意自动化技术,个性化重定向可以更好执行"说对话"策略,实现广告投放千人千面。在这次整个Campaign中,总共产生了8 000万次曝光,有千万数量级的创意素材生成和投放。传统的创意制作流程需要修改多个尺寸,占用大量制作时间,根本无法满足如此海量需求。而个性化重定向大大缩减了制作创意、修改尺寸和检查素材的时间成本,有效地解放了劳动力,为客户提供更深更细的服务。

(案例转引自http://www.adexchanger.cn/tech-company/dsp/4570.html,MediaV产品团队撰写,引用时有修改。)

任务1:结合案例,谈谈定向广告有何意义。

任务2:课外了解一下重定向广告技术有哪些。

【练习与思考】

1. 网络广告受众与传统广告受众有什么区别?
2. 我国网络受众有什么特点?
3. 网络广告发布的途径有哪些?
4. 何谓定向广告?定向广告的方式有哪些?

9　网络广告预算与效果测评

【导读案例】　　　　　百度搜索推广计费模式

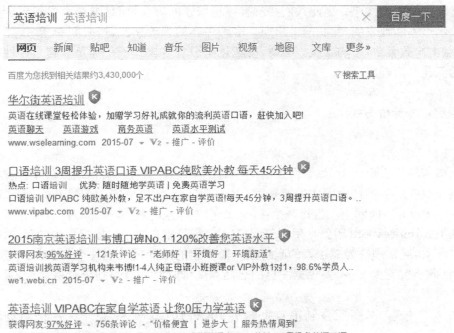

图 9-1　百度搜索截图

1) 开户费用

预存推广费用 6 000 元＋服务费(预存推广费和服务费根据地区情况可能有所变动,具体费用由客户和服务提供方另行约定)。

2) 计费模式

按点击效果计费,展现免费。

3) 优势

(1) 百度搜索(图 9-1)推广采取预付费制,按点击计费,无点击不计费,推广企业可以拥有海量的免费展现机会。

(2) 自主出价,实际每次点击费用取决于您为关键词设定的出价、关键词的质量度和排名情况,最高不会超过您为关键词所设定的出价。

(3) 非推广地区、非推广时段无法看到您的推广链接。

(4) 智能优化的无效点击过滤系统帮您过滤各种无效点击,先进的智能拦截技术锁定有效点击。

(http://e.baidu.com/product/searchpro/tgfy/)

9.1 网络广告预算

HotWired 为其 1994 年出现的某条播放了 12 个星期的旗帜广告索价 30 000 美元,其定价依据是成本加上所期望得到的收入。HotWired 的这一定价原则被不少网站所效仿。不过这种定价模式存在着明显的弊端:只从发布商一己角度出发,完全没有考虑广告效果、市场因素和广告主的意愿。因此人们并没有停止探索的脚步,而是继续去寻找更合理的计价模式。经过不断地发展,互联网上出现了多种多样的计价模式,按时间缴费,按显示次数缴费,按点击次数缴费,按购买次数缴费,按转化率缴费等模式不一而足。其多样性堪与广告形式的五花八门媲美。

9.1.1 网络广告计价方式

1) CPM

在众多网络广告形式中,旗帜广告占主导地位,旗帜广告在所有网络广告中占据较大的市场份额。旗帜广告的计价模式主要采用 CPM(千印象费用,Cost Per Mille,或者 Cost Per 1 000 Impressions),即网上广告每产生 1 000 个广告印象的费用,通常以广告所在页面的访问量为依据。Impression(印象)(用于 Page View)指受用户要求的旗帜广告的每一次显示,就是一次印象,通常理解为一个人的眼睛在一段固定的时间内注视一个广告的次数。至于每 CPM 的收费究竟是多少,要根据主页的热门程度(即浏览人数)划分价格等级,采取固定费率。

假如 A 广告客户,每天在新浪首页购买 10CPM(1CPM ＝ 每千人次访问页面的收费),则

广告投入:

每天:10×20 美元＝200 美元(假设 1CPM 收费为 20 美元)

每月:30×200 美元＝6 000 美元(假设这个月为 30 天)

广告读者人数:

每天:10×1 000＝10 000 人

每月:30×10 000＝300 000 人

也就是说,客户 A 花了 6 000 美元,直接得到 30 万人阅读其广告。

2) CPC

CPC(Cost Per Click 或 Cost Per Thousand Click‐Through):以每点击一次计费。这样的方法加上点击率限制可以加强网络广告发布商作弊的难度,但是,此类方法又令不少经营广告的网站觉得不公平,比如,虽然浏览者没有点击,但是他已经看到了广告,对于这些看到广告却没有点击的流量来说,网站成了白忙活。对于 CPC 的不足,有以下几点:

(1) CPC 导致广告收入与广告制作和创意挂钩,网络发布商承担了过多的责任。反观传统媒体,它们所扮演的角色是传达广告信息的媒介,根本就无须分担广告制作的责任。

(2) CPC 完全否定了网络广告的品牌建设作用。

(3) 过分追求点击率有可能会降低网站层次,并干扰网站访问者的浏览质量,所以有很多网站不愿意经营这样的广告。

3) CPA

CPA(Cost Per Action):如果一个访问者"点击"了你的广告 Banner 而没有采取下一步的行动就关闭了浏览器,事实上的广告效果同 Impression 相差无几,而广告投放者却要支付 Click 的代价,这是明显不合理的,由此出现了 CPA,以每行动成本计费的计费标准。CPA 计价方式是指广告商利用奖励或回馈等促销手段吸引消费者参与到和商品、品牌相联系的互动活动中去,最后按广告投放实际效果,即按回应的有效问卷或订单来计费,而不限广告投放量。CPA 的计价方式对于网站而言有一定的风险,但若广告投放成功,其收益也比 CPM 的计价方式要大得多。

4) CPS

CPS(Cost Per Sale):以实际销售产品数量来换算广告刊登金额。广告主为规避广告费用风险,只在网络用户进行交易后,才按销售笔数付给网络媒体广告费用。很显然,这种模式对广告主非常有利。CPS 是比 CPA 更进一步的方式。比较前几种模式,CPS 使得网络媒体要承担更多的责任——既要对广告作品负责又要对消费者购买行为负责。在 CPS 模式下,网络广告的品牌建设完全得不到回报,但是仍然有网络媒体乐于接受这种模式。

5) CPR

CPR(Cost Per Response):以浏览者的每一个回应计费。这种广告计费充分体现了网络广告"及时反应、直接互动、准确记录"的特点,但是,这属于辅助销售的广告模式,得到广告费的机会也较少。

6) CPP

CPP(Cost Per Purchase):以消费者实际购买产品数量来换算广告刊登金额。广告主为规避广告费用风险,只有在网络用户点击旗帜广告并进行在线交易后,才按销售金额付给广告站点费用。这种方式实质上与 CPS 相同,只是表达方式不一样罢了。与此类似的还有 PFP(Pay For Performance),即按业绩付费。

无论是 CPA 还是 CPP,广告商都要求发生目标消费者的"点击",甚至进一步形成购买,才予付费;CPM 则只要求发生"目击"(或称"展露""印象"),就产生广告付费。

7) 包月方式

很多国内的网站是按照"一个月多少钱"这种固定收费模式来收费的,这种方式的优点是计价方便,但没有考虑网页的访问量,更没有考虑广告效果的好坏,这对客户和网站都不公平,无法保障广告主的利益。

8) CPL

CPL(Cost Per Leads):以搜集潜在客户名单多少来收费,即每次通过特定链接,注册成功后付费的计价方式。

一个网站要具备广告价值,都是有着一定的发展历史的。广告商在目标市场决策以后挑选不同的网站,进而考察其历史流量进行估算,这样,就可以概算广告在一定期限内的价格,在这个基础上,根据不同性质广告,可以选择不同的计价方式等形式。

9.1.2 网络广告预算方法

作为一项企业活动,网络广告无论对广告代理商或广告主本身都是自己经营活动的一部分,它必须纳入整体企业的商业活动之中进行成本与收益分析,以对整个广告计划的效绩进行检评。网络广告与传统广告相比,有自己的特殊计费及预算模式。对网络广告费用与预算的分析,有助于广告主及代理商形成理性化的广告行为。

1) 网络广告预算的作用

广告预算,或称之为广告投入,是一项商业活动,对广告活动的费用开支计划的设计、安排及分配就是广告预算,它规定计划期内广告活动所需的金额及在各项工作上的分配。对广告主而言,总是力求以最小的成本去争取最大化的广告效果,广告预算至少有以下作用。

(1) 为广告效果的检测提供了经济指标 在检测一项广告效果时,常用的方法是将广告带来的销售额上升幅度与广告投入进行比较,那么,广告投入就充当了广告效果检测的基数,只有明确了一项广告投入情况,广告效果的评价才有意义。因此,在实践中,几乎每一个广告主都应该进行成本和投入分析。

(2) 广告成本及费用的规模决定了广告活动的范围及深度 成本制约是任何一项商业活动都摆脱不了的规律。广告也是如此,有多大的成本才有多大的活动规模,而活动规模也常常为成本预算提供依据。在实践中,广告主常常根据广告的计划来进行广告预算从而获得成本总额,这种制约关系是广告预算最主要的实践功效。广告成本的预算也使广告主对广告细则,比如费用总额、费用分担等做出明确的规定,这为在实施广告活动时提供了控制与监督广告活动的依据和原则,对广告的有序、高效运作提供了基本保证。

(3) 广告预算也是对广告费用的最优配置 在广告成本的基础上进行的广告预算,其主要的目的在于有计划地、宏观地对广告费用进行分配,使有限的广告经费能够满足广告计划的每一环节。这种预算的实际意义就在于对广告实施中的每一环节、每一段时间安排、每一媒体上的分配做到互相权衡、合理分配,这有助于广告经费的节省和每一项活动的顺利实施。

(4) 广告预算能提高广告投入的效率 一种商业投入的起码要求是提高使用要素的效率,广告投入更是如此。在现代商业社会中,广告费用在企业的总体成本预算中所占比例越来越大,因此,广告费用使用效率的提高对公司的整体运作和成本的降低具有举足轻重的作用。广告主拿出巨额资金来做广告,其目的就是为了促进生产,提高企业及企业产品的知名度或企业产品的市场占有份额。为了达到这一目的,对广告投入进行周密、细致的安排,把有限的资金用到最关键的环节,并对整个广告作统一布置,是非常必要的。在现代竞争的市场经济中,没有预算与成本分析的广告很难达到广告的目的,因此更不能说是成功的广告。

在网络广告中,广告预算作为一种企业行为在本质上与传统广告并无二致,因为作为一种预算,从企业的角度来说,广告方式的不同并不影响预算性质的改变。在这一点上,传统广告的分析与网络广告是一致的。

2) 广告预算的分类

广告预算,根据不同的分类方法,可以分为多种类型。

(1) 长期广告预算和短期广告预算 广告预算根据计划期限的长短,分为长期广告预算和短期广告预算。在这里长期和短期的区分一般是一年以上的叫长期预算,一年以内的叫短期预算。

(2) 商标、产品广告预算和企业广告预算 广告预算按宣传、推广的重点不同,分为商标或者各种产品的广告预算和企业广告预算。企业广告预算是有计划地形成企业印象或企业的信誉而做的广告预算。

(3) 新产品广告预算和已有产品的广告预算 广告预算可以按广告对象产品的新旧区别之,一个是新产品的广告预算问题,一个是已有产品的广告预算问题。换句话说,这种方法是把广告的费用放在产品的寿命周期中加以考虑,不同寿命周期阶段,广告预算有所不同。

(4) 不同媒介的广告预算和总体预算 广告预算可按不同类型的广告媒介分配预算。根据不同类型采取不同的决定方法是必要的。在此,网络广告所对应的媒体是网络中不同的网站。

3) 确定广告预算的方法

企业在确定广告目标之后,下一步就要确定广告预算,即确定在广告活动上应投入花费多少资金。制定广告预算的方法目前有数十种之多,常见的有以下几种:

(1) 竞争对抗法 又叫自卫法,根据主要竞争对手的广告费数量来确定自己的广告经费。这种方法存在4个问题:竞争对手决定的广告费并不一定合理,但要追随;竞争对手之间的广告费有可能向越来越高的方向发展;有可能脱离本公司的实际条件;决定广告预算的模式不明确等。

(2) 目标/(任务)法 这种方法是根据企业的市场战略和销售目标,确立广告的目标,再根据广告目标要求所需要采取的广告战略,制定出广告计划,再进行广告预算。这一方法可以灵活地适应市场营销的变化。广告阶段不同,广告攻势强弱不同,费用可自由调整。广告费的计算公式为:

$$广告费=目标人数×平均每人每次广告到达费用×广告次数$$

(3) 量入为出法 这种广告预算的依据是他们所能拿得出的广告资金数额。企业根据其财力情况来决定广告开支多少并没有错,但应看到,广告是企业的一种重要促销手段,企业做广告的根本目的在于促进销售。因此,企业做广告预算时不仅要考虑财力情况,考虑企业能拿出多少钱用于广告开支,而且要考虑企业需要花多少广告费才能完成销售指标。所以,严格说来,量力而行法在某种程度上存在着片面性。

(4) 销售额百分比法 这种预算方法是以一定期限内的销售额的一定比率计算出广告费总额。由于执行标准不一,又可细分为计划销售额百分比法、上年销售额百分比法、计划销售额和上年销售额平均折中销售额百分比法、计划销售增加额百分比法四种。

销售额百分比计算法简单方便,但过于呆板,不能适应市场变化。有时销售额增加了,可以适当减少广告费;销售量少了,也可以增加广告费,加强广告宣传。

(5) 利润百分比法 根据利润额计算方法不同,可分为实现利润和纯利润两种百分比计算法。这种方法在计算上较简便,同时,广告费和利润直接挂钩,适合于不同产品间的广告费分配。但对新上市产品不适用,新产品上市要大量做广告,发起广告攻势,广告开支比例自然就大。

(6) 销售单位法 这是以每件产品的广告费分摊来计算广告预算方法。按计划销售数为基数计算,方法简便,特别适合于薄利多销商品。运用这一方法,可掌握各种商品的广告费开支及其变化规律。同时,可方便地掌握广告效果。计算公式:

广告预算＝(上年广告费/上年产品销售件数)×本年产品计划销售件数

(7) 任意法　这是一种走着瞧的方式。一般资金有限,又准备推出新产品或服务的小公司会用此法。

(8) 精确定量模型法　一般大型广告主和广告公司采用此法,依靠计算机,采用精确的数据、史料和假设确定广告费用。

4) 制定网络广告预算应注意的问题

(1) 网络广告媒体——网站的选择　网络广告站点的选择对网络广告预算来说是最早要确定的因素,一个好的网站是广告成功的基础。衡量一个网站是否适合做广告要考虑多种因素。

① 网站的质量与技术力量以及由此决定的网站信誉:任何一个企业在做网络广告时,都希望自己能找到一个较安全可靠的网站,否则,网站的破产倒闭也会殃及自己,这不仅浪费了广告费,而且有可能延误商机。尽管技术力量雄厚的网站的广告费也较高,但仍不失其吸引力。

② 访问者的性质及数量:网站的访问者一般与网站的特色相关,除了职业、年龄、收入等因素外,地域色彩以及由此决定的消费偏好也影响广告预算。单就数量而言,不同的统计单位反映出的情况也是不同的,目前国际上较常用的统计单位是印象,除此之外还有点击数等。在对网站访问者进行统计时,明确其统计单位才能确切地反映一个网站的好坏。

③ 网站管理水平:一个好的网站也会因为管理者的变换而导致衰落,如果某个网站的点击数在短时间内有大幅下降,那么及时查清其原因并调整广告预算是非常必要的。一个不规范的管理者会擅自更改你的广告位置、大小或播放时间,这往往是令人失望和生气的。为了避免这一点,就需先对网站进行考察,签订合同也是必要的。

一个适合做广告的网站往往有一些共同的特点,比如稳定的访问群,雄厚的技术基础,访问者有该种产品的需求意向,收费合乎国际通用规则(CPM、CPC等),广告的可靠性与透明度有保证,网站有第三方的监测,网站有愿意从事广告的意向等,这些因素都是制定网络广告预算时需要了解的信息。

④ 网站用户点击广告后"链接"到广告主的网页的速度:网络广告的具体内容要在用户点击之后通过"链接"到广告主的网页上,这就要求速度要尽可能快,网站的运转要正常,以确保这一过程顺利完成。

网站除了提供应有的基本手段配合广告传播外,还应该和广告主进行定期商讨广告进一步优化的途径。因为一则网络广告既是企业主或供应商传播其产品的工具,又是网站内容的组成部分之一,供应商与网站的合作会使双方都获利。比如,将广告与网页的内容相联系,把相关产品广告放在相应内容的网站上,这既保证了广告内容与页面内容浑然一体,又能大大提高广告的访问量。目前,有成熟经验的网络广告代理商常常将时间、地域、域名、内容、访问者这些因素当作参考标准来整合广告与网站的共同之处,在实践中取得了良好的效果。

此外,网站还应定期将本站的运行情况资料表、对网民情况的统计表、网民意向调查表等这些有助于广告主修正广告的资料提供给广告主。这种合作要求网站经营者有良好的广告意识和合作精神。

(2) 广告主题与表现方式的确立　在任何广告的预算中,都会考虑到广告的主题与表现方式的问题,从预算的角度来讲,对主题与表现方式的选择是关键。这种选择又不同于广告信息探寻阶段的工作,前者是从信息整合的角度形成主题,而预算阶段对主题及表现方式的确立则是在前者的基础上,考虑到费用分摊、效果与成本等关系而作出的比较和最终确定。广告站点或广告制作者应根据广告主提供的产品特点和前一阶段获得的信息制作出可供选择的几则广告,然后由广告主进行选择。可以运用广告测评系统对不同广告效果进行测评。也可以将这些广告在不同时间或同一时间分别播出,然后选择点击率高的进行播放。

不同的主题与表现方式对广告的投入要求是不同的,但作为网络广告,重要的和核心的任务是吸引网民,抓住其"眼球"。在互联网中,信息的容量极其庞大,如何抓住网民的注意力是广告首要的任务,也是广告预算中要重点投入的环节。一个好的主题与表现方式往往对投入也有更高的要求,但只要预算合理、科学,也可以用较低的成本达到目标。

(3) 预算费用的合理分摊　网络广告最棘手的问题就是如何花最少的钱,达到相应的广告效果。

其实网络广告的投入并不是所谓的无底洞,广告费用的多少不应该基于投入数目的大小,而是要从企业整个市场营销的角度,把长远的企业发展战略与其联系起来。产品本身的特点、消费者的数量及潜在顾客群的数量、利润的数额及竞争对手的实力与策略等因素都会影响广告预算的费用。在制定广告预算计划时,一定要站在更高的层次上,将广告投入与企业的未来发展联系起来,把握关键环节和突出重点领域,科学决策,合理分摊。

5) 网络广告预算的分摊与约束

(1) 网络广告预算的分摊　广告预算的分摊,就是将广告各个环节预算费用进行统一协调、整合的过程。在分摊费用时,常常要考虑以下因素。

① 各环节的分摊问题:一则广告有多个环节构成,从信息收集到最后播出,其间的每一环节都必不可少,各个环节对费用的要求也不尽相同,如何突出重点、统一协调就是广告预算环节分配的主要任务。

② 地域分摊:一则广告常常要在多个地域中播放,不同地域对广告的要求不一样,广告的成本也因此有别,预算的地域分配就是在充分考虑地域特点的基础上,对重点地区加以重点投入,又要确保整个广告计划的完成。

③ 广告预算的种类分摊:广告可分成自营广告与非自营广告。一个企业在网上从事广告时也常有自营与他营同时进行的做法,这时,广告预算需要在自营与他营之间分摊。在自营广告费中,还须依据各业务部门所需费用进行细分,比如制作、创意、媒体、管理、监督等,合理的预算分摊能将这些分散的部门有机地统一起来,否则,有可能造成互相扯皮和资金浪费现象。他营性质的广告也常有这样的问题,除了在有限的预算中要确保他营广告的预算外,在其内部环节的分摊上也应科学合理。

(2) 网络广告预算的约束　与分摊相对应的问题是广告预算的约束问题。广告预算约束的目的在于使广告费用适度,减少偏差和浪费。企业广告的投入与其他生产性投入在本质上是一样的,都要求以最低的投入获得最大的回报。纠正广告费用的偏差是广告预算约束的一种职能。广告预算约束另外一种职能是协助广告策划者有效合理地使用广告费用。广告预算约束的前提条件是对企业整体广告计划有清楚明白的掌握,对广告各环节的费用心中有数,否则,没有根据的约束只会起相反的作用。

广告预算约束的标准也是衡量广告效果的一种尺度,广告计划中有各种参数和指标,任何一种指标的偏差、遗漏都是广告预算约束应当介入的。比如广告对象如果只限于女性,而广告计划中却将广告对象确定为全体网民,这种目标偏差如果不及时纠正,不仅会浪费广告费用,而且广告的效果也会相应大打折扣。有了预算约束,就会对诸如此类的问题迅速作出纠正。

6) 影响网络广告预算的因素

影响网络广告预算的因素来自三个方面,一是来自企业自身,包括产品质量的好坏、企业实力的强弱、企业声誉的好坏、决策者的战略等。二是来自市场和消费者,包括广告区域的特点、竞争对手的策略和消费者的特点等。三是来自广告投放的网站,包括网站的规模、性质、影响的范围等。

9.2 网络广告效果测评

所谓网络广告效果测评,简单地讲,是指运用一定的方法和技术,对基于网络载体上的广告所能达到的心理效果、经济效果、社会效果等进行综合评定的过程。

9.2.1 网络广告测评的内容和指标

1) 网络广告测评的内容

(1) 曝光数(Impressions) 曝光数即网页被访问的次数。Counter(计数器)上的统计数字即该网页的 Impressions。假如广告刊登在固定版位,那么在刊登期间获得的曝光数越高,表示广告被看到的次数越多。

(2) 浏览数(Ad views) 广告浏览数也被称为网页浏览量或印象,是指在一个特定时间内用户通过横幅广告等访问网页的次数(如"每天广告浏览数")。

(3) 点击次数(Clicks) 当访客通过点击广告访问一次广告主网页,称点击一次。点击次数可以客观准确地反映广告效果。而点击次数除以广告曝光总数,可得到点击率(CTR,Click Through Rate),这项指标也可以用来评估广告效果,是广告吸引力的一个标志。如果这个网页出现了 10 000 次,而网页上的广告的点击次数为 500 次,那么点击率即为 5%。点击率是网络广告最基本的评价指标,也是反映网络广告最直接、最有说服力的量化指标。不过,随着人们对网络广告了解的深入,点击它的人反而越来越少,除非特别有创意或者有吸引力的广告,造成这种状况的原因可能是多方面的,如网页上广告的数量太多而无暇顾及、浏览者浏览广告之后已经形成一定的印象无需点击广告,或者仅仅记下链接的网址(在其他时候才访问该网站)等,因此,实际上平均不到 1% 的点击率已经不能充分反映网络广告的真正效果。

(4) 转化率(Conversion) 广告的主要目的不外是销售商品,若以网络下单成交笔数除以点击次数可以得到转化率,这项数据是点击率更进一步的效果评估指标。但"转化"一词不能简单地等同于"下单成交"。"转化率"最早由美国的网络广告调查公司 AdKnowledge 在《2000 年第三季度网络广告调查报告》中提出,AdKnowledge 将"转化"定义为受网络广告影响而形成的购买、注册或者信息需求。正如该公司高级副总裁 David Zinman 所说:"这项研究表明浏览而没有点击广告同样具有巨大的意义,营销人员更应该关注那些占浏览者总数 99% 的没有点击广告的浏览者"。

2) 网络广告测评的指标

评价和衡量一个广告的好坏,不能只从单一的指标得出结论,而必须做全面的考察。广告效果的指标主要有以下几个方面:

(1) 广告经济效果的测评指标　对于广告主来说,广告经济效果的测评是最直接、最主要的测评指标之一,它主要是测评广告商品的销售额和利润的变化状况。为了更加明确地表达出广告费用与经济效果,即销售额和利润之间的关系,可以采用以下一些经济指标:

① 广告费用指标:该指标表示广告费与销售额或利润额之间的相对关系,主要包括销售费用率、利润费用率以及单位费用销售率、单位费用利润率。销售费用率或利润费用率主要反映获得单位销售额或单位利润所要支出的广告费用。显然,销售费用率或销售利润率越低,广告效果就越好;反之,广告的效果就越差。单位费用销售率、单位费用利润率分别是销售费用率、利润费用率的倒数,表示付出单位价值的广告费用所能获得的销售额或利润额。单位费用销售率或单位费用利润率越高,广告效果就越好;反之,效果就越差。

② 广告效果指标:该指标包括销售效果比率和利润效果比率,表示广告费用每提高一个百分点,能增加多少个百分点的销售额或利润额,反映出广告费用变化快慢程度与销售额或利润额变化快慢程度的对比关系。销售效果比率或利润效果比率越大,广告效果越好;反之,效果就越差。

③ 广告效益指标:广告效益指标表示每付出单位价值的广告费用所能增加的销售额或利润额。该指标反映出广告费用与广告后销售增加额或利润增加额的对比关系,包括单位费用销售增加额(广告销售效益)和单位费用利润增加额(广告利润效益)。广告效益越大,广告效果就越好;反之,效果就越差。

④ 市场占有率指标:该指标包括市场占有率和市场占有率提高率。市场占有率,是指企业生产的某种产品,在一定时期内的销售量占市场同类产品销售总量的比率,它在一定程度上反映了本企业产品在市场上的地位与竞争能力。企业市场占有率的提高,就意味着产品的竞争能力增强和产品的市场份额的增加。因此,还可以用单位广告费提高市场占有率的百分比这一相对经济指标来测评广告的经济效果,即用单位费用销售增加额与同行业同类产品销售总额对比,也就是用市场占有率的提高率来衡量广告的市场开拓能力。

⑤ 广告效果系数指标:要排除广告以外的影响因素,单纯测评广告的销售效果,较为严谨的方法是采用广告效果指数法,即把同性质的被检测者分为两组,其中一组看过广告,另一组未看过广告,然后比较两组的购买效果,最后将检测的数字结果利用额数分配技术进行计算,从而得出广告效果系数。广告效果系数越大,表明该种广告效果越好。

(2) 广告心理效果测评指标　广告心理效果测评,即测评广告经过特定的媒体传播之后对消费者心理活动的影响程度。广告既然旨在影响消费者的心理活动与购买行为,就必然与消费者的心理过程发生联系。广告信息作用于消费者而引起一系列心理效应,主要表现在对广告内容的感知反应、记忆巩固、思维活动、情感体验和态度倾向等几个方面,人们把对这几个方面进行测评的指标叫做广告心理效果测评的心理学指标。

广告心理效果测评的心理学指标有以下几项:

① 感知程度的测评指标:该指标主要用于测评广告的知名度,即消费者对广告主及其商品、商标、品牌等的认识程度。该指标可分为阅读率和视听率两类,阅读率指标可以细分为注目率、阅读率、精读率;视听率指标又可分为视听率和认知率。感知程度的测评,一般宜在广告的同时或广告后不久进行,以求得测评的准确性。

② 记忆效率的测评指标:该指标主要是指对广告的记忆度,即消费者对广告印象的深刻程度,是否能够记住广告内容(品牌、特性、商标等)。消费者对广告内容记忆效率的高低,

反映出广告策划的水平及影响力。广告要获得较好的传播效果，就必须提高人们对广告信息的记忆效率。

③ 思维状态的测评指标：消费者对广告观念的理解，是消费者对广告思维状态的反映，也是对广告反映事物的本质掌握。思维状态的测评，即是测评消费者对广告观念的理解程度、信任程度与情感激发程度的测评指标。好感度是测评情感激发程度的主要指标，又称为广告的说服力，主要是指人们对广告所引起的兴趣如何，对广告的商品有无好感。好感的程度包括消费者对广告商品的忠实度、偏爱度以及品牌印象等。

④ 态度倾向的测评指标：广告是一种信息传播手段，旨在影响消费者对某种产品、某个品牌、某生产厂家的态度倾向。对于态度倾向的测评，主要包括购买动机和行动率这两项指标。购买动机是测评广告对消费者购买行为的影响，即了解消费者购买商品是随意的还是受广告的影响。行动率有两方面内容：由广告引起的立即购买行为和由广告唤起的潜在购买准备。

(3) 广告社会效果的测评指标　无论是广告构思、广告语言，还是广告表现，都要受到社会伦理道德的约束。测评广告的社会效果，受一定的社会意识形态下的政治观点、法律规范、伦理道德以及文化艺术标准的约束。意识形态不同，约束的标准也会不同，甚至相反。检验广告的社会效果，应通过对社会效果的一些公认的、基本的指标来测评和评价，并结合其他社会环境因素进行综合考察。不能只简单地以某种指标数量的大小来衡量。

① 法律规范标准：利用广告法律来管理广告是世界各国对广告活动进行监督管理的普遍方法。这一标准具有权威性、概括性、规范性、强制性的特点，适用于衡量广告中一般的共性问题。

② 伦理道德标准：在一定时期、一定的社会意识形态下，各民族都有其特定的伦理道德标准。它是人们较为普遍的价值观，受到民族、宗教信仰、风俗习惯、教育水平等多种因素的影响。广告的内容应该符合这些要求。

③ 文化艺术标准：各国、各民族在千百年的发展、延续中形成了各自独具特色的文化和风俗。广告创作必须符合这一文化艺术标准，否则，搞形式主义或是搞低级庸俗和不健康的内容，去迎合少数人的口味是必然要失败的，它会受到舆论的谴责和大多数人的抵制。

3) 网络广告效果评价指标体系

作为一种新型的媒体，测量网络广告的效果显然不能采用传统媒体广告的方法。网络广告与传统媒体广告的最大区别在于它融合了报纸广告的文字、图像和电视广告的声音等不同类型的信息和广告形式。但是目前广告界对网络广告的效果的评价采用单一的指标，无法体现网络广告应有的心理效果、销售效果和社会效果。由于网络广告效果的评价关系到网络媒体与广告主之间的利益分割，会影响到整个行业的正常发展，那么如何合理地衡量网络广告发布后的效果呢？

传统媒体如报纸在测量广告的认知测量法中通过将受众的行为分成不同的层次分别来测量受众的注目率、阅读率和精度率。在这里，我们可以依据网络访客在浏览网络广告时互动程度的高低和认知心理的变化，将其访客行为也分为如下四个层次：

① 看到该广告但没有点击——浏览；
② 看到该广告并点击——点击；
③ 点击该广告并与广告主进行信息交流——交互；

④ 在线购买——行动。

通过以上的划分,我们可以通过网络服务器中的 Cookie 或 log 文件记录一段时间内访客在该网站的登录人数 N 和在载有网络广告的网页上第①②③④类行为的数量:N_1＝第①类行为的数量;N_2＝第②类行为的数量;N_3＝第③类行为的数量;N_4＝第④类行为的数量。利用以上数据,我们可以考察网络广告对改善受众认知态度的心理效果及其销售效果。从认知心理的一般过程我们可以知道,网络受众浏览广告的过程也就是网络广告引起其注意的过程;点击广告的过程表明广告引起其兴趣;与广告主进行信息交流表明网络广告激发其某种欲望,购买过程也就表明网络访客将欲望转化成行动的过程(图 9-2)。

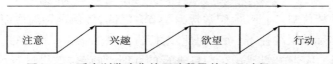

图 9-2 受众浏览广告的四阶段及其心理过程

在整个过程中,我们利用不同层次的指标来衡量受众不同层次的心理变化:浏览率考察广告被受众注意的程度;点击率考察广告激起受众的兴趣度;交互率考察广告激发受众欲望的程度;行动率考察广告促进销售的可能性。通过浏览率、点击率、交互率和行动率等来综合衡量网络广告的心理效果、销售效果和社会效果,不能单一强调其中的某一指标。由于浏览、点击、交互和行动伴随着认知心理的依次加深,四种指标的效果层次也在加深,需要赋予不同的权重(图 9-3)。同时对于不同的网络广告形式,其权重比例分配也不同。例如,直邮广告不需要浏览和点击的过程,其广告效果这两个指标的权重的比例为零。一般而言,前四个指标的权重比例依次递增,但权重的分配取决于广告主和网络媒体之间的协商。

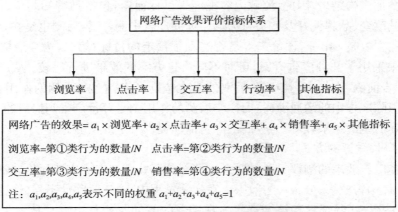

图 9-3 网络广告效果评价指标体系

9.2.2 网络广告测评的时间和方式

1) 网络广告测评的时间

上述测评内容有些需在广告正式刊播前测评,有些需在广告进行中或广告结束后测评。研究人员可根据测评目的决定测评时间。根据测评时间不同,广告效果测评可分为广告前测、广告中测及广告后测。

(1) 广告前测 广告前测就是在制定了广告草案后,在广告实际展开之前对其进行检验。这种测验主要在实验室中进行,也可以在自然情境中进行。主要目的有两个:一是诊断广告方案中的问题,避免推出无效,甚至有害而无益的广告;二是比较、评价候选方案,以便找出最有效的广告方案。广告前测的主要优点:第一,能以相对低的费用(与事后测验相比)获得反馈。此时,广告主还未花大量的钱刊播广告,事前测评可以帮助广告主及时诊断并消除广告中的沟通障碍,有助于提高广告的有效性。第二,预测广告目标的实现程度。例如,如果广告的主要目标是提高品牌的知名度,就可在事前测评中加以测定。广告前测的缺点:广告前测大都是在受测者看了一次广告后进行的,无法测出他们接触多次广告后或在其他营销活动配合情况下的广告反应。因此,所测的是个别广告的效果,而不是整个广告的效果。此外,事前测验延误时间,许多广告主认为,第一个占领市场会给其带来压倒竞争者的独特优势,因此,他们常常为了节省时间,确保这种地位而放弃测评。最后,事前测评效果与实际效果往往不一致,因此,对广告前测的结果应该加以分析。

(2) 广告中测　广告中测就是在广告进行的同时,对广告效果进行测评。主要目的是测评广告前测中未能发现或确定的问题,以便尽早发现问题,及时加以解决。这种测评大多是在实际情境中进行的。当今媒体费用昂贵,营销状况不断变化,市场竞争日益激烈,在广告战役的进行中,常常会发生一些意想不到的情况,影响原定的广告方案。因此,越来越多的广告主十分重视在广告进行中对其广告的效果开展测评、评估,以便及时调整广告策略,对市场变化尽早做出反应。广告中测的主要优点是同广告后测比,它能及时收集反馈信息,依据这些信息能发现广告沟通中的各种问题,并能迅速有效地加以纠正。同广告前测比,广告前测是在人为的情境中在较小范围内进行的,而广告中测是在实际市场中进行的,因而所得结果更真实、更有参考价值。

(3) 广告后测　广告后测就是在整个广告结束后对广告效果加以测评。它是根据既定的广告目标测评广告结果,因此,测评内容视广告目标而定,包括品牌知名度、品牌认知度、品牌态度及其改变、品牌偏好及购买行为等。如同广告中测,广告后测也是在自然情境中进行的。其作用主要是:第一,评价广告是否达到了预定的目标;第二,为今后的广告提供借鉴;第三,如果采用了几种广告方案,可对不同广告方案的效果进行比较。从广告效果测评的目的看,广告前测、广告中测与广告后测的最大差别在于,前测、中测的作用在于诊断,以找出并及时消除广告中的沟通障碍;而广告后测的作用则是评价广告刊播后的效果,目的是了解广告实际产生的结果,以便为今后的广告活动提供一定的借鉴。

2) 网络广告测评的方式

传统媒体广告效果的测评一般是通过邀请部分消费者和专家座谈评价,或调查视听率、发行量,或统计销售业绩、分析销售效果。在实施过程中,由于时间性不强(往往需要较长的时间)、主观性影响(调查者和被调查者主观感受的差异及相互影响)、技术失误造成的误差、人力物力所限、样本小等原因,广告效果评定结果往往和真实情况相差较远。网络广告效果测评方式一般有下列几种类型:

(1) 通过服务器端的访问统计软件随时进行监测　这种方法是使用一些专门的软件对广告进行分析,生成详细的报表。通过这些报表,可以随时了解在什么时间、有多少人访问过载有广告的网页,有多少人通过广告直接进入广告主的网站等。尽管网上广告有准确计量的优势,如果你的广告同时出现在若干个站点,依然无法监测哪个站点效果更好。一个比较粗略的办法,是看同样数量的 CPM,在哪个站点先完成。

(2) 查看客户反馈量　通常,如果广告刊播后受众的反应比较强烈,反馈量大量增加,说明广告比较成功,反之则说明广告失败。因此,广告主可以通过诸如 Form 提交量和 E-mail 在广告投放后是否大量增加来判断广告效果。

(3) 由广告测评机构测评　这种方法是将网络广告的测评交由第三方——广告测评机构承担。网络广告效果测评虽较传统媒体测评更易操作,但其公正性却一直受到质疑。有先见之明的广告主和媒体提供商已经意识到这个问题,目前他们正在积极寻找第三方充任这一关键角色。

9.2.3　影响网络广告效果的因素

在网页上常可以看到许多横幅广告,但真正去点击的却是少数,有调查表明,横幅广告的平均点击率只有 1%,超过 10% 的点击率就足以让人心满意足了。撇开一些客观原因,如网络运行慢、用户上网成本高等,那么如何在制作上提升网络广告的效果,从而吸引更多的点击呢? 影响网络广告效果的因素是多方面的,我们可以从以下几个方面入手。

1) 网络广告本身

网络广告自身的创意与设计是吸引网民的关键。创意可以说是广告的灵魂,如果能将网络技术与广告创意充分结合,势必能充分发挥网络媒体本身所特有的互动性,从而使广告更有效。

2) 刊播广告的网站与页面位置

刊播广告的不同的站点,甚至包括具体页面位置都会影响广告的效果。不同的站点有不同的受众对象,所以站点的选择对 Web 广告的最终效果影响很大。如何选择网站投放你的广告要考虑以下几个方面的问题:网站的访客量,访客是否与目标受众有关联,是否能够提供广告播发详细报告等。网站访问者的地域分布一定应与你的市场活动的宣传对象相吻合;另外从价格上看,即使 CPM 价格一样,在人流量不同的网站做广告效果完全不同。高人流量的网站使你获得所需效果的时间大大缩短,从而为你赢得了时间。通常,网络广告放置在网站的主页位置的效果要比内部的网页好,放在页面的上方比下方效果好。通常综合网站都会有"WHATS NEW"或者发布网站自身新闻的位置,这往往是一个网站中最吸引人的部分,因此广告如果放在这位置附近会吸引更多人的注意。统计表明,许多访客不愿意通过拖动滚动条来获取内容,因而放在网页上方和网页下方的广告所能获得的点击率是不同的。放在网页上方的广告点击率通常可达到 3.5%~4%。最好的广告应在网页的最上方和最下方同时放置。每个页面的位置叫"First View",访问者不用拖动滚动条就可以看到,这个位置条受到绝大多数客户的青睐,但是也不要小看在网页最下面的广告条。因为,没有人是为了看到广告而在网站上浏览。说不定在您购买的 First View 位置的广告还没有完全出现的时候,网友已经迫不及待地拖动滚动条浏览具体内容了。这样,您的广告就很容易被错过。而当浏览者拖动滚动条到页面最下面位置时,最下面的广告条是必定会被看见的,所以应在页面最上端和最下端放置同样的广告。

3) 广告的面积

通常网络广告的标准大小有多种常用规格。显而易见,一个大的广告图更容易吸引用户的注意。但是不同大小的横幅价格也会不同。

4) 图片

即使您有一个很好的条幅广告,也要经常更换图片。研究表明,当同一个图片放置一段时间以后,点击率开始下降,而当更换图片以后,点击率又会增加。所以保持新鲜感是吸引访客的一个好办法,放置同一图片一般不应超过3周。

5) 文案

广告中使用的文字必须能够引起访客的好奇和兴趣,广告Banner必须在几秒钟之内抓住读者的注意力,否则读者很快就会进入其他页面。在Banner的制作中应注意的问题是:

（1）主题　可以是令人担心、好奇,或使人感到幽默或是郑重承诺等。

（2）文字　必须能够引起访客的好奇和兴趣。例如,最值得使用的是"免费""有奖"等词语,而且Banner中还应加上"Click""请点击"等召唤性字样,否则访问者会以为是一幅装饰。

（3）色彩搭配　要有视觉冲击力,最好使用黄色、橙色、蓝色和绿色。

6) 链接

将广告链接到一个特定的页面,而不是客户网站的首页。没有人喜欢七弯八绕东寻西找才能获取自己所需的内容,因此广告应该链接到你最想宣传的那个页面。

7) 动画图片

动画Banner比静态的Banner更具优势。统计表明,动画图片的吸引力比静止画面高三倍。但是如果动画图片应用不当则会引起相反的效果,如太过花哨或文件过大会影响下载速度,所以动画文件的大小要合适,使下载时间适当。

【案例分析】　　　　　　　　点击率高达35.97%的"润妍"广告

宝洁公司"润妍"洗润发系列产品在2000年末由Media999代理的网络广告投放中创造了惊人的点击率,其中在www.zhaodaola.com网站投放的cascading logo的网络广告形式的点击率最高达到了35.97%。

要达到好的网络广告效果,涉及诸多方面的问题:首先网络广告互动性和精准性的实现前提是对网络广告的受众研究。其次是针对网络广告目标消费群进行的媒介选择。第三,对网络广告的效果有最直接影响的是网络广告的创意形式。

"润妍"倍黑中草药洗润发系列产品是宝洁公司在全球推出的第一个针对东方人发质发色设计的中草药配方洗润发产品,能为秀发提供全面的、从内到外的滋润,并逐渐加深秀发的自然黑色。你可能还在想该不该染发,但自然黑亮之美已卷土重来。润妍认为新千年,美发产品的潮流将会转向。在此形势下,宝洁适时推出了专为东方女性而设计的"润妍"倍黑中草药洗润发系列产品。

润妍产品因专为率真、年轻的便装少女和忙碌而心情平和的成熟女性设计。所以广告主题为:表现东方女性的自然之美。这次在线推广的主要目标是提高"润妍"产品的知名度;增加"润妍"品牌网站访客量与注册用户数;获取线下推广活动（润妍女性俱乐部、润妍女性电影专场）的参加人数。

这次Media999为"润妍"所做的网络广告创造高点击率的原因主要是从以下几个方面着重做了文章:首先,这次网络广告的投放选择了一个精确的目标消费群:率真、年轻的便装少女和忙碌而心情平和的成熟女性。其次,针对这一明确的目标消费群,Media999在宝洁提供的初始资料的基础上,利用科学的评估方法,对大量媒介资料进行了研究和分析,最终选择了sina、netease、zhaodaola等网站进行投放。第三,在网络广告创意表现上,这次"润妍"的网络广告表现可谓独具匠心,利用了多种软件,采用了新颖的网络广告创意表现形式,如鼠标触动的下拉banner、banner与移动logo和鼠标触动的结合等,收到了意想不到的广告效果。通过这一期的网络广告投放,使"润妍"品牌网站增加注册近 15 000 人。

除了以上分析以外,这次"润妍"网络广告创造高点击率与 Media999 和宝洁公司的互动友好合作不无关系。对此,Media999 的宝洁工作小组的成员深有感触:和宝洁公司合作,我们感觉很愉快,同时我们也学到了很多东西,而最重要的是在我们双方的碰撞激荡中建立了相互信任和理解的关系。这一点是这次网络广告投放取得比较好的效果的关键因素,也是我们与宝洁公司长期合作的基础。

Media999 作为一家专业的网络整合营销服务提供商,在网络广告运作上已经积累了较丰富的实践经验,这次"润妍"网络广告收效的取得仅是 Media999 成功网络广告案例中的一例。不断成长的 Media999 今后将为客户提供更加专业化的服务。

(来源:http://go8.163.com/businesspie/content/ 作者:叶子)

任务 1:结合案例,谈谈影响网络广告效果的因素有哪些。

分析 2:分析"润妍"广告高点击率的原因是什么。

【练习与思考】

1. 名词解释:CPM,CPC,CPA,CPS。
2. 确定广告预算的方法有哪些?
3. 某客户 A 拥有 10 000 美元,要求一个月内其在 Sohu 上的 Banner 的 Impressions 要超过 40 万,则 Sohu 最多能以什么价格收取广告费?(以 CPM 计费方式)
4. 假设 P&G 公司将在新浪上为飘柔做一个为期一年的网络广告,目的是促进品牌形象,夺取其他洗发水的市场份额。要求只有在网络用户点击图标进入 P&G 公司网站后才付广告费,请问它应该采取哪种计价方式?作为这次广告的预算,是哪一种预算?公司可以采用哪几种预算确定方法?试就影响广告预算因素的各个方面,详细预测一下这次广告可能出现的具体影响因素及其作用。
5. 网络广告效果测评从哪几个方面进行?
6. 影响网络广告效果的因素有哪些?

10 网络广告法律法规与监督管理

【导读案例】　　　　　　某服装网站的违法广告

2012年4月25日,北京市工商局接受新华社记者专访时表示,凡客诚品在其网站商品促销宣传中使用国家领导人形象(图10-1),已构成违反《广告法》中不得使用国家机关和国家机关工作人员的名义发布广告的规定。工商部门将对该公司的违法行为依法进行处理,并特别提醒各商业企业,在广告发布活动中要严格遵守《广告法》有关规定。

凡客诚品推出的仰望星空系列T恤
春天的故事系列T恤

图10-1　某服装网站的违法广告

10.1　网络广告法律法规

随着我国广告业的不断发展,与之相适应的广告法律法规应运而生,并形成了丰富的内涵。同样,网络广告的出现和发展,相关的制度也应随之建立并不断完善。从宏观上说,网络广告的法制建设,是网络环境规范化乃至国家经济法制建设的重要组成部分,是维护网络事业健康发展的强有力的保障之一,在一定程度上反映了网络事业的文明程度。从微观上讲,网络广告的法律规范体系,对规范网络广告活动,促进网络广告的健康发展,促进网络广告管理的有序化、规范化和国际化等方面都具有不可低估的作用。

10.1.1 我国广告法制体系简介

修订后的《中华人民共和国广告法》(以下简称《广告法》)已由中华人民共和国第十二届全国人民代表大会常务委员会第十四次会议于2015年4月24日修订通过,并自2015年9月1日起施行。按照新《广告法》的要求,有关部门将加快配套广告法规规章的制定修改和清理废止工作,抓紧修订《医疗广告管理办法》《医疗器械广告审查办法》等10个配套规章;尽快推动出台《公益广告促进和管理暂行办法》《互联网广告监督管理暂行办法》等部门规章,争取与新《广告法》同步实施。推动废止《广告管理条例》《户外广告登记管理规定》《外商投资广告企业管理规定》《印刷品广告管理办法》等行政法规和规章。

随着中国广告法制建设的日趋深入,中国广告法制体系的构架已基本成形,建立起了多层次、多方位、多角度的法律体系。从法律效力上看,形成了以《广告法》为核心和主干、以国家工商行政管理局单独或会同有关部门制定的行政规章和规定为具体操作依据、以地方行政规定为实际针对性措施、以行业自律规则为司法行政措施的重要补充的多层次的法制体系。另外,广告行业自律规则,如中国广告协会的《中国广告协会自律规则》、中广协四届三次理事会于1996年通过的《广告宣传精神文明自律规则》等,也不容忽视,其辅佐作用不可缺少,它们在规范广告活动方面起着直接或间接的作用,是广告法制体系的外围支持。从法律规范的具体内容来看,涵盖广泛,已陆续出台了《化妆品广告管理办法》《医疗广告管理办法》等单项规章及规范性文件,从多方面对广告活动进行了规范。从法律性质上看,已基本形成容纳程序性规定、限制性规定、资质条件规定、政策性规定等多角度的法制体系,如程序性的规定主要有:药品、医疗器械、农药、兽药广告审查标准,《临时性广告经营管理办法》《广告服务收费管理暂行办法》等。限制性规定主要有:《烟草广告管理暂行办法》《酒类广告管理办法》等。资质条件规定主要有:《广告经营者、广告发布者资质标准及广告经营范围核定用语规范》《广告审查员管理办法》《关于进一步加强境内企业在香港发布广告管理的通知》等。政策性的规定主要有《关于加快广告业发展的规划纲要》等。

10.1.2 网络广告发展中应遵循的基本原则

网络广告的发展前景是美好的,发展速度是惊人的,但是网络广告所存在的问题也是令人烦恼的,虽然需要具体法律的适用和完善,需要加强政府管理、提倡行业自律等,但首先还是要明确网络广告发展中应遵循的基本原则和规则,这是问题的关键所在。

1) 诚实信用原则

诚实信用最早是市场信用活动中形成的道德规范。在以商品交换为前提的经济活动中,为了加强社会关系的调整,各国将诚实信用道德规范上升为法律规范。虽然对诚实信用原则有不同的解释和规定,但其基本精神是一致的,易言之,"诚信是指没有恶意,没有欺诈或取得不当利益的企图。"我国《广告法》(2015年修订,下同)第五条规定,"广告主、广告经营者、广告发布者从事广告活动,应当遵守法律、法规,诚实信用,公平竞争。"可以说信用问题已经成为我国经济活动中非常严重的问题之一,网络环境中更是如此。

就网络广告而言,诚实信用原则的要求是多方面的,主要表现在以下几方面:

(1) 网络广告制作目的明确,主观动机善良,态度端正,没有欺诈或误导故意;在追求广告效果方面，要考虑到广告受众和消费者的利益，兼顾社会公共利益。比如，有种网络广告，在消费者浏览页面时突然出现一个窗口，是关于浏览程序或计算机其他程序出现故障的内容，需要点击"确认"才能继续运作，当消费者"确认"后，才发现这是一则广告。制作者如果故意地利用消费者的上网习惯或网上浏览时的疏忽，以追求高点击率，而忽视网络广告的形象宣传效果，只能是自欺欺人，不仅严重地侵犯消费者和社会公众利益，而且也于己不利。所以有人说，"信用问题已经成为电子商务发展乃至网络事业发展的瓶颈。"

(2) 遵守网络广告中的承诺。这是经营者为自己设定的义务或是法定义务的重述。由于网络环境的虚拟性，使得网络广告本来就看得见、摸不着的感觉更加明显。所谓"以诚取信、以信得成"意在于此。网络广告中的承诺不能兑现或不能完全兑现，不仅无法达到有效宣传新产品或服务的目的，而且会严重地降低企业的信誉，引起一系列恶性反应。

(3) 对引用数据资料要准确真实，这一要求不仅体现在网络广告的内容中引用的数据资料上，还体现在网络广告经营者、发布者与网络广告之间的关系中。

(4) 具有基本的可识别性，这个问题主要还是针对网络隐性广告行为的监控，虽然不宜以传统的规范来管制隐性网络广告问题，采用一律禁止网络隐性广告行为的做法，但并非不管不问，而是要针对特殊行业网络广告中的隐性广告进行适当地限制或禁止。

网络广告应遵循的诚实信用原则虽然具有"弹性""模糊性"，但它是其他基本原则的基础，对其他原则具有指导性，其他原则也可看作是网络广告诚实信用原则的体现。

2) 真实性原则

网络广告的真实性原则是网络广告的诚实信用原则派生出来的。《广告法》第三条、第四条规定，广告应当真实，不得含有虚假内容。网络广告真实性原则要求：网络广告中有关网络广告主、商品或服务的介绍等，应当符合事实，不得有虚假或不实记载，凡是过时、不实的内容不得在网络广告中出现。网络广告中也不得出现无法印证的语句。当然，网络广告的真实性原则，与传统广告一样并不排斥艺术夸张，否则会使网络广告失去活力。

3) 公平原则

这一原则的法律依据是《广告法》第五条的规定，从事广告活动应遵循公平竞争原则。网络广告的公平原则是协调广告主、广告经营者、广告发布者之间利益关系的根本原则。要求网络广告的活动主体要公平地进行竞争，不做诋毁、侵害同业的宣传，不进行不正当竞争。值得注意的是，网络广告公平原则并不排斥赠予行为，如无偿设计、制作、代理、发布网络广告的性质就属于赠予，只要是当事人意思表示真实，出于自愿。但是，这种行为有时难以判断，仍然不得以不正当竞争为目的，否则依然构成网络广告活动中的不正当竞争行为，同样是违反了网络广告的公平原则。

4) 合法原则

《广告法》第三条规定，广告应当真实、合法，以健康的表现形式表达广告内容，符合社会主义精神文明建设和弘扬中华民族优秀传统文化的要求。网络广告的合法性原则是指广告活动要遵循广告法和其他有关法律的强制性规定，如特殊商品网络广告发布者的行政审查；网络广告的内容和形式不得违反法律、法规的强制性规定；不得侵犯他人合法权利等。合法是网络广告存在的基础，对违法的网络广告，由监督管理机关予以查处，禁止发布，并可采取相应的处罚措施。同时与网络广告的合法原则密切相关的是维护社会公共利益原则，即网络环境中良好的道德风尚、良好的网络秩序等，都是网络公共利益和社会公共利益的体现。因此，侵害和无视网络环境公共利益的网络广告应当取缔。网络垃圾邮件广告、携带病毒的电子邮件广告、含有色情淫秽的内容的网络广告等,会威胁网络安全,影响网络秩序,破坏网络文明,都是相关法律所禁止的。

10.2 网络广告监管与规范概述

10.2.1 网络广告监管与规范的必要性

网络广告能否健康发展,直接关系着消费者的切身利益、广告主和网络出版商的企业形象,影响着市场经济秩序。和其他行业一样,网络广告也需要监督管理,需要法律规范。网络广告的管理法规尚未完善等因素,在一定程度上制约着我国网络广告的进一步完善与发展。

目前互联网广告中存在着许多问题。有些网站发布了虚假广告,欺骗了消费者;有的网站发布了法律、法规禁止或限制发布的商品或服务的广告;有些特殊商品广告发布前未经有关部门审查,内容存在着严重的问题;一些网站在广告经营中存在着不正当竞争行为等,都制约了互联网广告这一新生事物朝着健康、有序的方向发展。

首先是价格问题。为争夺网络广告市场,网络广告价格正陷入无序竞争局面。由于网站数量暴增,某些网站为扩大市场份额,将网络广告价格一降再降,甚至干脆免费,赔本赚吆喝。当然,对于一个成长中的行业,较低的价格门槛有益于市场的培养,但如果到了赔本的程度肯定是不合理的,这将有引发不正当竞争的可能。

其次,由于我国目前对网络广告的经营资格没有相应的法律法规,因此对网站经营广告的很多问题界定不清。比如,现行《广告法》将广告主体分为广告主、广告经营者和广告发布者,对不同的身份都有不同的限定,而在互联网上任何人都可以自行发布广告,可以说三种身份集于一身。

再次是存在发布虚假广告、色情广告和未经有关部门审核的广告、法律法规禁止的广告等问题。网络上的信息满天飞,但是究竟哪些信息是真的,哪些是假的,让人难以捉摸,更不要说那些有害的广告了。

此外,还有隐性广告问题。以非广告形式出现的隐性广告,在传统媒体上比较容易识别,在互联网上则很难识别。比如在BBS上发布的广告,在商业网站主页上开辟专业论坛讨论企业产品与服务的性能、质量、功能之类的问题等。

网络广告不同于其他媒体广告,一个网络广告本身可能没有什么问题,但它的链接可能有问题。即使链接没有问题,但它指向的站点却可能存在问题。因此,问题之多可谓防不胜防。

存在的这些问题说明,加强监督管理与法律规范,改变网络广告管理现状是当务之急,需要一套完整的法律法规体系规范网络广告,网络广告才能得到长足的发展。

10.2.2 网络广告监管的对象

网络广告不同于平面媒体广告,也不是电子媒体广告的另一种形式。其基本特征为:
(1) 数字化 利用数字技术制作和表示。

(2) 可链接性　链接意味着广告主和广告经营者都无法预知和控制广告会被多少个站点拷贝，虽然有时链接者的本意并非宣传广告，但只要被链接的主页被网络使用者点击，就必然会看到广告，这是任何传统广告所无法比拟的。

(3) 强制性　常用互联网的人都有过被人在电子信箱中塞进广告的经历。

这些特点，对网络广告的法律调整与规范提出了新的课题。因此，从网络广告的主体来看，网络广告的监管对象包括广告主、广告经营者、广告发布者；从网络广告的客体来看，网络广告的监管对象包括广告信息、广告方式，如隐性广告、强迫广告等。

1) 对网络广告主体的监督管理

对网络广告主体的监督管理关键是要明确广告主、广告经营者、广告发布者的定位问题。

以传统的平面媒体和电子媒体传播的商业广告，其广告主、广告经营者和广告发布者各自的定位和职责是清晰的。依我国《广告法》的规定，广告主是指为推销商品或者服务，自行或者委托他人设计、制作、发布广告的自然人、法人或者其他组织。广告经营者是指受委托提供广告设计、制作、代理服务的自然人、法人或者其他组织。广告发布者，是指为广告主或者广告主委托的广告经营者发布广告的自然人、法人或者其他组织（《广告法》第二条）。

依此规定和政府对媒体的其他管理法律法规，广告主、广告经营者与广告发布者之间的界限是显而易见的，一家酒厂不可能自己经营媒体为本企业的产品发布广告。电脑公司也不可能直接使用传统媒体宣传企业形象或产品。但是，在网络广告业中，买方与卖方之间的界线是较为模糊的，如出版商要买广告对其网站进行促销，广告主也可以创立自己的网站对其产品进行促销。因此，在网络广告业中，广告主、广告经营者、广告发布者这三者的界限很模糊，使得用现行的法律概念来理解时会产生一些认知上的困难。例如，经营网络运营的ISP和提供网上内容的ICP，他们既有类似于传统媒体的传播平台——自己的主页，同时，许多ISP、ICP集广告客户、广告经营代理、广告制作于一身。在某种意义上说，ISP、ICP每时每刻都在为本企业做广告。当使用者点击这些门户站点时，任何人都可以感受到铺天盖地的广告气息。这些广告中，企业自身的广告占据了重要的位置，尽管形式有点变化。另一个例子是企业的商业性网站，这些商业性网站存在的基本功能，就是宣传本企业的形象，当然要使用一切可能的传播手段，如目前时髦的网上看房，实际上就是房地产企业的广告。所以在现在的互联网上，只要愿意，任何人、任何机构都可以在自己的网站上链接其他人的主页，同时发布自己的信息，而这种信息往往在实质上就是法律意义上的商业广告。因此，原有法律上对广告主、广告经营者、广告发布者的定义及其规制方式显然已经不能适应网络广告的现状和发展。

2) 对网络广告信息的监督管理

对网络广告信息的监督管理主要包括对虚假广告、垃圾邮件、强迫广告、隐性广告等的识别与监管。在这方面国家工商局广告监管司一直强调，必须明确网络广告的经营活动和网上发布的广告内容都是广告监管的范围，这些广告内容分别表现出以下特点：

(1) 隐性广告更加隐蔽

所谓隐性广告，是指采用公认的广告方式以外的手段，使广告受众产生误解的广告。《广告法》第十四条规定：广告应当具有可识别性，能够使消费者辨明其为广告。大众传播媒介不得以新闻报道形式发布广告。通过大众传播媒介发布的广告应当显著标明广告标记，与其他非广告信息相区别，不得使消费者产生误解。隐性广告是以非广告形式出现的广告，俗称不是广告的广告。在传统媒体上出现的隐性广告比较容易识别。互联网上的隐性广告则很难识别，其主要形式有下列几种：

① 以网络新闻形式发布的广告：尽管学术界有争论，但网络新闻的存在是一个不争的事实。除了ISP、ICP在事实上炒新闻以外，还有知名度极高的ZD-NEWS等专业性的网站。因为一些网站专业化的程度高，拥有特定阅览群体，一些企业与这类网站有着特殊的关系。总之，网络也模糊了新闻与广告的界限。

② 在BBS上发布的广告：在BBS上发布的广告，主要是以论坛讨论问题形式出现的。商业网站在主页上开辟专业论坛讨论企业产品与服务的性能、质量、功能之类的问题。也有的企业以网民的名义故意在论坛上提起论题，讨论一番，在其中不知不觉地兜售自己的产品。例如，国内某些软件企业常常"策划"此类广告式的"讨论"。

③ 以新闻组形式出现的广告：以新闻组形式出现的广告与BBS类似，但观看者更多地采用离线形式浏览。

(2) 电子邮件广告难以拒绝

许多人都深受电子邮件广告的骚扰。只要你的电子信箱地址被广告发布者知晓，你就无法拒绝。电子邮件广告以Mailinglist的形式，在理论上可以轻而易举地从一到无限大，个体可以向无数的信箱发布广告邮件。这种不期而至的广告比上门的推销员更难忍受。有这样一句话："在网上，没有人知道你是一条狗。"同样，人人都可以在网上发布广告。与现时社会一样，互联网上同样会出现虚假广告和广告欺诈，且更加不易识别。

以上这些特点，使得网络广告的监督管理难度更大，同印刷广告、电视广告、广播广告相比，互联网广告传播范围更远，时间更持久，影响可能更大，更应该处于严格的管理之下。在任何媒体上，欺诈行为都是非法的，网络广告的浮夸和欺诈不但会损害消费者利益，也将损害电子商务自身的形象。美国联邦贸易委员会通过对广告用语、营销以及促销行为等加以监督，对在线消费者进行保护，使他们不受虚假广告的误导。对广告商的要求则是：广告商必须确保广告内容的清晰和准确，如果广告内容中存在容易误导消费者的地方，广告商必须加以声明，声明出现的位置必须醒目，声明的语言必须清楚易懂。

3) 网络广告监管的原则

网络广告在我国目前仍处于发展阶段，还有着巨大的潜力。因此，对网络广告不能完全比照传统媒体的监管方式，按照目前广告法规定的法律调整，而应当在广告法的大前提下，遵循一些基本规则，进行逐步的探讨和完善。

首先，必须解决资格认证问题。要确立一个经营网络广告的市场准入条件，再按照有关规定严格规范网络广告内容。据了解，为了促进网络广告行业的发展，国家有关部门已陆续出台了相应管理措施。

其次，尽快研究明确以下关键问题：网络广告同传统广告有什么区别，网络广告发布如何实现标准化，网络广告收费标准如何确定、规范，用户有无权利对电子邮件等有关信息拒绝，如何追究责任，等等。

最后，网络广告的监管要遵循以下原则：

(1) 政府管理与ISP、ICP自律相结合的原则　ISP、ICP是网络运作与管理的重要环节，离开了ISP、ICP，政府就无法对网络实施有效的管理。这里所说的ISP、ICP的自律包含两层含义，一是ISP、ICP自身必须遵守广告法和相关法规，抵制不正当竞争和虚假广告、欺骗广告；二是ISP、ICP应当在经营的范围内，规范所托管的主页，一旦发现恶意广告行为，

要尽管理人之法律责任。另外,还要注意以下几个问题:

① 与政府管理相结合的网络服务商应当包括 ASP(Application Service Provider)。所谓 ASP,通俗地说,是一种业务租赁模式,是一种新的管理模式,即企业用户直接租用 ASP 的计算机软件系统进行自己的业务管理。通过 ASP,企业可以随时享受依靠它的强大威力在网上管理企业的服务,这种服务的提供者就是 ASP。在制定和指导 ISP、ICP 等网络服务商行业规范时,应当对 ASP 也给予充分的考虑。

② 如何正确适用网络服务商的归责原则。随着公众对网络负面影响的感触越来越深,出于网络服务商在网络违法广告行为中的作用等因素考虑,要求其承担责任的呼声也越来越高:网络广告活动中,网络服务商主动参与、积极地实施重大不正当竞争及制作发布虚假广告等违法行为的,与广告主承担连带责任,这时网络服务商与传统广告的发布者和广告经营者在性质和地位上并无二致;提供内容服务且对网络传输内容可以控制、监督、做增删编辑的网络服务商,有采取措施停止侵权内容传播的义务,在网络广告中同样适用等。

(2) 法律与业界规章相结合的原则 对电子商务而言,法律当然不可能预先穷尽规则。这就需要行业规章在法律正式出台前的空白期起到游戏规则的作用。例如,对商业网站的规制、对个人主页的管理都必须有一个可行的规章。ISP、ICP 在用户电子邮件地址的管理上,负有特殊的责任,也应当研究相关的规章。

(3) 行业自律与第三方认证相结合的原则 制定相关的法律、法规来规范网络广告活动,是网络广告制度中必要而且重要的内容。但单纯依据法律的强制力来规范网络广告行为是不足的,同时行业自律可以充分地发挥业界的主观能动性,具有较强的操作性。当然,这是与法律规范相比较而言的。行业自律与第三方认证相结合是网络广告管理的重要手段。

行业自律与第三方认证相结合,应当把握以下几条原则:

① 网站有主动明示政策的义务,网络公司应公开网站广告政策的简介,方便访问者了解。

② 网站应充分尊重访问者的意愿,网站不应当阻止用户返回前一个网站,不应当引导用户访问不愿意访问的网站和网页。这是针对网络强迫广告而言的,实践中有的网站采用技术措施阻止用户离开网站,使访问者不得不离线或重新打开窗口以便摆脱。

③ 特殊情况下,促销信息应有别于客观信息,特殊行业的网站广告和其他推销材料在表达方式上应有别于本网站的其他信息。对于一般性的网站而言,不一定要求所有的广告都要具有广告标识,但应当有别于新闻信息,而且对特殊行业的网络"隐性广告"应当进行限制和禁止。

④ 在行业自律性规范应体现网络广告中涉及的消费者隐私权保护的问题上应注意:不应当为广告目的搜集、持有、使用消费者的个人信息;为广告目的向用户提供 Cookie 文件的功能,应为他们提供选择的权利,或者提示用户注意可以在浏览中屏蔽这项功能;向用户发送电子邮件或电子刊物应征得用户的同意或为用户设定退订功能;网站主页应明确标出有关隐私政策内容的链接,网站和广告主应严格遵守该项隐私政策;不得以广告目的向他人提供和公开个人的信息等。

⑤ 关于不正当竞争行为的禁止与限制问题,主要是对网络广告的价格,网络关键字、词广告以及有奖销售广告的法律问题应有所明确。

⑥ 行业自律性规范应在制止和打击虚假广告的行为中发挥积极的作用。自律性规范

中应体现对网站发布和参与制作网络虚假广告的责任,不同程度地体现网站有审查网络广告真实性义务的要求,发挥第三方认证机构审查和监督的职能。

10.3 违法网络广告的法律责任

10.3.1 广告违法的概念和特征

网络广告是广告的一种,受广告法律法规的约束。广告违法行为又称为广告违法,是违反我国广告法律、行政法规的行为的总称。违反广告法律、行政法规的禁止性规定,超出广告经营登记的范围进行广告活动,违反广告合同等,都属于广告违法行为。

广告违法行为具有如下主要特征:

1) 广告违法行为是有社会危害性的行为

广告违法不只是对广告法律、行政法规的破坏,其对社会危害性是最本质的特征。

2) 广告违法行为是违反我国广告法律、行政法规的行为

这是广告违法行为的法律特征。社会危害性是违法性的基础,没有社会危害性就谈不到广告违法问题。但是,仅有社会危害性而没有违法性,也不能认为是广告违法行为。

3) 广告违法行为是有过错的行为

广告违法行为的实施者在主观上有过错,包括故意和过失,没有过错的行为也不是广告违法行为。

由此可见,广告违法的要件为:其行为主体(从事广告活动的自然人、法人和其他组织)包括广告主、广告经营者、广告发布者,在主观上有故意和过失;在客体上侵害了我国法律所保护的社会关系。在客观方面表现为违反广告法律、行政法规的各种行为。如虚假广告,广告活动中的不正当竞争行为,非法经营广告业务行为,非法发布烟草广告行为,伪造、变造审查批准文件行为等。

常见的网络广告违法行为的种类有虚假网络广告、网络广告不正当竞争、网络垃圾邮件、强迫广告等。

10.3.2 网络虚假广告的法律责任

1) 虚假广告及网络虚假广告的定义、特征及类型

我国《广告法》规定:广告应当真实、合法,以健康的表现形式表达广告内容,符合社会主义精神文明建设和弘扬中华民族优秀传统文化的要求,不得含有虚假或者引人误解的内容,不得欺骗、误导消费者(注:《中华人民共和国广告法》第三条、第四条)。违反这些规定,利用广告对商品或者服务作虚假宣传,欺骗和误导消费者的就是"虚假广告"。现实生活中,传统的虚假广告主要表现在以下几个方面:

(1) 商品广告中有关商品质量、性能、用途等的说明与商品的实际质量、性能、用途不符。

(2) 未经国家有关行政主管部门或授权单位检验鉴定或审查批准并授予或核发证明、证件,谎称产品质量达到规定标准,认证合格,产品获得专利,获得优质产品称号、生产许可

证等内容。

（3）擅自改变药品、医疗器械、农药等经批准的宣传内容，进行虚假或夸大宣传。

（4）谎称转让或传授的技术以及出售的技术资料具有实用价值。

（5）在广告中作出实际不能兑现的虚假允诺的。

（6）利用虚假数据统计资料、调查结果等对商品的效用、性能进行宣传。

（7）以市场预测为目的，为尚未投产或不能按期供货的商品做广告。

（8）其他的如利用视觉在广告中美化商品，使广告呈现的商品优于现实中的商品，以及通过广告的优惠价引诱顾客购买某种商品，然后宣布货已售完，乘机推销另一种商品等。

对于网络虚假广告，我国立法和司法、行政机关还没有明确的定义，但是在性质上与传统的虚假广告是一致的。这里介绍一下美国网络虚假广告有关情况。FTC 即美国联邦贸易委员会给欺骗性广告（deceptive advertising）下的定义是：任何具有误解、省略，或其他可能误导大批理性消费者等一系列情况使其受到伤害的广告。无需任何证据证明消费者受到欺骗，广告表现也可以是明确的或暗含的，关键在于广告是否传达了虚假印象——即使文字上无可挑剔。FTC 是管理跨州销售产品广告的主要管理机构，其关于网络虚假广告定义的诸多观点，被美国法院采纳。

依据 FTC 的原则，有些广告虽然不具欺骗性但也会被认定为不正当。1994 年 FTC 劝说国会通过了一项条例，从法律上将广告的不正当定义为：给消费者造成或有可能造成重大伤害，而消费者本人无法合理地避免这种伤害的行为。而该行为所产生的利益并没超过其给消费者或竞争对手带来的利益。不正当广告（unfair advertising）意味着对消费者的伤害或对公共规则（例如其他政府法令）的违背。换句话说，不正当广告的产生是由于缺乏"安全的信息"或广告的其他一些外部特征。例如，在事先没有充分证据证明的情况下，利用脆弱群体（如老人、儿童）的声明，以及消费者因广告主隐瞒了产品（或广告中竞争对手产品）的重要信息而无法作出真正的选择，属不正当行为。美国的这些规定对于我们正确理解和认定网络虚假广告具有积极的意义。

2）网络虚假广告的法律责任

发布虚假广告是违法行为，应当承担法律责任。我国广告法规定，广告经营者、广告发布者明知或者应知广告虚假仍设计、制作、代理、发布的，由工商行政管理部门没收广告费用，并处广告费用三倍以上五倍以下的罚款，广告费用无法计算或者明显偏低的，处二十万元以上一百万元以下的罚款；两年内有三次以上违法行为或者有其他严重情节的，处广告费用五倍以上十倍以下的罚款，广告费用无法计算或者明显偏低的，处一百万元以上二百万元以下的罚款，并可以由有关部门暂停广告发布业务、吊销营业执照、吊销广告发布登记证件。发布虚假广告，欺骗、误导消费者，使购买商品或者接受服务的消费者的合法权益受到损害的，由广告主依法承担民事责任。广告经营者、广告发布者不能提供广告主的真实名称、地址和有效联系方式的，消费者可以要求广告经营者、广告发布者先行赔偿。关系消费者生命健康的商品或者服务的虚假广告，造成消费者损害的，其广告经营者、广告发布者、广告代言人应当与广告主承担连带责任。

我国广告法中关于虚假广告的广告经营者、广告发布者的法律责任的这些规定，同样适用于网络环境中，是可行的也是应该的。

在网络广告中，ISP（互联网服务提供商）是否属于广告经营者或广告发布者的范畴，对于网络虚假广告 ISP 应承担什么责任以及如何追究他们的责任，在我国现有的法律中尚无十分明确的说法。

ISP 在网络虚假广告的形成中有一定责任。如何权衡利弊，扬长避短，既不放任自流也不能让其风险太大，是在认定 ISP 在虚假网络广告中法律责任时，应遵循的重要原则之一。涉及的具体问题有两个：一是应否免除 ISP 对网络虚假广告"应知"的情况下的连带责任；二是应否肯定 ISP 在受害人有证据证明侵权行为的客观存在并在接到通知的情况下，仍不采取措施而产生的不作为的连带责任。所谓"应知"，即不只是在 ISP 明知或参与了网络虚假广告的制作及发布活动时才承担责任，而是在应当知道因重大过失而不知的情况下，也应承担责任。只有这样，才能一方面保证网络的健康发展，同时保护消费者权益不受侵害。

10.3.3 网络广告不正当竞争的法律责任

不正当竞争行为是指在市场交易中，经营者出于竞争目的，违反诚实信用原则或公认的商业道德，所从事的有损于其他经营者或消费者利益，扰乱社会经济秩序，应追究其法律责任的行为。

网络广告的不正当竞争行为有多种表现形式：

1) 网络广告的价格问题所导致的不正当竞争行为的法律问题

国内媒体网站目前主要采用两种不同的计费报价方式：一种是传统的按发布时间长短计费报价，与传统媒体计费方式类似，另一种方式是按访问的人数包括点击次数计费，充分体现出网络广告媒介的独特性。按点击量付费的直接依据是广告的实际影响面，为实际付费提供了方便，但这种方式也存在着不足，因为很多广告主的广告策略是与其整体营销策略配合的，是在某一段时间和某一地区内，同时投入广告促销、价格促销、建立销售通路等一系列营销手段，并彼此相互配合，方能看出广告的效果。而按访问人数的计费方式，会使广告主对在一定时间内的广告发布费用或一定费用的广告投入将持续多少时间，缺少客观的、超前的判断，对一定数量的访问者主要来自哪些地区，是否具有购买意向，往往不能客观把握。上述报价方式的这些特点，导致了网络广告在价格上的不稳定性。

各个 ICP 的销售人员为了能拉住客户，增加业务量，在谈判的时候各显神通，价格折扣是最主要的表现形式，即便你的价格已经几重折扣不能再低，客户却认为可能还有降价的空间。"供过于求"和畸形价格差距的现状导致了网络媒体广告价格的混乱。这种严重偏离价值规律的现象，表现在法律上就形成了恶性的不正当竞争行为。

我国《广告法》规定，广告主、广告经营者、广告发布者不得在广告活动中进行任何形式的不正当竞争（《广告法》第三十一条）。我国反不正当竞争法规定，经营者不得以排挤竞争对手为目的，以低于成本的价格销售商品（《中华人民共和国反不正当竞争法》第十一条）。上述规定理所当然地适用于网络广告活动中的关于价格上不正当竞争行为。

2) 网络关键字、词广告所引发不正当竞争行为的法律问题

关键字、词广告被称为网络广告的一支奇兵。埋设技术是关键词检索功能所必需的，有正当和不正当之分，其本质区别在于谋求的利益是否正当。就网络关键词广告中涉及的不当埋设行为，在适用法律时分为以下几种情况：

（1）适用商标法加以规范的情况　网络关键字、词广告可能涉及对驰名企业的商标及其他标识的特殊法律保护问题。目前，对驰名商标给予扩大保护是世界性的潮流。将他人注册商标、未注册的驰名商标作为企业名称中的字号使用，误导公众，构成不正当竞争行为的，未经商标注册人的许可，在同一种商品上使用与其注册商标近似的商标，或者在类似商

品上使用与其注册商标相同或者近似的商标,容易导致混淆的,都属于侵犯注册商标专用权。

(2) 适用反不正当竞争法加以规范的情况　网络关键字、词广告埋设他人未注册的驰名商标的,不适用商标法的有关规定,理由是《中华人民共和国商标法》(以下简称《商标法》)及《驰名商标认定和保护规定》不适用未注册商标,当然也就不适用于未注册的驰名商标。但是不等于对这种行为不予制止,而是适用《中华人民共和国反不正当竞争法》。原因是,埋设行为人借助驰名企业的知名度和影响力以提高自己,在客观上使消费者误认为该注册商标所有人与埋设行为之间存在着某种联系,这对埋设行为人本行业的其他竞争主体来说是一种不正当的竞争行为。

前面所述的两种情况,在事实上有一个共同点,即都存在着"在客观上使消费者误以为埋设行为人与驰名的商标或其他标识的所有人之间存在着某种联系"。但是,如果没有这个客观事实,在网络广告中埋设了他人驰名商标的,则属于商标淡化行为。

(3) 商标淡化行为的法律适用　所谓"淡化(dilution)"是指对他人驰名商标的使用虽然不会导致混淆和消费者误认,但是减损了驰名商标的知名度,削弱了驰名商标的显著特征和广告宣传价值,有可能导致消费者不再将该驰名商标与特定的商品或服务的提供者联系起来,比如说"奔驰"这个驰名商标,如果市场出现了"奔驰"手表、"奔驰"电视机、"奔驰"啤酒、"奔驰"内衣或巧克力等产品,可以说过不了几年也就没有人将"奔驰"商标与"奔驰"汽车商标的所有人联系起来了。长期的"淡化"行为甚至使一个驰名商标变成通用名称。网络关键字、词广告是"淡化"行为的一种较为典型的形式,其不当埋设行为,在客观上是极有可能造成"淡化"他人驰名商标的结果。这里传统的商标侵权概念无法适用,显然不能适用《商标法》。美国于1995年通过了《联邦反商标淡化法》,其宗旨是保护商标权人的利益,商标权利人据此涉诉寻求法律救济理所当然。但我国并无此规范,如何适用法律是研究我国网络广告法律问题时不得不涉及的。目前在涉及网络关键字、词广告中不当埋设他人驰名商标,造成"淡化"问题时,适用什么法律? 应当是《反不正当竞争法》。因为该法是为了鼓励和保护公平竞争,以保护经营者和消费者的利益制定的。这种不正当竞争行为与该法规范完全适合。而且北京市高级人民法院对"北京阳光数据公司诉上海霸才数据有限公司案"的终审判决确立了依据《反不正当竞争法》第2条第1款规定的法律原则,制裁不正当竞争行为的先例,增添了在司法实践上的论据。网络关键字、词广告中埋设的内容还可能是著名虚构人物、著名企业或上市公司的简称,对提供的产品或服务造成或可能造成混淆的行为,也有可能被认定为不正当竞争行为。有关事实的认定和法律的适用与前文所述大同小异,不再赘述。

网络关键字、词广告中不当埋设行为,还可能涉及网页开发商的法律责任。鉴于网页设计、制作需要专门的技术,除了具有相当资质条件的网主自己制作网页以外,绝大多数的网页是委托开发商或制作商来完成的。具体埋设技术的实施一般情况下是开发商操作的。有学者认为,对网页开发商责任的认定,应当以其明知或应知因重大过失而不知为要件来追究责任。

3) 网络有奖销售广告的法律问题

有奖销售是指经营者销售商品或提供服务,附带性地向购买者提供物品、金钱或者其他经济上的利益的行为,包括奖励所有购买者的附赠式的有奖销售和奖励部分购买者的抽奖式有奖销售(国家工商行政管理总局《关于禁止有奖销售活动中不正当竞争行为的若干规定》第二条第1款)。网络广告发展到今天,通过奖励的方法以达到和提高预期的广告效果的方式已是司空见惯,诸如"大酬宾""回馈厚爱""天上掉馅饼""免费的午餐",等等。

网络广告涉及的有奖销售可分为两种情形：一是针对网民的，在这种情况下网民与网站经营者之间的关系，是一种消费者与经营者之间的关系；另一种是针对网络广告客户的，即通过向访问者提供奖品，吸引观众，所要达到的目的是招揽广告客户，扩大广告业务销售。因此，网络有奖销售是特殊的有奖销售，即使奖品并不向直接的购买者提供，但作为促销其他关联商品的手段的，也完全应将其纳入到有奖销售之列。何况《反不正当竞争法》第十三条并未将接受赠品的当事人限定于购买者，将特殊的有奖销售纳入本条规定调整并不违反法律的本意。针对网络广告行为中的不正当竞争行为，可以将有奖销售重新界定为：有奖销售是指经营者以附带性的提供金钱、物品或其他利益（统称奖品）的引诱方式，促销其商品（包括服务）的行为。在这里，网络公司是通过互联网向网民提供服务的经营者。网络公司为招揽广告客户和消费者，在提供服务中进行有奖竞猜活动的，构成有奖销售，应当遵守《反不正当竞争法》第十三条的规定。若网络公司用带有偶然性的方法决定访问者是否中奖，且其最高奖金额超过5 000元，妨碍了网络公司之间的公平竞争，就构成了对《反不正当竞争法》第十三条所禁止的不正当的抽奖式有奖销售。

10.3.4 网络广告隐私权保护的法律问题

1）网络环境中的隐私权

隐私权是指公民享有的私人生活安宁与私人信息依法受到保护，不被他人非法侵扰、知悉、搜集、利用和公开的一种人格权。在网络环境下，是指公民在网上享有的私人生活安宁与私人信息依法受到保护，不被他人非法侵犯、知悉、搜集、复制、公开和利用的一种人格权。

2）网上隐私权的主要内容

（1）个人数据隐私权 个人数据是指一个可识别的在线自然人用户的任何信息。个人数据隐私权主要包括：

① 对个人数据信息的收集必须取得主体的同意。

② 在持有他人数据信息时其持有的目的具有价值判断上的合法性和程序上的完备性。

③ 在持有的数据信息内容上必须是准确的、而不是虚假的。

④ 对于个人数据信息的处理必须做到，所处理的个人数据信息是合法收集和储存或持有的；得到了处理个人数据的许可或者授权，更重要的是不得非法侵害数据信息主体的人格权。

⑤ 对个人数据信息的披露和公开要征得本人的同意。

⑥ 数据信息主体在支付了合理的费用后，有权向数据持有者了解有关自己的个人数据是否已经被储存下来。

（2）私生活安宁的隐私权 主要内容包括：

① 网络用户的计算机终端（包括手机、iPad 等）、个人电子信箱及网上账户、信用记录等的安全保密性要求，即不被窥视、侵入的权利。

② 网络用户使用网络进行通信、交流信息、从事电子商务活动的安全保密性要求，即不被干扰的权利。

3）网上隐私权的保护方式

针对社会各界对隐私权加强保护的强烈呼吁，网上网下均采取了各式各样的措施，这些措施对隐私权的保护是具有积极有效的作用的。目前各国及国际组织采取的方式主要有以下几种：

（1）隐私权人加强网上自我保护　消费者应当妥善管理个人信息，提高对网站的识别能力，对于是否提供个人信息作出正确的判断。

（2）加强隐私权保护的技术措施　专家指出，现在网上可以找到许多帮助网民保护个人隐私的软件，其中有些免费软件能够做到不接受网站发送的给网民的"Cookie"程序，同时又不影响网站的访问。

（3）自律性规范与第三方认证相结合的保护方式。

4）网上隐私权的法律保护

用法律的方式保护数据信息，可以在一定的程度上克服技术方式的不足：即使通过解密而使越权存取数据库中的信息资料成为事实，这种行为也为法律所禁止。如果违反禁止性的法律规定，就应当承担相应的法律责任。更重要的还在于，用法律的手段对数据信息进行保护，给数据的收集、储存、处理、传输和使用建立一整套行为规范，不仅能有效地遏制和制裁数据库的使用者越权存放个人隐私资料的违法行为，而且还能避免或减少数据库的经营管理者不当收集、储存、处理、传输和传播个人隐私资料的行为。法律保护的后一层作用是任何技术手段也无法取代的。就本质而言，也是为保护公民私生活的安宁，保障人们的隐私权。

10.3.5　网络垃圾邮件与强迫广告的法律责任

1）网络垃圾邮件的法律问题

利用电子邮件来进行广告宣传成为一种被广泛采用的手段。采用这种方法的厂商越来越多，网民所收到的垃圾广告也就日渐增长。电子邮件不像传统普通邮件的垃圾邮件一样，可以从外观上和发信的人地址等来辨别、处理。互联网上广泛采用匿名的邮件，使人们无法辨别信件的来源，不一一打开阅读很难判定其中内容，不能直接将垃圾邮件删除，从而大量地浪费了我们的时间和金钱。因此在网络环境中，网民对垃圾电子邮件颇有微词。如果说电子邮件是一辆在信息高速公路上疾驶的车辆，那么垃圾邮件就是交通大堵塞。

发送电子垃圾邮件的人，是如何取得电子邮件地址的呢？通常的方法是编写一种程序，从像新闻组和ISP成员这些公共论坛获得有效的电子邮件地址，因为这些目录是开放的。另一个常用的花招就是"字典攻击"：发送垃圾邮件的人利用字典中的每个可能组成的地址，再进行各种各样的组合。还有就是并不完全排除ISP涉足此事的可能。

阻挡垃圾电子邮件最强大的武器是法律。为了保障收件人、经营者的合法权益，创造公平的市场竞争环境，保证邮件的有效性、合法性，促进网络经济健康、有序的发展，北京市工商行政管理局将对利用电子邮件发送商业信息的行为进行规范。该征求意见稿中明确了互联网使用者在利用电子邮件发送商业信息时应本着诚实、信用的原则。不得违反国家的法律法规，不得侵害消费者和其他经营者的合法权益。对利用电子邮件发送商业信息的行为做了规范：未经收件人同意不得擅自发送；不得利用电子邮件进行虚假宣传；不得利用电子邮件诋毁他人商业信誉；利用电子邮件发送商业广告的，广告内容不得违反广告法的有关规定。对违反这些规定的互联网使用者，工商行政管理部门将按照广告法、反不正当竞争法、消费者权益保护法的规定进行处罚。

2) 网络强迫广告的法律问题

在网民进入网页的时候,总有一些小的窗口自动跳出来,它们大部分是广告。可是大部分网民对于这些广告根本就不想看,但是又不能不打开它,浪费了网民的时间。

网民是消费者,对于电信部门和ISP而言,普通网民的消费者地位是毋庸置疑的。如果网主所制作的网页没有任何商业目的或者没有任何直接的商业目的,网主不应承担经营者对消费者的义务。但如果网主制作的网页纯粹是为了销售商品或者提供服务,此时的网民和网主完全符合经营者和消费者的基本特征,他们之间的权利义务关系应受《中华人民共和国消费者权益保护法》的调整。该法第九条,"消费者享有自主选择商品或者服务的权利"。第十条,"消费者享有公平交易的权利"。据此,网主不能强迫网民在访问其网站时必须如何作为或者不作为。

另外,还有一种情况就是,网站是一种综合性网站,网主制作的网页为网民提供了各种服务,网民到网站访问不是为了寻找消费机会,而是单纯为了享受服务,网民无须为此向网站支付任何费用,网主通过网站访问者人数、广告点击率等获得商业利益,网民在此时同样应有选择权和公平交易权,他们有权拒绝任何强迫服务或交易行为,当然包括网络强迫广告。

10.3.6　网络广告第三方评估监测机构的规范制度

目前来看,网络广告效果的最直接的评价标准是显示次数和点击率,即有多少人看到了广告,有多少人对此广告感兴趣并点击了该广告。如果没有准确全面的统计结果,将使广告客户无所适从,那么就有可能影响网络广告这一产业的健康发展。

网站媒介及广告主或代理商以外的第三方,通常是资深和权威的机构对各网站媒介及其广告的传播面和影响效果所做的统计认证和监控工作,其意义在于从第三方的角度来确保有关各项统计数字的准确和公正,从而为各广告主及代理商选择不同的网站媒体并评价其计费报价的水准提供方便,也为其预计广告费用,广告影响和持续时间或事后调查广告的影响力、吸引力及广告效果各方面提供可靠的帮助。当然,另一方面也可以为各网络媒体开展广告业务提供可靠的"实力凭证"。因此"第三方认证"工作对促进目前我国网络广告事业的发展将起到重大的推动作用。

由于第三方认证监测机构的独立性,使得其认证和监测的结果在证据上的效力有了很大的提高。但对于第三方认证监测机构主体资格、操作规范、职业道德以及法律责任等问题需要有明确的规定。

【案例分析】　　　　　　　　　　　违法广告案例

北京讯(记者 田珍祥):6月18日,记者从国家工商总局获悉,目前国家工商总局会同有关部门正在开展整治互联网重点领域广告专项行动,对网上发布的保健食品、保健用品、药品、医疗器械、医疗服务等广告进行清理检查。

国家工商总局有关负责人介绍,在整治行动中,工商机关发现一些网站发布的广告存在虚假夸大宣传,含有不科学的表示产品功效的断言或者保证,涉及功能主治及适应证的内容超出国家批准范围,宣传食品治疗作用等违法问题。现将部分严重违法广告涉及的产品和网站公告如下:

(1) 北京医学院男科研究总院在其网站发布的三宝全效胶囊违法药品广告。

(2) 首都生物医学工程学院糖尿病药物研究所在其网站发布的降糖宁胶囊违法药品广告。

(3) 哈尔滨康博医疗器械有限公司在其网站发布的冠心病超声治疗仪违法医疗器械广告。

(4) 北京蒙医药销售中心在其网站发布的肉蔻四神丸违法药品广告。

(5) 北京医学院皮肤病研究总院在其网站发布的顽癣玉红胶囊违法药品广告。

(6) 贵州白花医药股份有限公司在其网站发布的六味防脱生发酊违法药品广告。

(7) 咸阳万隆保健科技有限公司在其网站发布的力加力胶囊违法保健食品广告。

(8) 广东心宝制药有限公司在其网站发布的龟鹿补肾片违法药品广告。

(9) 北京世华仁和医学研究院在其网站发布的第3代高磁光能糖尿病综合治疗仪违法医疗器械广告。

(10) 河南邦瑞特药业有限公司在其网站发布的丁三怪拔喘膏违法医疗器械广告。

对以上违法广告,工商机关将依法查处并提请有关部门对相关网站及产品采取相应的行政处理措施。对发布违法广告的网站,有关门户类网站、搜索引擎类网站要停止提供广告链接、推广服务;相关互联网接入服务商要停止提供接入服务。

(来源:http://www.ccn.com.cn/news/yaowen/2014/0618/539745.html,中国消费网·中国消费者报,作者:田珍祥)

任务1:分析案例中被公告的违法广告违反了哪些法律规定(可根据需要自行在网络上补充查找相关证据)。

任务2:结合案例,谈谈网络广告监管的必要性和复杂性。

【练习与思考】

1. 简述网络广告监管与规范的必要性。
2. 简述网络虚假广告的特征、类型及网络虚假广告的法律责任。
3. 网络广告的不正当竞争行为主要表现为哪几方面?
4. 如何理解网络关键字、词广告所引发不正当竞争行为的法律问题?
5. 简述网上隐私权的主要内容及网上隐私权的法律保护方式。
6. 什么是网络垃圾邮件与网络强迫广告?所涉及的法律问题如何解决?

参考文献

1. 魏超等.网络广告[M].石家庄:河北人民出版社,2000.
2. 刘一赐.网络广告第一课[M].北京:新华出版社,2000.
3. 马文良等.网络广告经营技巧[M].北京:中国国际广播出版社,2001.
4. 韩光军.现代广告学[M].北京:北京经济学院出版社,1996.
5. 李德成.网络广告法律制度初论[M].北京:中国方正出版社,2000.
6. 卢泰宏,杨晓燕.互联网营销教程[M].广州:广东经济出版社,2000.
7. 文硕,张志刚.网络运营[M].北京:中华工商联合出版社,2000.
8. 金琳,赵海频,周燕芳[M].网络广告设计.上海:上海人民美术出版社,2001.
9. 谢成开,王波.网络广告设计与制作[M].北京:清华大学出版社,2005.
10. 王国平. Flash MX 2004 网页动画时尚设计师—电脑时尚应用系列[M].北京:电子工业出版社,2006.
11. 章精设,缪亮,白香芳. Flash ActionScript 2.0 编程技术教程[M].北京:清华大学出版社,2005.
12. 张楚,谭华霖,赵占领.电子商务法[M].北京:中国人民大学出版社,2006.
13. 夏远升. 网络广告创意的基本要求[J].艺术探索,2010,24(1).
14. 陈笑.中文版 Fireworks CS5 基础与上机实训[M].南京:南京大学出版社,2014.
15. 吴波.中文版 Flash CS5 动画制作实用教程[M].北京:清华大学出版社,2013.
16. 林承铎,杨或苹.网络广告监管法律问题研究[J].华北电力大学学报(社会科学版),2012(5).
17. 刘建昌.网络营销理论·方法·应用 [M].北京:清华大学出版社,北京交通大学出版社,2010.
18. 吴清烈,张建军.网络营销与广告[M].北京:外语教学与研究出版社,2012.
19. 朱迪·施特劳斯,雷蒙德·弗罗斯特.网络营销[M].时启亮,孙相云,刘芯愈,译.北京:中国人民大学出版社,2013.
20. 中国互联网络信息中心.第 36 次中国互联网络发展状况统计报告[R].北京:中国互联网络信息中心,2015.
21. 林福宗.多媒体技术基础 [M].北京:清华大学出版社,2009.